조선왕조를
다시 본다

박홍갑 지음

조선왕조를 다시 본다

지은이 | 박홍갑

펴낸이 | 최병식

펴낸날 | 2023년 12월 26일

펴낸곳 | 한산문화연구원

주소 | 서울특별시 강남구 압구정로34길 14, 203호

전화 | 02-516-2224(대표전화) 팩스 | 02-6442-6768

값 25,000원

잘못된 책은 교환해 드립니다.

ISBN 979-11-6246-976342-3-9 03910

조선왕조를
다시 본다

박홍갑 지음

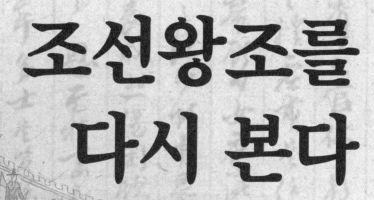

차례

I

나라 기틀을 다지다

무학대사의 해몽

무학이 함경도 안변 설봉산 아래 토굴에서 살 적에 이성계가 찾아가, 허물어진 집에 들어가 서까래 3개를 지고 나왔던 꿈을 꾸었으니 이것이 무슨 징조인지 물었다. 등골에 땀을 적신 무학이 넙죽 절하며,

등에 서까래 3개를 진 것은 바로
'임금 왕'자 형상입니다.

라고 대답하자, 그러면 꽃이 떨어지고 거울이 떨어진 꿈을 꾸었으니, 이것은 또 무슨 징조인지 물었다. 이에 무학이,

무학대사 진영 無學大師 眞影

꽃이 지면 열매가 열리고, 거울이 떨어질 때 어찌 소리가 없으리오.

라고 아뢰었다.

새로운 나라 건국 왕이 된다는 해몽에 크게 기뻐한 이성계가 그 곳에다 절을 지어 석왕釋王이라 하였다.

이성계가 조선을 건국하기 전에 무학을 만나는 이 장면은 조선 후기 실학자 이수광의 《지봉유설》에 나오는 이야기다. 이성계가 지었다는 석왕사는 원산 인근 안변과 회양 중간쯤의 설봉산에 있던 절인데, 6·25전쟁 때 폭격으로 전각 대부분이 소실되었다. 한동안 방치된 상태로 남아 있다가 북한에서 최근에 복원한 것으로 알려졌다.

이성계 꿈에 대한 무학의 해몽담은 남구만의 《약천집》〈휴정 산수기〉에도 전하며, 인조 때 홍만종이 남긴 《순오지》에도 수록되어 있다. 다만 여기에 덧붙여진 것이 있는데,

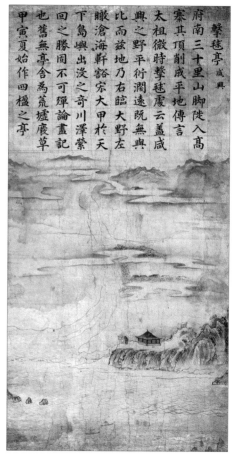

함흥 격구정 ⓒ e뮤지엄 (국립중앙박물관)
이성계가 중앙정치 무대로 진출하기 이전에 살았던 함흥에서 평소 격구를 즐겼고, 이를 기려 후대에 세운 격구정 모습이다.

석왕사 ⓒ 국립중앙박물관　조중묵 《관북십승도(關北十勝圖)》 속의 석왕사 부분(19세기 작)

석왕사 전경 ⓒ e뮤지엄 (국립중앙박물관 유리건판)

여러 집의 닭들이 일시에 울어 세상을 시끄럽게 한 꿈을 두고, 해몽 해 본 결과가 고귀위高貴位였다.

꼬끼오

하고 울던 닭 울음소리를 한자음대로 살린 것이니, 글자 그대로 해석하자면 높은 지위를 얻는다는 뜻이다.

한 나라를 세우는 불세출의 영웅을 묘사할 적에, 하늘과 신들의 조화를 상징하는 그 영험한 징조들을 양념으로 등장시키지 않는다면 얼마나 밋밋하겠는가?

각종 설화나 민담들 속에는, 이런 꿈 풀이에다 풍수나 비기와 도참까지 한데 버무려져야 제 맛 나기 마련이니, 왕씨가 망하고 이씨가 흥한다는 비기 도참이 그 수를 헤아리기 어려운 것도 그 때문일 것이다.

이성계는 과연 고려 왕씨들을?

이성계가 조선을 건국하자 나라 주인이었던 왕씨들을 저 멀리 섬으로 추방하였다. 제거하지 않으면 반드시 후환이 있을 것이라 건의한 신하들의 의견 때문이었다.

그러나 명분 없이 죽이는 게 어려우니, 수영 잘하는 사람으로 하여금 배를 갖추도록 한 다음 왕씨들에게

임금이 교서를 내려 여러분을 섬
속에서 서인으로 살게 하라
하신다.

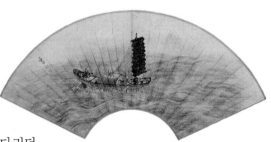

라고 유인하였더니, 마냥 죽기를 기다리던
왕씨들이 앞 다투어 배에 올라탔다.

겸재의 행선도 ⓒ e뮤지엄 (국립중앙박물관)

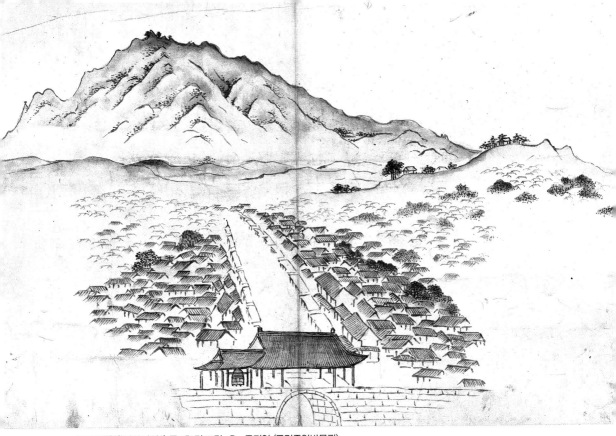

송도기행첩(松都紀行帖) 중 제1면 그림 ⓒ e뮤지엄 (국립중앙박물관)
조선을 건국한 이성계는 개경 수창궁에서 즉위했다가 한양으로 천도했다. 강세황의 송도 그림 속에서 송악산을 품은 도성 전경들을 느낄 수 있다.

배가 해안을 떠나자, 뱃사람들이 구멍을 뚫어 바다 속으로 침수하고 말았다.

배가 물이 반쯤 찼을 때, 왕씨와 잘 알고 지내던 중이 해안에서 손을 들어 물에 빠져가는 왕씨를 부르니, 왕씨가 즉석에서 시 한 수를 지어,

노 젓는 소리 푸른 바다 밖에서 들려오지만, [一聲柔櫓滄波外]

비록 중이 있은들 어이하랴. [縱有山僧奈爾何]

고려 태조(왕건)가 묻힌 개경 현릉의 옛 모습 ⓒ e뮤지엄 (국립중앙박물관 유리건판)

라고 화답한지라 중이 통곡하며 돌아갔다는 사실을 전하는 책이 《추강냉화》이다. 지은이가 생육신의 한 사람으로 널리 알려진 남효온이었으니, 후대 사림파들의 역사 인식을 잘 보여주고 있는 셈이다.

조선 후기 작자 미상의 설화집 《축수편》에 따르면, 왕씨를 바다 속에 빠뜨려 죽인 뒤에 이성계의 꿈속에 고려 태조 왕건이 나타나,

> 내가 삼한을 통합한 공이 이 백성들에게 있거늘, 네가 내 자손을 멸하였으니, 오래지 않아 앙갚음이 있을 것이다. 꼭 명심하라.

하는지라, 놀란 이성계가 왕씨 선원**璿源:왕실족보**에 적혀 있는 자들을 바로 사면하였다고 한다.

개성왕씨족보

그런데 《태종실록》에서는, 이방원이 왕좌에 오른 후 통합 차원에서 사면령을 내려 왕씨들이 숨어 사는 일이 없게 했다는 사실을 기록해 놓고 있다.

사면령을 내린 것이 이성계인지 이방원인지 조금은 분명하지 않지만, 개성 왕씨를 조선 백성으로 받아들인 것만은 분명하다. 개성에 뿌리를 두었던 왕씨들이 한양 턱 밑의 광주 언주면 왕촌**강남 예술의전당 인근**에 집성촌을 이루고 살았던 것만 봐도 쉽게 짐작할 수 있는 일이다. 그러하니 왕王이란 글자에 점을 찍어 옥玉씨로 살아갔다거나, 들입 변을 씌워 전全씨로 숨어 살았다는 무성한 설들을 그대로 믿을 수는 없을 것 같다.

함흥차사의 진실

자식들 끼리 칼로 쳐 죽이는 왕자 난이 일어나자, 임금 자리 내던지고 옛 고향 함흥으로 돌아가 버린 이성계.

그런 이성계를 모셔오기 위해 태종 이방원은 차사를 보내게 되었는데, 가는 신하마다 죽음을 면치 못하자, 박순이 새끼 딸린 어미 말을 타고 가서 태조 이성계를 한양으로 발길 돌리게 했다는 극적인 이야기가 자주 입에 오르내린다.

야사인 《연려실기술》에 전하는 박순 고사를 보면, 문안사로 파견된 신하 중에 한 사람 돌아온 이가 없자, 태종이 신하들에게 누가 갈 수 있는가를 물었다. 선뜻 나서는 사람이 없었는데, 판승추부사 박순이 홀로 자청했다.

그리하여 하인도 딸리지 않은 채 손수 새끼 딸린 말을 데리고 함흥으로 들어가, 태조 이성계가 있는 곳을 바라보며 새끼 말을 매어 놓고 어미 말을 타고 가니, 어미 말이 머뭇머뭇 뒤돌아 울부짖으며 움직이지 않는지라, 이 모습이 괴이하고 괴이하여 그 연유를 물은 태조에게 대답했다.

길 가는 데 방해되어 새끼 말을 매어 놓았더니, 떨어지지 못하여 서로가 이렇게 울고 있는가 봅니다. 비록 미물이라도 어미의 정이 이렇게 지극한 모양입니다.

라고 아뢰어 풍자하고 비유하니, 척연히 슬퍼한 이성계가 옛 친구를 머물게 하면서도 죽이질 않았다.

하루는 더불어 장기를 둘 적에, 마침 쥐가 새끼를 안고 지붕에서 떨어져 죽을 지경에 이르렀는데도, 서로 떨어지지 않았다. 박순이 장기판을 제쳐놓고 엎드려 눈물을 흘리며 간절히 아뢰니, 태조가 마침내 한양으로 돌아가리라 마음을 바꿨다.

함흥본궁(咸興本宮), 조선 왕조를 세운 태조의 옛 집[함흥본궁] ⓒ국립중앙박물관

함흥본궁 (일제강점기) ⓒ 국사편찬위원회 유리건판

    태조 결심을 들은 박순이 하직하고 떠나가니, 태조를 모시던 신하들이 그를 죽일 것을 청했다. 박순이 용흥강을 이미 건넜을 시각이라 여긴 태조는 칼을 주면서 이르기를,

    만약 이미 강을 건넜거든 더 이상 쫓지 말라.

라는 명을 내렸다. 한양 길을 향하던 박순은 중도에 병을 얻어 지체하였다가, 겨우 배에 오르던 찰나에 칼날을 피하지 못했다. 그 상황을 두고,

반은 강 속에 있고 반은 배 안에 있다.
[半在江中半在船]

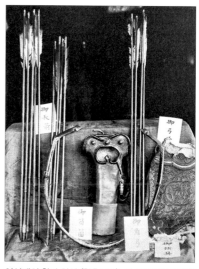

라는 시가 읊어지고 있었으니, 크게 놀란
태조가 애석하게 여겨,

박순은 좋은 친구다. 내가 그에게 한
약속을 저버리지 않으리라.

하고는, 드디어 남쪽에 있는 한양으로 돌
아갔다고 전한다.

이성계의 활과 화살 (함흥본궁) ⓒ 국사편찬위원회
유리건판

박순의 애석한 죽음을 들은 태종은 그의 공을 기려 벼슬을 증직하였으며, 화공에
게 초상화를 그리도록 하여 성대하게 추모했다. 아울러 박순의 처 임씨는 남편 죽
음을 듣고 스스로 목매어 죽었다고 《노봉집 시장諡狀》은 전하고 있다.

이러한 박순 고사를 놓고 《조선왕조실록》과 대조해 보면, 그의 죽음은 물론 처
임씨의 죽음 또한 전해오는 내용과는 전혀 다르다.

안변 부사 조사의가 태종에게 칼을 겨눈 반란을 일으켰을 때 파견되었던 박순이
반란군에게 피살되었다고 기록하고 있으니,

상장군 박순이 함흥에 이르러 도순문사 박만과 주군 수령들에게 조사의를
따르지 말라고 교유하다가, 마침내 저쪽 군중에 피살되었다. -《태종실록》-

라는 기록들이 확인되고 있다.

이성계 부하들에게 피살된 남편 소식을 듣고 스스로 목매 죽었다고 전하는 박순의 처 임씨 이야기 또한 만들어진 기억의 역사일 뿐이다. 《태종실록》에는 박순 사후 10년이 지난 세월까지도 임씨를 보살펴 곡식을 내려주었던 기록이 있으니, 전해 내려오던 잘못된 이야기 출발점이 자못 궁금하다.

박순 묘역과 신도비 (경기도 포천) ⓒ 장득진

안변 부사 조사의가 난을 일으킨 것은 태종 2년이었다. 조사의가 방석을 낳은 신덕왕후 강씨 일족이란 점을 감안하면, 이방원에게 원한을 가질 이유는 충분하다. 안변이란 곳이 함흥 권역인데, 그곳에는 그를 지원해 줄만한 세력이 없었다. 그렇기에 조사의 난의 배경으로 이성계와 연관 짓는 시각들이 있기도 하다.

아무튼, 조사의 반란이 태조의 함흥 주필駐蹕 시공간과 겹친다는 점 때문에, 박순의 죽음을 함흥차사 고사로 둔갑시킨 잘 버무려진 스토리텔링으로 생성되었을 것이다.

정종 묘호, 사후 260년 뒤에 받았다

어릴 때 부터 외우던, "태정태세문단세 ~~~"를 모르는 사람이 어디 있으랴?

그런데, 태조니 세종이니 하는 것들이 죽은 후 종묘에 위패를 모실 때 붙이던 묘호廟號란 사실까지는 잘 모른다. 죽은 자에게 시호를 내리듯, 묘호 또한 사후에 추존하는 것이 법도였다. 그러하니 임금이 승하해야만 나올 수 있는 호칭이다. 실록 또한 《태조실록》이니, 《세종실록》과 같은 이름으로 엮어진다는 사실을 함께 알아 두면 좋겠다.

이성계가 즉위한 후에 그의 4조를 추존하여 목왕·익왕·도왕·환왕이라 하였다가, 후일 목왕에게 인문성목仁文聖穆, 익왕에게 강혜성익康惠聖翼, 도왕에게 공의성도恭毅聖度, 환왕에게 연무성환淵武聖桓이라는 시호를 더하고, 여기에서 한 걸음 나아가 목조·익조·도조·환조라 올려 칭한 것이 태종이었으니, 정식 왕위를 지낸 적

정종대왕실록 표지와 공정왕실록이라 인쇄된 내용

도 없는 추존 인물에게까지 묘호를 붙인 것이다.

그런데, 조선조 2대 임금은 승하 후 260년이 지나도록 묘호를 올리지 않은 채 명나라에서 내려준 시호에 따라 공정왕恭靖王이었으니, 재위 2년에 불과한 짧은 실록이라 할지언정 그냥 《공정왕실록》으로 되어 버렸다.

살아생전 눈칫밥 먹던 임금이라, 죽어서도 제대로 대접받지 못한 처지가 되고 말았으니, 세월이 흐르는 동안 공정왕 후손들이 안타까움을 표하며 들고 일어난 적이 한두 번이 아니었다.

왕위 계승권에서 밀려나 있던 성종이 갑자기 왕위에 오르자, 그의 친부 의경세자를 덕종德宗으로 추존할 적에 함께 거론되었던 2대 임금 공정왕 묘호 문제는 이내 묻히고 말았다.

종묘 영령전 ⓒ 장득진
임금 신주들이 정전과 영령전에 나눠져 있는데, 정종을 비롯한 재위 기간이 짧은 임금들이 주로 영령전에 모셔져 있다.

이렇듯 조선 2대 임금은 살아서 태종 이방원의 눈치를 보다가, 죽어서도 뒷방 신세를 면치 못했다.

세월이 260년 가까이 흐른 숙종 7년에 가서야 공정왕 묘호를 추상追上하였으니, 교리 오도일이 공정왕의 묘호 올리기를 청하였을 적에, 임금이 대신과 유신들에게 이르기를,

우리 왕조 역대 선왕께서 모두 묘호가 있는데, 하물며 공정대왕의 큰 공과

정종 태지석 및 태항아리 ⓒ e뮤지엄 (국립고궁박물관)
1996년 서삼릉 태실 발굴 조사에 의해 출토되었다. 정종 태실은 경북 김천 직지사 뒤에 있었으나, 일제강점기인 1930년에 서삼릉 경내로 이봉되었다.

> 높으신 덕으로 아름다운 묘호가 아직까지 없다니, 어찌 국가의 큰 결례가 아니
> 겠는가. 추후로 묘호를 올리는 것이 조금도 불가할 것이 없으니, 예조에 명하여
> 곧 거행하도록 하라.

라고 명하였다.

태조 이성계 아들 중에 무인 기질이 뛰어난 이가 정종이었다. 태조를 도와 전장을 함께 누볐던 것은 물론 이방원의 정몽주 척살에도 동참한 바 있어, 실질적인 적장자 신분으로 왕위에 오른 셈이다. 비록 재위 기간 2년에 불과해도 정통성에 전혀 하자 없던 임금이었다.

하지만, 1차 왕자 난을 주도한 이방원에게 떠밀려 왕 노릇 하다가, 이내 제자리를 찾아주기 위해 왕위를 물려주고 생을 즐긴 지 어언 20년, 세종이 즉위하고도 이듬해 9월에 승하했던 그였다.

정종 추상시호(定宗 追上諡號) 옥책과 옥책함 ⓒ e뮤지엄 (국립중앙박물관)
숙종 7년(1681) 정종에게 '의문장무(懿文莊武)'라는 시호와 '정종(定宗)'이라는
묘호를 추상할 때 제작한 것이다.

죽은 임금이 당연히 받아야 하는 묘호를 공정왕은 왜 받지 못했을까?

세종이 숙부 묘호를 의도적으로 챙기지 않았기 때문이다. 당 태종이 그러하듯, 송 태종이 그러했듯 태조를 이은 역대 2대 임금 묘호가 태종이었다. 조선 역시 두 번째 묘호를 태종이라 생각한 세종 욕심으로, 숙부인 2대 임금 공정왕에게 그 묘호를 내어 줄 수가 없었고, 3대 임금인 이방원이 죽자 묘호를 태종으로 붙인 것이다.

이런 연유로 묘호가 없던 2대 임금은 조선 후기까지 그냥 공정왕으로 찬밥 신세를 면치 못했다. 260년도 더 흐른 숙종 7년1681에야 정종이라는 묘호를 받았으니, 다소간의 넋이라도 위로가 되었을 것이지만, 왕릉조차 유일하게 개성 근처에 있으니, 유네스코 문화유산에도 제외되었을 뿐 아니라 우리가 가볼 수 없는 곳이 되고 말았다.

정종 추상시호 금보 ⓒ e뮤지엄 (국립고궁박물관)
숙종 7년(1681)에 조묘(祧廟)에서 정종의 시호와 묘호를 추상할 때 제작한 금보이다.

호방하고 괄괄한 내조 스타일, 원경왕후 민씨

물밑에서 형제들끼리 다투고 있을 적에 태조 이성계가 몸이 불편하여 여러 왕자들이 숙직하던 날, 방석을 지지하던 정도전 일파들의 거사 낌새를 알아차리고, 남몰래 남편을 불러내 급박한 상황을 일러주었던 이방원 부인 민씨.

조정에서 왕자들이 거느린 시위패를 혁파하면서 영중營中 군기를 모두 불태울 때, 남몰래 숨겼던 무기로 이방원 군사들을 무장시켜 힘을 보탠 부인 민씨.

이를 두고, 태종 이방원은 고려 태조 왕건을 도운 유씨 부인 고사에 빗대어 아들 세종에게 이르기를,

정사(定社; 왕자의 난) 때에 너의 어머니 도움이 매우 컸고, 또 그 동생들과 더불어 갑옷과 병기를 정비하여 기다린 것은 유씨가 고려 태조에게 갑옷 입힌 것보다 그 공이 더 크다.

도성도 ⓒ e뮤지엄 (국립고궁박물관)
개경에서 즉위한 태종이 한양으로 재천도 한 후 도시 건설을 새롭게 했으니, 홍수 피해와 오폐수 처리를 위한 인공하천 개천(開川:일제강점기 이후 청계천이라 불림)의 물길을 냈고, 창덕궁과 경회루를 건설하는 등 600년 도읍지를 다졌다.

라고 했던 사실을 이정형의 《동각잡기》는 기술하고 있다.

원경왕후에 봉해진 민씨는 가히 태종의 오른팔이나 다름없는 정치적 동지였다.

삼공신회맹문 ⓒ e뮤지엄 (국립중앙박물관)
삼공신이란 개국공신開國功臣·정사공신定社功臣(1차 왕자 난)·좌명공신佐命功臣(2차 왕자 난)을 말한다.
태종이 즉위한 후 삼공신들이 모여 종묘사직과 산천에 제를 올리고 충성을 맹세하며 작성한 회맹문會盟文이다. 태종과
참석한 공신들이 직접 서명했다.

이방원이 왕세자로 책봉되자 정빈貞嬪에 봉해졌고, 이방원이 즉위하자 정비靜妃 칭
호를 얻게 된 것을 두고, 스스로 얻은 것이라 자부하며 살았다.

태종은 원래가 호방한 성격인데다 군왕 무치인지라 후궁 두기를 즐겼으니, 원경 왕후 민씨 또한 이를 덮어주는 성격이 아니었다. 당시 상황을 두고 기술한 태종 2년의 《실록》 내용을 잠시 보면 다음과 같다.

> 권씨가 어질다 하여, 임금이 예를 갖추어 후궁으로 맞아들이려고 하니, 정비가 임금 옷을 붙잡고 말하기를, "상감께서는 어찌하여 예전의 뜻을 잊으셨습니까? 제가 상감과 더불어 어려움을 지키고 같이 화란을 겪어 국가를 차지하였사온데, 이제 나를 잊음이 어찌 여기에 이르셨습니까?"하며, 울기를 그치지 아니하고 음식도 들지 아니하므로, 임금이 가례색을 파하도록 명하고, 환관과 시녀 각각 몇 사람만으로 권씨를 별궁에 맞아들였다.

이 때 들어온 후궁 권씨가 의빈으로 봉해졌는데, 태종이 죽자 머리 깎고 비구니로 살았기에, 이후 수많은 왕실 여인들이 그 관례를 따라갔다.

이로 인해 정비는 마음의 병을 얻었고, 임금은 수일 동안 정사를 보지 아니했다. 태종의 후궁 들이는 문제는 이후에도 잦고 잦아 불화가 그칠 날 없었으니, 태종은 중전의 상궁과 나인들 모두 궁 밖으로 쫓아내고, 주위의 만류에도 불구하고 폐비하려는 태도까지 보였다.

오죽했으면, 태종이 하는 일에 관여 않고 조용히 지내던 상왕 정종이,

> 나는 서자밖에 없어도 아내와 오래 살아온 소싯적 정으로 사는데, 전하는 왜 그러시냐?

태종과 원경왕후가 잠든 헌릉모습 ⓒ 문화재청

라고 한 소리 할 정도였으니, 태종의 후궁 사랑이 남달랐던 데가 있었고, 또 이를
투기하는 정비 또한 그에 못지않았다. 그런데 태종이 후궁을 들이긴 했지만, 정비
처소에 무관심한 것은 아니었으니, 재위 4년 이후 정비가 낳은 공주 왕자가 3명이
나 된다. 그것도 여자 나이 40을 넘기고.

아무튼, 정비 원경왕후의 이러한 행동을 놓고, 조선 중후기의 왕비들과 단순 비
교하기는 어려운 점이 있다. 아직 성리학 이념을 기반으로 한 왕정 시기가 도래하
기 전이란 점이 그러하고, 간택으로 어렵사리 입궁한 것이 아니라, 정치적 동반자
로 함께 입궁했다는 자부심 또한 무시할 수 없기 때문이다.

여기에다 결혼 당시를 헤아려 보자면, 여흥 민씨 집안에서 풍기는 대가세족 냄새
가 좀 더 진한 것도 사실이다. 예나 지금이나 친정 쪽 위세가 강할수록 당당해지는
것이 세상사 아닌가.

멀리 내다 본 양녕대군

태종의 장남으로 태어나 세자에 봉해진 양녕이었건만, 미친 체하고 방랑한 것이 실로 태백과 같으니, 남대문 현판인 숭례문 석 자는 양녕이 쓴 글씨인데, 웅장하고 뛰어남이 그 사람됨을 알 수 있게 한다고 《축수편》에서 말한 바 있다.

《추강냉화》에서도 양녕에 대해,

양녕은 타고난 자품이 너그럽고 활달하였다. 그리고 평소 자기 몸을 잘 길러서 주색과 사냥 이외에는 한 가지도 손대지 않았다. 그의 아우 효령대군 이보가 부처를 좋아하였는데, 일찍이 불사를 행할 때 양녕을 모시었다. 양녕에게 사냥꾼을 거느리고 가서 토끼와 여우를 잡게 하면서도, 자신은 불사에 매진하였다. 조금 뒤에 사냥꾼이 잡아 온 고기와 술이 풍성하였는데, 효령은 부처에게 절하고 머리를 조아렸지만, 양녕은 고기 씹고 술 마시면서도 아무렇지도 않은

숭례문과 현판 (2015년 촬영) ⓒ 문화재청

듯하였다. 효령이 정색하여 오늘만이라도 술과 고기를 그만두라 요청하니, 양녕이 웃으면서, "평소에 하늘이 복을 많이 주셨기에 고생할 일이 없구나. 살아서는 왕의 형이고, 죽어서는 부처의 형이다."

라고 했던 사실을 전하고 있다.

추강은 생육신의 한 사람으로 알려진 남효온이니, 그가 세상을 바라본 안목이나 양녕을 향하던 마음이 그러하였음을 잘 표현한 것이리라.

김시양 또한 《자해필담》에서 다음과 같이 언급한 바 있다.

　양녕은 젊어서부터 문장을 잘하였으나, 세종에게 성덕이 있음을 보고 짐짓 글을 모르는 체하고 미친 체하여 방자히 놀았기에, 태종도 그가 글 하는 줄을 알지 못하였다. 늙은 뒤에 중의 시축에 다음과 같이 썼다.

　산 안개로 아침밥 짓고 / 山霞朝作飯
　담쟁이 덩굴 사이로 보이는 달로 등불삼네 / 蘿月夜爲燈
　외로운 바위 아래 홀로 누워 밤새우니 / 獨宿孤巖下
　오직 탑 한 층이 있으매라 / 惟存塔一層

　이를 두고 김시양은 어느 문장가라 할지라도 필시 이보다 훨씬 낫지는 못할 것이란 평을 내렸다.

　당초 세자 양녕이 미친 체하고 방랑했을 때, 형이 폐위될 것이라 짐작한 효령은 깊이 들어앉아 삼가고 꿇어앉아 죽도록 글만 읽었다. 양녕이 폐위되면 다음 차례가 자신이기 때문이다. 지나가던 양녕이 들어와 발로 툭툭 차면서,

　어리석다. 너는 충녕에게 성덕이 있는 것을 알지 못하느냐.

하였더니, 크게 깨달은 효령이 곧 뒷문으로 뛰쳐나갔다. 그리고는 두 손으로 절간에 매달린 북 하나를 종일토록 두드리자, 부풀어 오른 북 가죽이 축 늘어졌다. 세속에서 부드럽게 잘 늘어진 것을 보고, 효령대군 북 가죽 같다는 말이 생겨났는데, 이를 두고 한 말이다.

양녕대군 묘역 (동작구 상도동) ⓒ 문화재청

　귀양살이 하던 이천에서 뛰쳐나온 것이 한두 번이 아닌 양녕대군을 두고, 신하들과 매번 얼굴을 붉히면서도 끝까지 감싸고 돈 세종이었다. 청주 호장 박광이 양녕대군이 즉위하면 백성들이 자애로운 덕을 받게 될 것이라 떠벌렸다거나, 양녕이 병권을 장악하려고 한다는 난언을 퍼뜨린 사건들에도, 세종은 결코 휘둘리지 않았다. 이런 세종이 있었기에 양녕은 목숨을 부지할 수 있었다.

　　임금 자리 사양하여 어진 이에게 밀어 준 것을 어려운 일이라 하지 않고,
　　끝까지 몸을 잘 보전한 것이 더욱 어렵다.

라고 평가했던 김시양의 《자해필담》 구절을 다시 음미해 볼 필요가 있다.

양녕은 세종이 승하한 후 12년을 더 살다 갔다. 문종의 죽음도 단종의 폐위도 목도한지라, 격동의 한 시절을 왕실 어른으로 보내게 되었는데, 수양대군에 맞선 안평대군 사사를 주장했을 뿐 아니라, 단종과 금성대군을 극형으로 처벌하는 일까지 깊숙이 개입했다.

정치에 무관심하던 그가 이렇게 표변하게 된 이면에는 대세를 따르려는 천심에서 온 것으로밖에 해석되질 않는다. 만년에 때를 따라 스스로를 숨겼으니, 매양 실없는 말로 풍자하던 허탄함을 즐기던 그를 세조도 농으로 받아넘기며 즐겼다.

그는 성품이 어리석고 곧았으며, 살림을 돌보지 않고 활쏘기와 사냥을 즐겼다. 세종의 우애가 지극했고, 그 또한 다른 마음을 품지 않아 시종(始終)을 보전할 수 있었다. 시호(諡號)를 내려 강정(剛靖)이라 하였으니, 굳세고 과감(果敢)한 것을 강(剛)이라 하고, 너그럽고 즐거워하여 제 명(命)대로 편안히 살다 죽은 것을 정(靖)이라 한다.

《세조실록》에 69세의 일기로 죽었던 양녕의 졸기가 그의 삶을 대변하듯, 세종의 보살핌으로 천수를 누렸고, 10남 15녀의 자식을 두어 오늘날 양녕대군파 종원 수가 엄청 많은 것도 그가 누린 복 중에 하나였다.

양녕대군파보 중초 ⓒ e뮤지엄 (국립중앙박물관)
양녕대군 내외손 25파를 기록한 1책(93장)으로,
표지 앞뒤에 붓으로 쓴 글들이 보인다.

세종 스타일

세종 이 일찍이 병이 나서 눕게 되자, 모시던 나인들이 무당 말에 혹하여 성균관 앞에서 기도하니, 유생들이 임금님을 위해 기도하던 무당을 쫓아버렸다. 중사中使가 크게 노하여 그 연유를 임금께 아뢰었더니, 세종이 병든 몸을 부축케 하여 이르시기를,

세종 어진
아버지 태종에게 이양받은 통치 권력을
바탕으로 존경받는 임금이 되었다.

내 일찍이 선비를 기르지 못 했는가 염려하였는데, 선비들 기운이 이러하니 내 무슨 걱정을 하리오. 이 말을 들으니 내 병이 낫는 것 같구나.

하시었다. 훗날 경연에서 어린 명종에게 이 고사를 꺼내어, 군주가 선비의 기운을

돋우어 주는 것이 마땅히 이 같아야 한다고 했음을 《동각잡기》에서 전하고 있다.

앙부일구 ⓒ e뮤지엄 (국립고궁박물관)

한 어린 궁녀가 후궁으로 사랑받아 항상 좌우에서 모셨는데, 임금님 사랑을 믿고 작은 일을 청한 일이 있었다. 이에 세종이 하교하기를,

아녀자가 감히 간청하는 말을 하였으니, 이는 내가 사랑을 보여서 그런 것 이다. 이 계집이 어린데도 불구하고 이러하니, 자라면 어떠할 것인가를 짐작하 겠다.

하고는, 멀리 쫓아버린 후 다시는 가까이 하지 않았음을 《공사견문》은 전하고 있다.

후궁 홍씨 오라비 류근이 총애 받아 임금이 벗은 옷은 반드시 그에게 내려주었 다. 일찍이 그가 겸사복이 되어 임금이 거둥 할 적에 연輦:임금 수레 끄는 말이 저는 것을 보고, 자기 말을 자랑하며 대신 타게 하였다. 이 때 임금이 이르기를,

만일 대간들이 이 일을 알게 되면 반드시 극형을 청할 것이니, 소문을 퍼뜨리지 말라.

하고는, 류근을 걸어서 돌아오게 하였다. 뒤에 대간이 이를 알고 류근 베기를 청하였으나, 임금이 놓아주고는 한평생 살도록 버려두었음을 《소문쇄록》은 전하고 있다.

세종대왕 태실 (경북 성주) ⓒ 문화재청

　　금과 은을 진상해야 하는 자들이 해동청**보라매** 바치는 것으로 감해달라고 건의하
자, 임금이 이르기를,

　　해동청은 얻기가 매우 어려우며, 날마다 꿩 한 마리를 먹여야 하고, 길들이기
　　도 어려울뿐더러 달아나기라도 하면 응사가 찾기 위해 민가를 침입하니, 백성
　　에게 폐해가 되므로 내가 모두 놓아 버렸다.

하였다. 그러자 변계량이 이 말씀은 사책에 남겨 만세의 법이 되도록 할 만하다고
했다. 항상 소갈증으로 고생하는 임금에게 대언**승지**들이,

의원의 말로는 먼저 음식물로 치료를 해야 하는데, 흰 수탉·누런 암탉·양 고기가 모두 갈증을 다스릴 수 있다 하니, 청컨대 유사로 하여금 날마다 들이 도록 하소서.

라고 아뢰니, 어찌 내 한 몸을 위해 동물의 생명을 해치겠는가. 하물며 양이란 본국에서 나는 것이 아니라 하셨다. 대언 등이 다시 아뢰기를, 관가에 기르는 양들이 잘 번식하고 있다고 했지만 끝내 허락하지 않았다.

임금이 서교에 행차하여 농사 짓는 것을 구경할 때, 말을 천천 히 몰아 효령대군 별장인 새 정 자에 올랐다. 때마침 단비가 내 려 잠깐이나마 온 들판이 촉촉 이 젖었다. 임금이 매우 기뻐하 여, 그 정자 이름을 희우정喜雨亭 이라 하였다. 그 정자는 훗날 성 종의 형인 월산대군이 망원정으 로 바꾸어 오늘에 이른다.

망원정 (서울 마포) 전경 ⓒ 장득진

임금이 항상 근정전에 앉아 대신과 더불어 정신을 가다듬어 정치를 잘되게 하려 하였기에, 황희와 허조는 퇴근해서도 관복을 벗지 못하였으니, 불시에 부르는 일이 있을까 해서이다.

태평성대를 이끈 투톱, 황 정승과 맹 고불

14세에 음관으로 녹사가 된 황희는 곧 사마 양시에 합격한 후 27세에 문과 급제하였다. 성격이 곧아서 바른말을 잘 했으니, 이조 판서로 양녕대군 폐위를 간했다가 태종의 노여움으로 좌천되었다.

《동각잡기》에 따르면, 공이 정승으로 있을 때 김종서는 공조 판서가 되었다. 부처 간의 업무 협의가 있을 적에 김종서가 공조로 하여금 술과 안주를 갖추어 드렸더니, 공이 크게 꾸짖었다. 의정부 곁에 예빈시를 둔 까닭이 바로 이런 걸 담당하기 위한 것이었기 때문이다.

동각잡기 ⓒ e뮤지엄 (국립중앙박물관)
고려후기부터 선조까지 정치와 명신들의 행적을 기록한 이정형의 야사

허균의 《식소록》에서도 김종서 구박한 사실을 기록하고 있는데, 김종서가 자잘한 실수가 있을 때마다 박절할 정도로 꾸짖고 때로는 종을 잡아다 매질하기도 했다. 모두 지나친 처사라 여기던 차에 맹사성이 왜 그리 허물을 잡느냐고 물었더니,

이것은 곧 내가 종서를 아껴서 인물을 만들려는 겁니다. 종서의 성격이 고항(高亢)하고 기운이 날래어 일을 과감하게 하니, 뒷날 우리 자리를 잇게 되었을 적에 모든 일을 신중히 하지 않는다면 허물어뜨릴 염려가 있으니, 미리 그의 기운을 꺾어 경계하여, 뜻을 가다듬고 무게 있게 하여 혹시 일을 당해서 가벼이 하지 않도록 하려는 것이지, 결코 그를 곤경에 빠뜨리게 함이 아니외다.

라고 하니, 맹사성이 그제야 알아차렸다. 황희가 물러나기를 청할 때 김종서를 추천하여 자기 자리를 대신하게 했으니, 인재를 길러내는 긴 안목이 이러했다.

서거정의 《필원잡기》에서도 공에 대해,

황희 초상 ⓒ e뮤지엄 (국립중앙박물관)

평시 거처가 담박하였고, 비록 손자들과 동복들이 앞에서 울부짖고 희롱하여도 조금도 꾸지람하지 않았으며, 심지어 수염을 뽑는가 하면 뺨을 치는 놈까지 있어도 역시 제멋대로 하게 두었다. 일찍이 아래에 있는 신료들과 함께 일을 의논할 때, 바야흐로 붓을 들어 글을 쓰려 하는데, 종의 아이가 종이 위에 오줌을 싸도 노여워하는 빛이 없이 다만 손으로 훔쳤을 뿐이다.

라는 사실을 꾸밈없이 기술했고, 성현의《용재총화》에서도 나이가 들고 벼슬이 무거워질수록 더욱 겸손하여, 90여 세나 되었는데도 늘 고요한 방에 앉아서 종일토록 말없이 두 눈을 감았다 떴다 하며 글만 읽을 따름이라 했다.

빈객의 술상이 들어와도 종놈 자식들이 벌떼 같이 맨발로 뛰어 들어와 공의 수염을 잡아당기기도 하고, 더러는 옷을 밟고 안주를 집어 먹으며 공을 두들겨도, 그냥 "아야! 아야!" 할 뿐이었다고《청파극담》은 전하고 있다.

세종대 성군 정치를 열어가는 데는 맹사성의 뒷받침도 컸다. 천성으로 효도하고 청백하여, 그가 살고 거처하는 집은 비바람을 가리지 못할 정도였고, 매양 출입할 때에 소타기를 좋아하여, 보는 이들은 그가 재상인 줄 알지 못했다. 검소 고결하여 살림살이를 돌보지 않고, 식량은 늘 녹봉으로만 채웠다.

아산 맹씨 행단 (맹사성 고택, 충청도 온양) ⓒ 문화재청

어느 날 부인이 햅쌀로 밥을 지어 드렸더니, 어디에서 쌀을 구했는지를 물었다. 녹미가 오래 묵어 먹을 수 없기에 이웃집에서 빌린 것이란 대답을 듣고는, 다시는 그런 일이 없게 했다.

경자생인 공이 장난삼아 계묘계에 들었다. 대신들이 모인 어느 날 임금이 나이를 묻자 사실대로 대답할 수밖에 없었다. 물러나온 뒤 동갑이 아니라 하여 계묘계에서

같은 해 출생한 관리들의 친목 契會 (조선후기 작품) ⓒ e뮤지엄 (국립중앙박물관)

제명되었으니, 한때의 웃음거리가 되었다.

서거정의 《필원잡기》에서 공에 대해,

음률을 잘 알아서 항상 퉁소를 갖고 다니며 날마다 서너 곡조를 불었다. 문을 닫은 채 찾아오는 손님을 맞지 않다가, 공무에 관한 일을 여쭈러 오는 자가 있으면 문을 열어 맞이했는데, 여름이면 소나무 그늘에 앉고 겨울이면 방 안 포단에 앉되 좌우에는 다른 물건이 없었으며, 일을 여쭌 자가 가고 나면 곧 문을 닫았다. 일을 여쭈러 오는 자는 동구에 이르러서 퉁소 소리가 들리면 공이 있

음을 알았다.

라고 회고하고 있다.

　부모를 뵈러 온양으로 오갈 적에 각 고을 관가에 들리지 않고 늘 간소한 행차로 다녔고, 더러는 소를 타기도 했다. 공이 내려온다는 말을 들은 양성 진위 두 고을 원이 장호원에서 기다렸는데, 그 앞으로 소를 탄 사람이 지나가고 있는지라 하인을 불러 꾸짖었다. 이에 공이 하인더러 이르기를,

너는 가서 온양에 사는 맹 고불(맹사성 호)이라 일러라.

라고 시켰다. 시킨 대로 하인이 고했더니, 두 고을 원이 놀라 달아나다가 언덕 밑 깊은 못에 인印을 빠뜨렸으니, 그곳을 인침연印沈淵이라 불렀다.

　공의 집이 매우 좁고 낡아, 병조 판서가 일을 여쭈러 갔다가 마침 소낙비가 내리는 바람에 비가 새어 의관이 모두 젖었다. 병조 판서가 집에 돌아와 탄식하기를,

정승의 집이 그러한데, 내 어찌 바깥 행랑채가 필요하리요.

하고는, 마침내 짓던 바깥 행랑채를 철거하였다.

　공이 온양 갔다 돌아오다 소낙비를 피하려고 용인 여각에 들렀는데, 행차를 성대하게 꾸민 이가 먼저 누상에 앉았으므로, 공은 한쪽 귀퉁이에 자리 잡았다. 일찍 누상에 오른 선비는 영남 사람으로 의정부 녹사 취재에 응하러 가는 길이었다.

공을 위층으로 올라오게 하여 담소하며 장기를 두다가, 농으로 문답하는 말끝에 반드시 '공' '당' 하는 토를 넣기로 했다.

맹 고불 : 무엇하러 서울로 올라가는공.

영남선비 : 벼슬을 구하러 올라간당.

맹고불 : 무슨 벼슬인공

영남선비 : 녹사 취재이당

맹 고불 : 내가 마땅히 시켜주겠공

영남선비 : 그대가 무슨 수로? 그러지는 못할 거당

얼마 후 공이 의정부에 좌정하고 앉았는데, 그 선비가 취재차 들어왔다.

공이 이르기를,

어떠한공.

하니, 비로소 깨닫고는,

죽을 죄를 지었지당

하는지라, 주위 사람들이 모두 놀라 괴이하게 여겼다.

공이 그 까닭을 얘기하니 옆에 있던 재상들이 크게 웃었다. 그 사람을 녹사로 삼아 공의 추천으로 여러 차례 고을 원을 지내게 되었으니, 후인들이 이를 일러 '공당 문답'이라 하였다.

II

부국강병을 꿈꾸다

긴 세자 수업, 짧았던 임금 노릇

유교 문화권에서 적장자 계승이 원칙이지만, 건국 이후 다섯 번째로 승계한 문종 임금이 최초였다. 이 땅에 사용된 측우기는 그의 세자 시절 발명품이었고, 조선조 군사 편대의 진법 체계를 잡은 이도 문종이었다.

세종의 장남이란 하자 없는 정통성에다 문무를 겸비한 성군 자질을 보인 이가 문종이었건만, 무려 29년간이란 세월 동안 세자 자리를 지키다 진이 빠졌을까? 용상에 오른 지 2년도 안 되어 시름시름 병마에 시달렸다. 병환 중이던 문종이 집현전 신하를 불러 토론하다 밤이 깊어지자, 무릎에 어린 세자**단종**를 앉히고 그 등을 어루만지면서,

창덕궁 측우대 (보물 제844호) ⓒ e뮤지엄 (국립고궁박물관)
새겨진 명문에 세종대 측우기 제작 규정을 마련하여 서운관 및 전국의 군현에 설치한 유래를 담고 있다. 정조대 직제학 심염조가 지었으며, 직제학 정지검이 글씨를 썼다.

문종 태실과 비 (경북 예천 명봉사 경내) ⓒ 주암역사연구실

내가 이 아이를 경들에게 부탁한다.

하고, 술을 내려주었다.

어탑에서 내려 온 임금이 편한 자세로 술잔을 권하니, 성삼문·박팽년·신숙주 등이 모두 취하여 정신을 차리지 못했다. 임금의 명을 받은 내시들이 방문 위의 인방 나무를 뜯어 만든 들것으로 차례로 메고 나가 입직청에 나란히 눕혔다.

그날 밤 눈이 많이 내렸는데, 신하들이 술을 깨어보니 방안에 향기가 가득하고, 몸에는 담비 털 갖옷이 덮어져 있었다. 임금께서 손수 덮어준 것을 알고는, 감격하여 눈물을 흘리며 특별한 은혜에 보답하기로 맹세했다.

이 아름다운 장면을 전한 《축수록》 말미에,

그 후에 신숙주 거취는 그 모양이 되고 말았다.

라는 한 줄 세평을 덧붙였으니, 세조를 도와 공신으로 복록을 누렸던 신숙주에 대한 혹평을 써 놓고도 누가 볼까 가슴을 졸였음이 분명하다.

《용재총화》나 《필원잡기》에 따르면, 성리학에 통달한 문종 임금의 문장력 또한 뛰어나 지필을 들자마자 누에고치 실 뽑듯이 바로 써 내려갔으니, 오랫동안 생각할 것조차 없었다. 글씨 또한 조자앙 필법을 이어받아 등잔 밑에서도 일필휘지하면 그 정묘함이 입신의 경지에 들었기에, 조그마한 서예작품 하나라도 얻게 된 신하들은 천금같이 여겼다.

임금이 동궁으로 세종을 따라 양화도 희우정에 나갔을 적에 금귤 한 쟁반을 집현전에 보냈는데, 집현전 학사들이 귤을 다 먹자 쟁반 한가운데 시 한 수가 나왔으니, 반초 행서로 된 그 글에,

> **전단향(旃檀香)은 코로만 향기를 느끼고 / 旃檀偏宜鼻**
> **기름진 고기는 입에만 맞는다 / 脂膏偏宜口**
> **코도 향기를 느끼고 입도 단맛을 느끼니 / 香鼻又甘口**
> **동정귤(洞庭橘)이 가장 사랑스럽다 / 最愛洞庭橘**

라고 하였다. 세자의 시와 글씨 모두 당대의 빼어난 보배인지라, 학사들이 그것을 본떠 쓰려고 할 때 쟁반을 가져오라 재촉하니, 학사들이 이를 붙들고서 차마 손을

놓지 못했다.

중종 때 권신이던 김안로는 《용천담적기》에서,

　문종 임금은 천문 관측을 잘하고 후기(候氣)에도 정교하여, 우레가 어느 때 치고 어느 방위에서 일어난다고 예언하면 반드시 맞추었지만, 자잘한 기예에는 마음 두지 아니했다. 해서가 정묘하여 필력이 굳세고, 생동하는 진수는 진 나라 명필의 오묘한 경지까지 이르렀다. 그러나 돌에 새긴 한 두 체본만이 세상에 전할 뿐, 진적(眞跡) 보기 드물어 안타까울 뿐이다.

라고 회고하고 있다.

문종의 재위가 참으로 짧아 애석하기 그지없다.

아버지 세종 죽음에 대한 슬픔이 지극한데다, 정사에까지 골몰하느라 몸이 허해지더니, 재위 2년이던 임신1452 여름에 39세의 일기로 승하하였다. 묘호를 논할 적에 효도를 다 한 임금이란 뜻을 새겨 '효孝'자를 쓰려 하였으나, 한 가지 덕에만 치우친

문종대왕 어필 (열성어필첩) ⓒ e뮤지엄 (국립중앙박물관)

다는 이유로 '문文'이란 글자로 올렸으니, 고래로 '문文'자 묘호 받은 제왕들과 비교해도, 한 치의 어긋남이나 부끄럼 없는 일이라 할 것이다.

효심 가득한 성군 기질의 문종

세자 시절 오래도록 동궁에 머물러, 나이 들수록 학문에만 잠심하였다. 매양 달 밝은 밤에 인적이 뜸해지면, 간혹 손에 책 한 권을 들고 집현전 학사가 숙직하는 거처까지 걸어와, 선비들과 어울리며 토론하길 즐겼다.

문종 태지석 및 태항아리 고궁 ⓒe뮤지엄 (국립고궁박물관)

밤이 야심한 어느 날, 세자 행차가 없을 것으로 여겨 옷을 벗고 누우려 했는데, 갑자기 문밖에 신 끄는 소리가 들리더니, 성삼문을 부르는 세자의 소리에 놀라 허겁지겁 맞아 절하였다. 그러하니 집현전 학사들이 숙직하는 날엔 감히 의대를 풀지 못했다.

이런 고사를 《용천담적기》에 남긴 김안로는 문종이 이렇듯 학문에 부지런하고 선비를 좋아하고 돈독함이 진실로 천고에 드문 일이었다고 칭송해 마지않았다.

여러 신하들이 정무를 아뢰면,

지존께 마땅히 아뢰어야 될 것이다.

하면서, 웃전의 생각을 물은 후 가부를 정했듯이, 대리청정의 정무를 결재한 지 6년 만에 부왕이 승하하자, 슬픔을 이기지 못한 눈물이 삼베 적삼 소매를 다 적셨다.

조선시대 사용하던 약장
ⓒ e뮤지엄 (국립중앙박물관)

여막에 거처하면서 물과 미음조차 입에 대지 않았으니, 슬픔이 몸을 상할 정도에 이르렀을 때, 낫기 시작한 등창 상처 딱지가 덜 아물어 따뜻한 방에 거처하여 완연히 낫도록 치료하길 청했으나, 끝내 허락하지 아니하였다. 추운 겨울이든 더운 여름이든 휘덕전 궤연 앞에서 잠시도 예를 폐하지 않으니, 애통하고 초췌한 얼굴을 차마 볼 수 없었다.

이렇듯 3년 상 치르는 동안 몸이 배겨나지 못했는데, 나랏일 또한 놓질 못해 하루걸러 정무를 보니, 긴장을 풀고 몸을 돌보라 청하는 신하에게,

**임금이 향락에 탐닉하면 천년을 살아도 만족하지 못한다. 그렇지 않다면
일 년이라도 족하다.**

고 대답하였다.

일찍이 문종이 이르기를, 남녀의 정욕과 식욕이 사람에게 가장 절실한 것이다. 부귀한 집의 자제들이 이 때문에 몸을 망치는 자가 많아, 늘 여러 아우들에게 친절히 훈계하고 타이르는데, 내 말을 따르는지 모르겠다 하였다.

나랏일에 전념하던 문종은 아침부터 저녁까지 정무를 보고 나서도, 경연과 윤대輪對를 조금도 멈추지 않았다. 판서 민신이 승지 우효강에게 오늘도 정무를 보셨는지 묻자 그

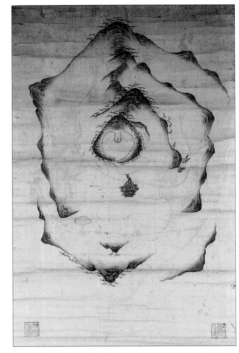

현릉산형도 ⓒ e뮤지엄 (국립중앙박물관)

렇다고 대답했다. 이에 민신이 몸이 고달프신데도, 어찌 조금도 쉬지 않으실까 했더니, 옆에 있던 정인지가 크게 공박했다.

이런 대화를 놓고 《충민공잡록》에서 충민공 권건은

민신은 온당한 죽음을 맞지 못했고, 정인지는 나라의 원로가 되었으니,
말 한마디의 증험이 이와 같았다.

라는 평을 남겼다.

후일 수양대군에 맞서다 죽음을 맞이한 민신은 스스로 명을 단축한 데 비해, 정인지는 세조 공신으로 승승장구했기 때문에, 이런 해석을 덧붙인 것이다.

　　하지만 역사의 평가란, 보는 사람마다 다르고 시대에 따라 달리 보는 수가 많은지라, 후세인들은 민신을 충신으로 보면서도 정인지를 배신자로 낙인찍기를 즐겨했으니, 충민공 권건은 이런 사실까지 몰랐을 것이다.

　　정인지 행위를 긍정적으로 평한 권건이야말로 세조의 오른팔 권람이 낳은 아들이었으니, 아버지를 위한 합리화였는지 아니면 역사적 안목이 길고 넓지 못했기 때문인지, 조금은 아리송하다.

문종의 여성 콤플렉스

왕비 자리는 늘 비어 있었다.

세자 수업을 받던 신유**1441** 7월에
세자빈 권씨가 세손**단종**을 출산하자
마자 산후병으로 사망한 이후 새장
가를 들지 않았기 때문이다.

9년이란 세월이 흘러, 임금으로 즉
위할 적에도 중전 자리가 비어 있었
고, 나랏일 걱정하며 죽는 날까지도
왕비를 들이지 않았으니, 곤전**坤殿**

시집가는 날《단원풍속도첩》ⓒe뮤지엄(국립중앙박물관)

자리는 늘 비어 있었다. 그러하기에 문종의 치세가 비록 짧았다 하지만, 왕비 없이
한 나라를 통치한 유일한 임금으로 기억되고 있다.

문종을 한평생 힘들게 했던 것은 그 특유의 여성 콤플렉스 때문이었다.

잘 알려진 바와 같이, 문종이 첫 번째 맞이한 배필은 휘빈 김씨였다. 안동 김씨 김오문의 딸인 휘빈은 인물이 박색이었다는 말이 떠돌 정도였으니, 첫날밤 이후 거들떠보지 않았고, 이에 남편의 발길을 돌리려고 요상한 술법을 쓰려다 쫓겨났다.

세자 사랑을 얻기 위해 쓴 휘빈의 압승술은 궁녀에게 배운 비방이었는데, 세자가 좋아하는 여인의 신을 태운 가루를 술에 타서 먹이는 것과 뱀이 교접할 때 흘린 정기를 수건으로 닦아 몸에 지니게 하는 것이었다. 동궁에게 사랑받던 궁녀가 효동과 덕금이었는데, 이 여인들의 신발을 태운 재가 탄로 나 세종을 분노케 만들었다.

휘빈을 폐출시키고 새로 맞이한 순빈 봉씨는 출중한 외모로 간택된 여인이었다. 휘빈의 실패를 만회하고자 세종이 직접 간택에 나선 때문이었다. 보필 신하 허조가 덕 있는 여인이 우선이라 했지만, 용모를 앞세우는 세종을 이길 수는 없었다.

하지만, 자유 분방한 거침없는 성격에다가 술까지 즐기던 순빈을 세자가 상대하기란 버겁기만 했다. 세자 발걸음이 멀어지자, 이를 눈치 챈 세종은 후사가 걱정인지라, 따로 여인 셋을 뽑아 동궁을 모시게 했다.

이에 자극받은 순빈의 빗나간 행동들이 끝없이 시끄럽게 만들더니, 급기야 소쌍이란 궁녀와 동성애를 즐겼던 내밀한 일까지 드러나, 구중심처 안에서 벌어진 희대의 스캔들이 높고 높은 궁궐 담장을 넘고 말았다.

지엄한 유교 사회를 지향하던 세종이 야심차게, 시골 아녀자들까지 쉽게 익힐 수 있도록 그림으로 나타낸 《삼강행실도》를 보급하는 일에 매진했건만, 궁궐 안의 며느리들이 이런 수치와 모욕감을 안겨 주었다.

  뼈저린 실패를 거울삼아 장고 끝에 간택을 버리고 이미 검증된 세자 후궁 중에서 빈을 뽑기로 했고, 이때 낙점 받은 여인이 양원 권씨였다. 후덕했던 권씨는 이미 경혜공주까지 출산했던 터라, 세자빈으로 책봉하기 더할 나위 없었다. 하지만, 단종을 낳을 때 산고가 심하여 이틀 만에 사망하고 말았으니, 허탈했던 세종은 더 이상 세자빈 자리 채우고 싶은 생각조차 하질 못했다.

문종 즉위 후 왕비로 봉해진 현덕왕후 묘역 (구리 동구릉 내) ⓒ 문화재청

문종비 현덕왕후 상휘호 금보 및 금보통 ⓒ e뮤지엄 (국립고궁박물관)

어느 신하라도 그 일을 또 거론하는 자들이 없었으니, 세자빈 자리는 오랜 기간 공석이 되고 말았다. 이 기간은 세종 병세가 심하여 세자에게 대리청정을 맡긴 시기이기도 하여, 지엄한 궁중 법도를 따르자면 세자빈 자리를 비워 놓을 수도 없었으니, 의례상 필요할 때면 숙빈 홍씨에게 세자빈 역할을 맡겨 둔 관행으로 버티고 있었다.

문종 치세에는 왕비가 없던 시절이라고 알려진 연유를 여기에서 찾을 수 있으며, 세월이 흐른 훗날 문종에게 계비가 있었다는 헤프닝까지 등장하였으니, 이런 것들과 결부된 궁중 비사들이 조선 후기까지 난무한 것으로 보인다.

완벽한 정통성을 갖춘 임금

세종 재위 24년에 세손 단종이 태어났다.

　원손으로 태어난 단종은 곧 왕세손으로 책봉되었고, 이어 세자를 거쳐 임금 자리를 이어받았으니, 이보다 더 완벽한 정통성을 갖춘 임금은 없었다.

　참으로 경사스런 일이라, 원손 탄생에 입을 다물지 못했던 세종이 재촉하여 근정전에 앉아 군신의 조하를 받고, 이어 전 경내 죄인을 사赦하였다. 하지만, 교지를 받들던 신하가 다 읽기도 전에 용상 근처 커다란 촛대가 넘어지니, 세종이 이를 바로 치워 버리도록 명했다고 《실록》은 전하고 있다.

　여기에서 세종의 불길했던 속마음까지 표현하지는 않았으나, 후일 일어난 일련의 사건들과 연관 지어 생각하지 않을 수가 없는 이유는, 원손이 태어나자마자 어머니 현덕비가 산고로 죽었고, 어린 나이에 왕위에 올랐다가 숙부 손으로 죽음을

장릉 정자각 (강원도 영월) ⓒ 문화재청

맞이했으니, 우리 역사상 가장 애절하고 슬픈 군왕으로 기억되기 때문이다.

어린 임금이 자리에 오르면 그를 지켜주던 왕실 후견인이 있어야 한다. 그런데, 할머니 소헌왕후는 세종보다 먼저 유명을 달리했고, 계비를 들이지 않은 문종이 중전 자리를 비워 놓았으니, 세종 후궁이던 양씨만이 겨우 어린 단종 뒷배로 지탱해 나갈 뿐이었다.

같은 또래에 임금 자리에 오른 성종은 적장자 계승이 아니었음에도, 뒷배 든든한 수렴청정으로 훌륭하게 우뚝 섰건마는, 단종은 완벽한 정통성을 확보하고서도 수

장릉 문석인 (강원도 영월) ⓒ 문화재청   장릉 장명등 (강원도 영월) ⓒ 문화재청

양에게 험한 꼴을 당하고 말았다.

세종 이래 안정된 정국을 바탕으로 이제 수성의 치세를 만끽하는 시대를 열어 가야만 했다. 뜻하지 않은 문종 병세가 악화되자 어린 단종이 정사를 잘 돌보지 못할 것을 염려하여, 문종이 특별히 황보인·김종서에게 어린 임금을 잘 보필하라 일렀던 사실을, 조선 중기 문인으로 이름 높던 허봉의 야사집 《야언별집》에도 전하고 있다.

이 신하들을 흔히 고명대신이라 일컫는데, 세자는 어리고 종실이 강성한 것을 염려했기 때문이다.

창업기의 격동을 수습하고 수십 년의 안정된 치세기를 지나자마자 암울한 세력 판도로 먹구름이 드리워졌으니, 김종서와 황보인을 비롯한 고명대신들이 정국을 주도하는 가운데, 종실의 위세를 등에 업은 수양과 안평이 막상막하로 견제하곤 했다.

하지만, 어느 시기보다 안정적이고 온건한 경쟁 구도였다는 점에서, 그 누구도 격동의 파고가 몰아치리라 예견하는 사람이 없었다.

그런데 살생부가 작성되고, 참혹하기 이를 데 없는 계유정란이 일어났다. 그 누구도 예측하기 어려웠다는 것만으로도 그 정당성을 회복하기 힘들지만, 처형하는 입장에서야 어떤 죄목이라도 만들어야만 했기에, 《실록》에 올라있는 죄목들을 모두 믿을 수는 없는 노릇이다.

승자의 기록이기 때문이다.

소설 단종애사 ⓒ e뮤지엄 (국립한글박물관)

어쨌거나 명분을 잃은 수양의 선택이 결국 성공하여, 난을 평정했다는 정난의 이름으로 최고 실세인 영의정은 물론 인사권을 가진 이조와 병조까지 움켜쥐었다. 이를 놓고 이정형은 《동각잡기》에서,

> 계유 원년, 임금은 어린 나이로 왕위를 이었으나 여덟 대군은 강성하니, 인심이 위태로워 근심하였다. 황보인·김종서·정분이 삼공이었는데, 김종서는 지략이 많아 당시 사람이 대호(大虎)라 명하니, 세조가 그를 먼저 제거하였다.

라고 담담하게 기술하고 있기도 하다.

단종 선위 장면에 대한 두 기록

단종 재위 3년 을해**1455** 윤6월 11일에 세조에게 전위하니, 어린 상왕을 별궁에 옮겨 거처하게 했다. 별궁으로 나올 적에 어두운 밤인데도 불을 밝히지 않았지만, 종루로 내려올 때 좌우 행랑에서 나는 통곡 소리는 막을 수 없었다.

이를 두고 남효온은 《추강냉화》에서, 상왕이 임금 자리를 내놓은 것은 모신**謀臣** 권람이 일을 꾸미기 시작하여, 정인지 손으로 마무리 되었다. 나이 12살에 불과한 김자인이 그 과정을 보고 가슴에 불꽃이 치솟는 것 같았다고 한 말을 덧붙여 전했다.

단종이 선위 전교를 내릴 당시의 장면을 《실록》을 통해 보면,

> 임금 곁을 지키던 환관 전균을 우의정 한확에게 보내, "내가 어려 안팎의 일
> 을 알지 못하여, 간악한 무리가 나도 모르는 사이에 생겨 반란의 싹이 끊임없
> 이 일어나니, 이제 대임을 영의정에게 전하려 하노라." 하였더니, 한확이 깜짝

놀라, "지금 영상이 나라 안팎 모든 일을 모두 총괄하는데, 다시 무슨 대임을 전한다는 말입니까" 하였는지라, 전균이 이 말을 임금께 그대로 아뢰었더니, 이르기를, "내가 전날부터 뜻을 세워 이미 계책이 정해졌으니, 바꿀 수가 없다. 모든 일을 빨리 준비하라." 라고 명하였다. 한확 등이 결정 바꾸기를 강력하게 청하였고, 세조 또한 울며 굳게 사양하였던 것을, 전균이 다시 들어가 아뢰니, 조금 있다가 다시 전지 내리기를, "상서시 관원에게 옥새를 가지고 들어오게 하라." 하매, … 세조가 익선관과 곤룡포를 갖추고 백관을 거느리고 대궐 뜰에 나가서 선위를 받았다.

단종실록

라고 기록하고 있다.

한편 남효온의 《추강집》에서는,

선위 받을 때 세조가 덕이 없다 사양하니, 좌우에 따르는 신하들 모두 실색하여 감히 한 마디도 내지 못하였다. 성삼문이 예방 승지로 옥새를 안고 목놓아 통곡하니, 세조가 부복하여 바야흐로 겸양하는 태도를 보이는 척하다가, 머리 들어 승지를 빤히 쳐다보았다. 이날 박팽년이 경회루 못에 뛰어들어 빠져 죽으려 할 세, 성삼문이 말리며 말하기를, "지금 왕위는 비록 옮겨졌으나, 임금께서 아직 상왕으로 계시고 우리 또한 살아 있으니, 아직은 일을 도모할 수 있다. 다시 도모하다가 이루지 못하면 그때 죽어도 늦지 않다."고 하는지라, 박팽년이 그 말을 옳게 여겨 따랐다.
성삼문 아버지 성승이 도총관으로 궁내에서 번을 들다가, 선위한다는 말을 듣고 아래 사람을 승정원에 보내 자주 물었으나, 삼문이 대답하지 아니하고 뒷간에서 하늘을 쳐다보며 눈물을 샘처럼 쏟아냈다. 성승은 병이 났다는 핑계로 드러누워 일어나지 않으니, 집안사람들도 얼굴을 볼 수 없었는데, 오직 성삼문이 들어오면 좌우를 물리치고 이야기 나누곤 했다.

라는 장면까지 담고 있다.

예조 판서 김하와 형조 참판 우효강을 명나라에 보내, 어린 임금이 물러나기를 청하는 주문奏文을 올리자, 이듬해 4월에 이를 인정하는 조칙이 내려졌다.

7월에 상왕을 추존하여 공의온문恭懿溫文이라 하고, 왕비 송씨를 의덕懿德 왕대비라 올린 후, 문무백관을 거느린 세조가 창덕궁으로 가서 뵈니, 상왕과 송씨 모두 받지 않았다고 전한다.

단종과 배필 송씨의 인생까지 세조가 틀어쥐고 있었다. 궁중이 빈 듯하고 후사 또한 중요하다 하여, 거상居喪 중이지만 권도에 따라 하루속히 왕비를 맞아야 한다는 의논을 낸 이가 영의정 수양대군이었다.

권도權度란 무릇 저울과 자를 일컫는 말이니, 인간으로서 좇아야 할 규칙이나 법도를 말함이다. 왕실 어른으로서의 중전 위치는 매우 지중하여, 한시라도 비워서는 아니 된다는 것이 권도의 첫째가는 일인지라, 부왕의 상중임에도 배필을 맞아야 한다는 주장을 이기지 못해, 송현수 딸을 왕비로 책봉했다.

상중에 왕비를 들인다는 것은 이미 상을 입지 않은 것으로 간주한 탓에 그 실상이 없어진 것이니, 상복을 벗고 길복을 입는 것이 가하다고 보았다. 이에 예조 참의 어효첨이 항의의 뜻으로,

왕비를 들이는 것은 종사의 대계인지라 할 수 없어 하기 하지만, 기간을 줄이는 것은 무슨 부득이한 일이 있다고 억지로 하려는가.

라고 조목조목 따지면서 조금도 굽히지 않았음에도, 그 말이 결국 쓰이지는 않았다. 이리하여 갑술1454 정월 22일에 왕비를 책봉하였으니, 단종이 즉위한 지 3년째 되던 봄이었다. 부왕 문종의 대상이 5월 14일이었으므로, 상중에 권도를 따른 것이라 하였다.

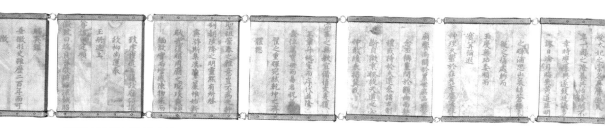

단종비 정순왕후 상시호 옥책 ⓒ e뮤지엄 (국립고궁박물관)
숙종 24년(1698) '정순(定順)'이란 시호와 '단량제경(端良齊敬)'이라는 휘호를 새로 올리면서 제작한 것이다.

권도에 따랐으면 내쫓지나 말아야지. 혼례를 치른 지 1년 반도 안 되어, 어린 임금을 노산군으로 강등시켜 내치면서 정순왕후까지 쫓았으니, 머리 깎아 속세를 멀리한 채 팔순이 넘는 나이까지 숨죽이며 힘겹게 살아가는 신세가 되고 말았다.

자살이라 쓰고 타살이라 읽는다

세조를 비롯한 계유정난 공신들은 어린 임금을 노산군으로 강등하여 유배했다가, 금성대군 역모와 연관 지어 결국 사사하기에 이르렀다.

《병자록》에서는 유시에 죽였다는 시각까지 기록하고 있으며, 《해동야언》에서는 조신들이 '노산을 죽여 그를 향한 백성들 마음을 단념시키라' 청했던 사실, 붓을 잡은 사관들은 '스스로 목매 죽었다'라고 사책史冊에 남겼던 사실을 담담하게 기술했다.

이렇듯 단종 죽음의 진실을 놓고 다르게 기록한 것들이 많아, 훗날 무지몽매하게 죽인 것을 은폐했다는 곡필 시비까지 일어났으니, 《병자록》과 《영남야어》에 전하는 당시 장면을 재구성해 보면, 다음과 같다.

금부도사 왕방연이 사약을 받들고 영월에 이르러 감히 들어가지 못하고 머뭇거리고 있으니, 시각이 늦어진다고 나장 놈이 발을 굴렸다. 도사가 하는 수 없이 들어가 뜰 가운데 엎드리니, 단종이 익선관과 곤룡포를 갖추고 온 까닭을 묻는지라, 도사가 대답을 못하였다. 그 때 단종 나이 17세였다. 평소 어린 임금을 모시던 통인 하나가 자청하여, 앉은 좌석 뒤쪽 창문으로 활줄에 긴 노끈을 연결

영월 청령포 단종 유배지 ⓒ 장득진

한 뒤 그 끈을 잡아당겼다. 미처 문 밖으로 나오지도 못한 통인의 아홉 구멍에서 피가 흘러 즉사하였다. 시녀와 시종들이 다투어 영월 동강에 몸을 던졌으니, 죽은 시체가 둥둥 떠다니며 강을 메웠고, 갑자기 뇌우가 크게 일어 지척에서도 사람과 물건조차 분별할 수 없는데다, 맹렬한 바람이 나무를 쓰러뜨리고 검은 안개가 공중에 가득 깔려, 밤이 지나도록 걷히지 않았다.

노산이 항상 객사에 머물러, 시골 백성들 중에 고을로 가는 자들이 누 아래에 와서 뵈었는데, 해를 당하던 날 저녁에 일이 있어 관에 들어가다가 길에서 만나니, 노산이 백마를 타고 동곡으로 달려 올라가는지라 길가에 엎드려 알현하며, 어디로 가시는 길입니까 하고 물었더니, 노산이 돌아다보며 태백산으로 놀러간다 하였다. 백성이 절하며 하직하고 관에 들어갔더니, 벌써 해를 당했다고 하였다.

영월 호장 엄흥도가 옥거리에 왔다갔다 통곡하면서, 관을 갖추어 이튿날 아전과 백성들을 거느리고 군 북쪽 5리 되는 동을지에 무덤을 만들어 장사 지냈다. 이때 엄흥도의 족당들이 화가 미칠까 두려워 다투어 말리는지라, 흥도가 말하기를, '옳은 일을 하고 해를 당하는 것은 내가 달게 생각하는 바이다'라고 했다 전한다.

한편 《아성잡설》이나 《축수록》과 《송와잡기》에서도,

　　노산이 해를 입자, 명하여 강물에 던졌는데, 육체가 둥둥 떠서 빙빙 돌아다니다가 다시 돌아오곤 하였으니, 가냘프고 고운 열 손가락이 수면 위에 떠 있었다. 아전의 이름은 잊었으나, 그 아전이 노모를 위하여 만들어 두었던 옻칠 한 관이 있어, 가만히 육체를 거두어 염하여 장사지냈는데, 얼마 안 되어 소릉(단종 어머니 능)의 변으로 다시 파서 물에 던지라 명을 받은 아전이 차마 그럴 수가 없어 파는 척 하고 도로 묻었다 전하기도 하고, 노산이 영월에서 죽으매, 관과 염습을 갖추지 못하고 거적으로 초빈하였는데, 하루는 젊은 중이 와서 슬피 울고 말하기를, "이름을 통하고 구휼 받은 정분이 있다." 라는 이유로 며칠을 묵더 어느 날 저녁에 시체를 지고 도망쳤다. 혹자는 산골에 불태웠다 하고, 혹자는 강에 던졌다고 하여, 지금 무덤은 빈탕이요 가묘라 하니, 두 언사 중에 어느 것이 옳은지 알 수가 없지만, 점필재 김종직의 글로 본다면 강물에 던졌다는 말이 틀림없는 사실이다. 그러하다면 시체를 훔친 중은 호승(胡僧) 양련의 무리로, 간신들의 사주를 받은 자가 아닌가. 맺힌 한이 영원토록 그치겠는가. 혼이 지금까지 떠돌아다닐 것이니, 참으로 슬프다.

라는 안타까움을 절절히 표현하고 있다.

　《대동운옥》에서는 수상 정인지가 백관을 거느리고 노산을 제거하자고 청하였으니, 사람들이 지금까지 분하게 여긴다 하였고, 《죽창한화》에서도 그 죄를 논한다면 정인지가 으뜸이고 신숙주가 다음이라 하였다.

　《축수록》에서 혹자들이 정인지의 곧은 절개를 이야기 했고, 서거정의 《필원잡

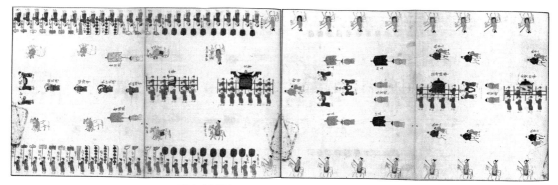

단종 정순왕후 복위 부묘도감 의궤 ⓒ 규장각한국학연구원

기》에서도 그 사람됨을 칭찬하였으나, 노산이 상왕으로 별궁에 있을 때 정인지가 소를 올려 노산을 죽여 후환을 없애자고 했고, 조금 있다가 영월로 옮기게 하고서는 뒤이어 처형했으니 참으로 간흉 우두머리라 하였듯이, 이구동성으로 정인지를 지탄하는 세상이 되고 말았다.

중종 때 기묘사화를 피해 음성에 은거했던 이자 선생은 그의 《음애일기》에서, 노산군 죽음 당시 붓을 잡았던 사관들을 신랄하게 비판했으니,

나라 사책에, 노산이 영월에서 금성군의 실패를 듣고 자진하였다 하였는데, 이것은 당시의 여우나 쥐 같은 놈들의 간악하고 아첨하는 붓장난이다. 후일 〈〈실록〉〉을 편수한 자들 모두 세조를 따랐던 자들이니, 《계유실록》이라는 것에 대개 이러한 내용이 많다. 혹은 말하기를, 노산의 무덤을 충의배들이 몰려 라서 법과 예에 따라 이장했다 하나, 이 또한 공연한 말이다. 고을 사람들이 지금까지 애통하게 여겨 제물을 베풀어 제사지내고, 길흉화복에 이르면 모두 묘소에 나가 제사 지냈다. 부녀자라도 오히려 정인지 같은 간적 놈들에게 협박받

세검정 (겸재 정선 작) ⓒ e뮤지엄 (국립중앙박물관)
실록 편찬 후 비밀 유지와 종이 재생을 위해 세초 작업을 한 곳이 세검정이었다.

아 우리 임금으로 하여금 제 명에 돌
아가지 못하게 하였다고 하니, 참으
로 슬프다. 예부터 충신 의사가 반드
시 대가 세족에서 나오는 것이 아니
니. 당시에 임금을 팔고 이익을 꾀하

실록각 현판 (국립고궁박물관 전시물) ⓒ 주암
역사연구실 태백산사고에 걸려 있던 현판이다

던 무리들은 반드시 자기 임금을 혹심한 화란에 몰아넣고야 마음에 쾌감을 느
꼈으니, 이런 자들을 엄흥도에 비춰보면 어떠한가. 시골 부녀자나 동네 아이들
은 군신의 의리도 알지 못하고 직접 흉한 변고를 보지 못하였건만, 지금까지
불하게 여겨 자기도 모르게 그런 말이 새어 나오고 전해 내려오니, 사람의 본성
이란 속이기 어려운 것을 알 수 있다.

라고 질타한 바가 있다.

참으로 안타까운 역사가 아닐 수 없다.

수양대군 정난과 허후 부자

정난^{靖難}.

나라의 위난을 평정했다는 뜻이다.

어린 단종이 즉위한 이듬해 계유1443에 고
명대신들이 정권을 농단한다는 이유로 조정
대신들을 숙청한 사건을 세상 사람들은 계유
정난이라 부른다. 안평대군보다 다소 세가 약
했던 수양대군이 책사 권람과 한명회를 손에
넣음으로 반전시켰다고들 하기도 한다.

《동각잡기》에서 권람에 대해, 그가 매양 수
양대군 집으로 가 뵐 적마다 해가 기울어도
가질 않아 밥상을 늦추게 하므로, 그 집 하인

기린 흉배 ⓒ e뮤지엄 (국립중앙박물관)
상상의 동물 기린을 형상화한 왕족 대군들
의 관복 흉배.

들은 권람이 오는 것을 보면 서로 눈짓하며,

국물 식히는 서방님이 또 온다.

라고 수군거렸다. 훗날 세조가 왕위에 오르매, 내전으로 권람을 불러 위로하는 잔치에서 정희왕후를 돌아보며,

이 사람이 곧 옛날 국물 식히던 서방님이오.

라는 농을 했다고 기술하고 있다.

한명회가 젊어서 낙방 거사 꼴이었으나 큰 뜻을 품어 과거를 탐탁히 여기지 아니했으니, 나이 서른이 넘어서까지 벼슬도 없이 권람과 죽고 사는 일을 같이하는 친구가 되었다. 세조가 권람에게 인재를 물으매, 한명회를 천거하여 복건 바람으로 뵙게 하였더니, 세조는 한 번 보고 구면이 있던 것처럼 여겨 서로 늦게야 만나게 된 것을 한탄하였다.

좌익공신녹권 ⓒ e뮤지엄 (국립중앙박물관)
세조 즉위에 공을 세운 권람 한명회 등 25명이 좌익공신으로 책봉되었다.

매양 나가 뵐 때면 스스로 종부시 관원이라 일컫거나 혹은 의원이라 속이기도 하

여 사람들이 의심하지 않게 하였으니, 어두운 밤에는 부르기 어렵다 하여, 수양의 가동 임운의 팔에다 묶은 노끈을 문밖에서 끌어당기면, 깊은 밤이라도 곧 세조에게 알리게 되니, 정란의 계책은 대개 한명회로부터 나왔다.

세조가 나의 장자방이라 칭찬한 한명회가 계책을 내어, 무사 홍달손·양정 등 30여 명을 추천하니, 드디어 그들을 등용하여 계유정난을 성공시켰다.

일찍이 수양대군이 명나라 사신을 자청했을 때 좌찬찬 허후가 만류하고 나섰다, 국상 중인데다 어린 임금이 정무를 맡아 대신들이 따르지 않고, 백성들 또한 의심하는 상황이었기 때문이다. 세조가 그 말을 따르지는 않았으나 가상하게 여기었으니, 정란 때 죽음을 면한 것은 그 덕이었다.

정적들을 제압한 수양대군과 신하들 축하 자리에 허후도 초청되었다. 술잔을 돌리고 풍악이 시작되자 정인지와 한확 등이 손뼉 치며 떠들고 웃었으나, 허후 홀로 슬픈 기색으로 고기를 먹지 아니했다.

세조가 이유를 묻자 조부 기일이란 핑계로 가볍게 넘겼지만, 김종서와 황보인의 머리를 베어 길거리에 매달고 그 자손들을 베어 죽이니, 허후가 더는 참지 못하고서,

이 사람들이 무슨 큰 죄가 있기에 머리를 베어 달고, 그 처자까지 베어 죽입니까. 김종서는 나와 친하게 지낸 적이 없어 그 마음을 능히 알 수 없지만, 황보인 그 사람의 기품을 내가 잘 아는데, 절대로 반역을 도모할 사람이 아닙니다.

라고 항변했다.

許詡孔嚴人領議政稠之子也家世忠孝襲父事母色養仕 世宗朝二十餘年謹身守口 文宗昇遐與皇甫仁金宗瑞受 顧命輔幼主爲左參贊時 光廟在首陽邸將起京師詡請於 光廟曰方令梓宮在殯 主少國疑大臣未附百姓未親公子爲國靖難功 光廟心韙其言癸酉 光廟與家柱石去將何之 光廟烏領議政羣臣皆八賀宴詡以有前政皇甫仁吏曹判書趙克寬右贊成李穰等皆死錄權擥韓明澮等窩謀誅金宗瑞擇其黨樸殺之領議言得無死召八與宴行酒樂作宰相鄭麟趾韓確等

추강집 허후 전

남요혼이 《추강집》에 단종 충신들의 전(傳)을 붙였는데, 허후전에 이어 6신전이 나올 정도로 높이 평가했다.

古鬼先生文集卷之八

二

附掌矓笑詡獨愀然不食肉 光廟問其故託以齋日 光廟心知其意而不復詰已而命烹宗仁等干于市誅其子孫詡曰此入胡大罪至於烹示堅殺乎宗瑞則與詡交疎其心未能知若仁審知其爲人萬無謀友之理 光廟曰汝不食肉意固在此對曰然朝廷元老同日盡死詡生亦足矣又忍食肉乎因流涕 光廟怒甚猶愛其才德不欲致之死李季甸力勸謫詡於外竟縊殺之自此朝廷盡變

六臣傳

朴彭年字仁叟 世宗朝登第親試正統丁卯重試 宣德壬子生員甲寅

고기를 먹지 않은 뜻이 진실로 여기 있다는 것을 눈치 챈 세조가 격노했지만, 그의 재주와 덕을 아껴 죽이고 싶지 않아 멀리 귀양 보냈다. 하지만 이계전이 극력 주장하여 마침내 목을 매어 죽게 했다는 기록이 《추강집》과 《명신록》에 남아 있다.

허후 허조 정충각 (경북 경산 하양)

그의 아들 허조 역시 성삼문 등과 뜻을 같이 하다 자결을 택했는데, 세조는 그의 시체를 갈기갈기 찢었다.

천명과 운명

세조가 대군으로 있던 14살 나이에 어떤 기생집에서 자는데, 밤중에 기생과 관계하는 자가 와서 문을 두들겼다. 세조가 놀라 발로 뒷벽을 차서 자빠지자 곧장 밖으로 나와 몇 길이나 되는 담을 뛰어넘었다. 그 사람 역시 뒤를 따라 넘으므로, 세조는 또 두 겹으로 된 성을 뛰어넘으니 그 사람 역시 따라 넘었다.

세조가 일 리쯤 가다가 길옆 늙은 버들 한 그루가 속이 텅 비었기에 그 속에 숨었더니, 따라오던 그 사람이 찾지 못하여 자취를 잃고는 투덜거리면서 가 버렸다. 조금 뒤에 나무 곁의 집에서 어떤 점잖은 분이 문을 열고 나와 작은 다리 옆에서 소변을 보더니, 별을 쳐다보면서 혼자서 말하기를,

자미성이 유성에 걸려 있으니 괴이한 일이로다.

하고는 한참 만에 들어가 버렸다.

이튿날 수소문해 보니, 그는 곧 관상감에서 천문을 잘 보는 자였다. 세조가 등극한 뒤에 찾았으나 이미 죽은 지 오래되어, 그 아들에게 후사하였다고 《오산설림》은 전하고 있다.

세조가 경복궁에서 즉위하니, 상왕 3년 **1455**을 원년으로 삼아 즉위 교서를 반포했다. 그 해를 즉위년으로 한 것이 아니라 원년으로 삼았다는 의미는 전임자 통치를 인정치 않겠다는 것이나 다름없다. 그리고 즉위를 도운 41명에게 좌익공신을 녹훈하였으니, 이제 세조의 시대가 열린 것이다.

세조 임금이 일찍이 어떤 낮은 자리에 있는 한 사람을 탐탁하게 여기지 않아, 벼슬을 여러 해 동안 옮겨주지 않았다. 어느 날 내전에서 잔치를 베풀었더니, 여러 재상이 모두 전殿 위에 올라와 있는데, 그 낮은 자리에 있던 사람도 금대金帶를 차고 앉았기에, 잔치가 끝난 뒤에 급히 그 사람 이력을 살펴보니 실력으로 당당하게 청반에 뽑혀 승진한 것이었다.

세조 태지석 ⓒ e뮤지엄 (국립고궁박물관)
음각명문에 색칠 자국이 보이지 않으며, 총 35자의 글자 크기는 1.5cm 내외다. 마모가 심해 명문판독이 어려운 상태다.

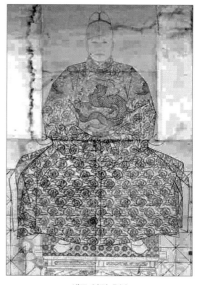

세조 어진 초본

그런 일이 있자, 이조에서 벼슬할 세 사람을 갖추어서 올리면 묽은 먹물을 붓에 듬뿍 적셔 먹이 떨어진 곳에 낙점하기도 하고, 때로는 글자를 모르는 궁인을 불러다 낙점하게 하고는,

이것 역시 운명이야.

라고 했다는 고사를《소문쇄록》은 전하고 있다.

박팽년의 대나무 그림
ⓒ e뮤지엄 (국립중앙박물관)

수양대군이 어린 조카 단종을 몰아내자 이에 분개한 충신들이 많았다.《추강집》이나《해동야언》에 따르면, 세조 재위 2년 병자 6월에 명나라 사신이 오게 되니, 세조가 창덕궁 상왕 어전에서 사신들을 청하여 잔치하기로 한 날, 박팽년과 성삼문 등이 성승과 유응부를 칼 찬 운검雲劍으로 삼아, 잔치가 무르익을 때를 기다려 성문을 걸어 잠그고 세조 일당을 베어버리면, 상왕 복위는 손바닥 뒤집는 것처럼 쉬울 것이라 생각했다.

유응부가 세조와 세자를 맡을 것이라 하여, 나머지도 각자 임무를 나눠 맡기로 했다. 성삼문은 신숙주가 나의 친구지만 베지 않을 수 없다고 했다. 이렇듯 거사 계획이 다 정해졌는데, 창덕궁 광연전이 좁고 날씨가 더워 세자와 운검도 들이지 말라 하니, 한명회가 요청한 것을 받아들였기 때문이다.

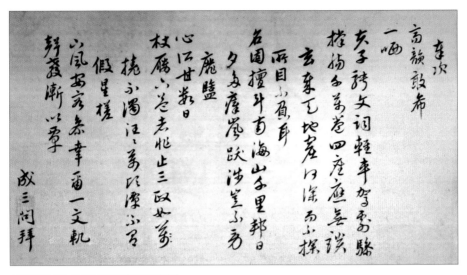

성삼문의 글씨 ⓒ 국사편찬위원회 유리건판

무장인 유응부는 기회를 늦출 수 없다 했고, 박팽년과 성삼문은 후일을 도모하자고 말렸다. 사전 계획이 틀어진 것을 알지 못한 윤영손이 칼을 들고 한쪽 마루에서 머리 감고 있던 신숙주에게 다가갔지만, 성삼문이 눈짓으로 만류하니 그 또한 물러났다.

이를 지켜보던 김질이 일이 늦춰진 것을 알고 장인 정창손에게 달려가 세조에게 고하니, 단종 복위 거사는 탄로 나고 말았다.

승지들을 집합시킨 세조는 성삼문을 꿇어앉히고 발을 구르며,

네가 나에게 신이라 일컫지 않고 나으리라 하는데, 네가 내 녹을 먹지 않았느냐?

하였더니, 성삼문이 이 말을 받아,

상왕이 계신데, 나으리가 어떻게 나를 신하로 삼을 수 있는가. 내가 또 나으리의 녹을 한 톨도 먹지 않았으니, 만일 믿지 못하거든 내 집을 적몰하여 확인해 보아라. 나으리의 말은 모두 허망하여 취할 것이 없다.

하였다. 쇠를 달구어 그 다리를 뚫고 팔을 끊었으나, 얼굴색 하나 변하지 않고 다시 달구어 오라 소리치며, 임금 옆에 있던 신숙주에게도 변절자라 꾸짖으니, 세조는 신숙주에게 뒤편으로 피하라 명했다.

성삼문이 형장으로 나갈 적에 시를 지어 이르되,

둥 둥 둥 북소리는 사람 목숨 재촉하는데 / 擊鼓催人命
머리 돌려 돌아보니 해는 이미 기울었네 / 回頭日欲斜
머나먼 황천길에, 주막하나 없으니 / 黃泉無一店
오늘밤은 뉘 집에서 재워줄꼬 / 今夜宿誰家

라고 노래했다.

그 딸이 나이 대여섯 살쯤 되었는데, 수레를 따르면서 울며 뛰자 돌아보며 말하기를,

성삼문 묘 (동작구 노량진 육신묘역) ⓒ 문화재청

계룡산 동학사 숙모전 ⓒ 문화재청
김시습이 단종 복위를 도모하여 절의를 지킨 사육신 생육신 육종영 등의 위패를 모신 곳이다.

사내자식은 다 죽을 것이고, 너는 딸이니 살 것이다.

하였다.

유일하게 박팽년 유복자만이 살아 남았는데, 비슷한 시기에 출산한 계집종 딸애
와 바꿔치기 하여 혈손을 보존할 수 있었다고 전한다.

만들어진 사육신과 생육신

　　사육신이니 사칠신이니 하는 논쟁들로 시끄러워 진 것이 1977년부터였으니, 벌써 반세기가 다 되어간다. 유응부를 빼고 김문기가 들어가야 한다는 주장으로 혼란에 빠졌지만, 학계의 주류적 입장은 그때나 지금이나 큰 변화 없는 분위기다. 반짝하던 그 당시를 제외하고는 그 누구도 이 문제에 천착하여 학술 논문 쓰기를 기피해 왔던 것도 사실이다. 사육신이란 포커스에 맞춘 논문은 아예 찾아볼 수가 없고, 주변 상황을 정리한 논문들만 드문드문 보인다. 후손들의 상반된 현창 욕구가 워낙 커서 자칫 논란에 휘말릴 수 있다는 우려 때문이었을 것이다. 우리 조상도 사육신이라며 제사상을 엎어버려 법원이 징계를 내린 일이나, 2007년 남북 합작드라마 〈사육신〉 시사회 때에도 김문기를 사육신에 넣어야 한다는 소동이 있었다. 다반사로 일어났던 이런 분쟁을 줄이기 위해서는 좀 더 차분하게 그 역사적 맥락부터 이해할 필요가 있을 것 같다.

단종 복위 사건 고변이 있던 날을 《세조실록》에 근거해 보면, 성균 사예 김질이 장인 정창손에 달려가 세조에게 단종 복위 전말을 고변하던 날, 김질 입에서 나온 연루자는 성삼문·이개·하위지·유응부였다.

다급했던 세조가 숙위 군사들에 명하여 승지들을 집합시킨 후, 도착한 성삼문을 끌어내 꿇어앉힌 다음 바로 심문에 들어갔다. 이때 성삼문 입에서 나온 공모자는 박팽년·이개·하위지·류성원이었다. 세조가 재차 캐묻자, 유응부와 박쟁도 연루자임을 밝혔다.

이에 하위지와 이개를 잡아들여 심문에 들어갔고, 발각된 사실을 눈치 챈 공조참의 이휘가 급히 승정원으로 달려가 자백하였는데, 이때 거론된 인물은 성삼문·권자신·박팽년·이개·하위지·류성원·박중림·박쟁 등이었다.

그런 후 박팽년을 잡아와 친히 국문할 적에 나온 인물은 성삼문·하위지·류성원·이개·김문기·성승·박쟁·유응부·권자신·송석동·윤영손·이휘·박중림**박팽년 아버지**이었다.

이를 다시 정리해 보면,

최초 고변자인 김질은 성삼문·이개·하위지·유응부(이상 4명)
주모자격인 성삼문은 박팽년·이개·하위지·류성원·유응부·박쟁(이상 7명)
주모자격인 박팽년은 성삼문·하위지·류성원·이개·김문기·성승·박쟁·유응부·권자신·송석동·윤영손·이휘·박중림(이상 14명)

사육신 묘역 (동작구 노량진) ⓒ 문화재청

사육신 묘역 입구 (동작구 노량진) ⓒ 문화재청

등의 인물들을 사전 모의 참여자로 거론했음이 확인된다.

그로부터 4일 지난 6월 6일, 8도에 유시하기 위해 내려 보낸 죄인 명단을 보면, 이개·성삼문·박팽년·하위지·류성원·박중림·권자신·김문기·성승·유응부·박쟁·송석동·최득지·최치지·윤영손·박기년·박대년 등 모두 17명이었다. 첫 날 밝혀진 것에서 4명이 추가되고, 이휘가 빠진 탓이다.

6월 7일, 체포 직전에 자살한 류성원과 허조, 옥중에서 죽은 박팽년의 시체를 거열하고 효수한 머리를 저자거리에 내걸었다. 이때의 죄목은 성삼문·이개·하위지·성승·유응부·권자신 등과 반역을 모의한 죄였다

6월 8일 성삼문을 비롯한 연루자들을 심문한 끝에 의금부에서 처형해야 할 자들을 가려냈으니, 이개·하위지·성삼문·박중림·김문기·유응부·박쟁·송석동·권자신·윤영손·아가지·불덕 등이었으나, 세조는 아가지**노산군 유모의 몸종**와 불덕**권자신 집의 여종**을 제외하라 명했다. 그런 후 군기감 앞뜰에 백관들을 불러 모아 거열형을 집행하고, 죄인들 머리를 저잣거리에 3일 동안 내걸었다. 그 후 연루자나 연좌 죄인으로 잡혀 와 거열형에 처한 숫자가 급격하게 늘어났고, 이것이 세조 2년이던 1456년의 일이었다.

이렇듯 《세조실록》을 통해서 당시 상황을 살펴보아도, 주모자급으로 활동했던 여섯 신하[六臣]를 집어낼 수가 없다. 그럼에도 후세 사람들 입에 육신이라 오르내린 것은 추강 남효온의 《육신전》 때문이었다.

이들이 처형되고도 30여 년이 흐른 뒤에 남효온이 박팽년·성삼문·이개·하위

지·류성원·유응부 순으로 한 사람씩 전을 기록한 뒤에 찬贊을 붙인 것이다.

왜 여섯 신하만 가려내어 〈육신〉이란 이름으로 전기를 기술했는 지는 남효온만이 알 것이지만, 아무튼 여기에는 남효온의 개인적 역사의식이 바탕이 되었을 것이고, 거기에다 그의 문학성이 덧붙여진 것은 분명하다.

단종 복위 모의자가 처형될 무렵 3살에 불과했던 남효온이 당시의 일을 자세하게 알 수 없었지만, 탁영 김일손 도움으로 원고를 정리한 것으로 알려져 있다. 그러니까 당대 사림들 가슴 깊숙하게 묻어두었던 내용을 과감하게 문자로 바꿨다는 점에서 큰 의의가 있고, 이것이 훗날 그를 생육신으로까지 추앙할 근거가 되었을 것이다.

그러하니,《육신전》에 소개된 개인 이력이나 관직 표기에 오류를 범한 부분이 있다 할지라도, 전체 내용까지 가치 없는 것으로 폄훼되어서는 안 된다는 점을 말하고 싶다.

아무튼, 육신 일에 대해 입 밖으로 내지 못하던 시절은 한동안 지속되었고, 그런 가운데 과감하게 그 일을 끄집어내는 용기 있는 선비들도 있었다.《육신전》을 몰래 베껴가며 읽었던 사람들이었다.

이런 상황들을 점검해 보면, 정사는 물론 야사와 민간 기록에서도 사육신이 아닌 단지 육신六臣이라 불렀을 뿐이니, 이는 남효온의《육신전》영향이었을 것이다. 숙종 5년1679부터 육신 묘를 봉축하고, 인근 유생들이 세웠던 사당을 사액으로 마무리한 것이 숙종 18년이었다. 이런 분위기를 타고 김시습과 원호가 포상의 은전을

영월 창절사 내부 ⓒ문화재청

받자, 조려도 뒤따라 동급의 은전을 받아낸 것이 숙종 27년이었다.

그로부터 2년 후인 숙종 29년**1703**에 영월 육신사를 창절**彰節**로, 김시습을 배향하는 충청도 홍산 사당을 청일**淸逸**로 하는 편액을 내리자, 이에 자극받은 경상도 유생들이 조려의 고향인 함안에도 사당을 짓도록 허락해 달라는 상소를 올리게 되었는데, 이때 육신**六臣**에 맞춰 살아서 의를 지킨 육인**六人**도 함께 배향해야 한다는 것이었다.

이때 내건 용어를 보면,

사이전절자(死而全節者) 육신(六臣)

생이수의자(生而守義者) 육인(六人)

라고 했으며, "살아 의義를 지킨 자 6인"에 포함된 인물로는 김시습·남효온·원호·성담수·이맹전·조려 등이었다. 이렇듯 생육신이란 용어도 아직 만들어지기 전이었다. 육신이 충신으로 대접받는 사회 분위기로 바뀌게 되자, 이에 편승하려는 사례에 불과할 따름이다.

김시습 초상 ⓒ 부여 무량사

그로부터 30여 년이 흐른 영조 12년1736, 영월 유생 수백 명이 육신사 옆에 8현사八賢祠라는 사당을 세워 복합상소를 올렸다. 이때 8현으로 내세운 인물은 기존 6인에다 권절과 정보를 더한 숫자였다. 하지만 영조는 비답을 내리지 않았다.

이 문제를 놓고 경상도 유생 수백 명이 연명으로 재차 소를 올린 것이 영조 35년 1759이었다. 이때 '생팔신'이란 용어가 등장하였는데, '사육신' 못지않은 충절의 표상이니 사액을 내려 달라 청원한 것이다.

여기에서 주목되는 것은 '생팔신'과 함께 '사육신'이란 용어 등장이었다, 그전까지는 '육신'이라 칭했기 때문이다. 이후 '생팔신'은 사어死語가 되어 버렸다. '사육신'에 대비시켜, 살아 의를 지킨 이들도 6명으로 맞춰야 했고, 그리하여 생긴 용어가 생육신이었다.

하지만, 누가 생육신인가에 대한 논란은 끊이질 않았다. 이규경의 〈생육신변증설〉이 나오게 된 것 역시 그런 이유 때문이다. 애초부터 6명의 생육신으로 출발한 것이 아니라, 후세 사람들이 만들어 넣다 보니 논란을 피할 길이 없었던 것이다.

생육신집 ⓒe뮤지엄 (국립중앙박물관)

벽초 홍명희 선생이 1927년에 쓴 〈사팔신과 생팔신〉에서, 윤혜·기건·조상치 같은 선비들 행적이 결코 생팔신에 뒤지지 않음을 안타까워했다. 거기에다 사육신 역시 남효온의 《육신전》을 근거로 할 것이 아니라, 성승과 박쟁을 더하여 사팔신이 되어야 한다고 주장했다.

사육신을 추적하다보면, 그 원형 콘텐츠 출발점은 남효온의 《육신전》이 분명하고, 선비 사회에서도 한동안 육신으로 칭송되었다. 그러다가 영조 재위 즈음에 살아 의를 지킨 이들도 함께 현창하려는 분위기가 8현을 등장시켰고, 8현이 생팔신이 되었다가 다시 생육신으로 정리되어 감과 동시에 "육신" 또한 "사육신"으로 칭하는 사례가 많아졌다.

'8대 불가사의' 혹은 '3대 천재'라고 하는 것들이 후세에 만들어지듯, 사육신과 생육신도 그 범주에 벗어나지 않는다. 그럼에도 한사코 만들어진 '사육신'에만 매달리고자 했으니, '1등만 기억하는 더러운 세상'이란 유행어가 머리에 맴돈다.

살인마 정승 홍윤성

호서에서 볼품없이 살던 홍윤성이 과거 보러 한강에 닿으니, 제천정에 놀고 있던 수양대군 하인배 십여 명이 배 안에 걸터앉아 길을 막았다. 물불 가리지 않던 홍윤성인지라, 배 안으로 뛰어들어 작은 삿대로 그 하인들을 내리쳐 물속에 처넣고는 유유히 배를 저어 건너가니, 이를 눈여겨보던 세조가 데려와 후히 대접한 후 남몰래 은의를 맺은 것이 그들 인연의 출발점이었다.

홍윤성이 젊어 불우한 시절에 과거 보러 서울에 들어와, 홍계관의 명성을 듣고 찾아가 운명을 물었더니, 계관이 공손하게 꿇어앉아,

공은 신하로서는 극히 귀한 상입니다. 모년 모시에 반드시 형조 판서가 될 것이니, 그때 소인의 아들이 죄를 얻어 옥사에서 죽게 된다면, 모쪼록 소인을 위해 살려 주소서.

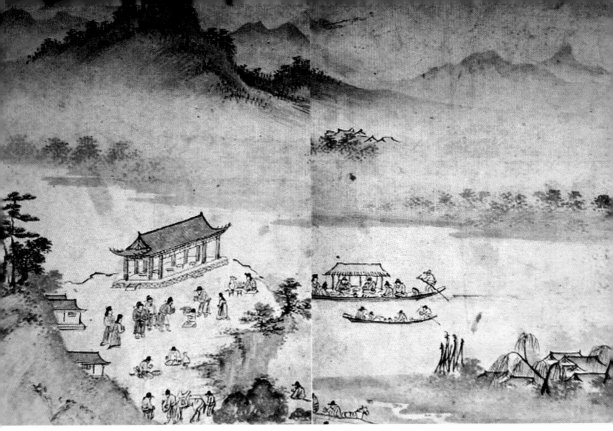

제천정의 유희 장면 〈무진추한강음전도(戊辰秋漢江飮餞圖)〉 ⓒ 농암종택 소장
중종 3년(1508) 한강 제천정에서 농암 이현보를 전별하는 모습을 담은 그림이다.

라고 말하고는, 그 아들에게도 이 사실을 알려주었다.

황당하게 여긴 홍윤성이 승낙하지도 못하고 나왔는데, 10년도 안 되어 자급을 건너뛴 형조 판서가 된 어느 날, 큰 옥사를 국문하던 중에 어느 죄수가 갑자기 소경 점쟁이 홍계관 아들이라 하는 통에 석방해 주었다.

세조가 김종서를 죽이던 날 저녁, 홍윤성에게 공무를 핑계 삼아 대감 집에 가서 엿보게 했다. 훈련 주부로 있던 홍윤성이 가서 보니, 안방 장침에 기댄 김종서와 세

과거 급제자 행차 (기산풍속도첩) ⓒ e뮤지엄 (국립중앙박물관)
세조는 홍윤성을 무인으로 활용했지만 세종 때 문과에 급제한 문신이었으며, 계유정난 때 2등 공신에 책록되어 영의정
까지 지냈다.

첩이 앉았는데, 윤성을 불러 강한 활을 시험 삼아 당겨보라고 했다. 잇달아 두 개나 꺾어 버리니 술 세 사발을 얻어 마시고 돌아올 정도로 용력이 있었다.

윤성이 이조 판서가 되었을 때, 그의 숙부가 찾아와 아들의 벼슬 한자리 부탁하니, 아무 곳에 있는 논 이십 마지기를 준다면 그렇게 하겠다며 거만을 떨었다. 이에 숙부가,

자네가 어떻게 이런 말을 하는가. 옛날 곤궁하여 뜻을 펴지 못할 때, 나한테

30여 년이나 얻어 먹고 살았으면서, 재상 신분이 되어 내 자식 벼슬자리 하나 못 준단 말인가?

라고 따졌다.

이 말이 퍼질까 염려한 홍윤성이 그 자리에서 숙부를 때려죽여 후원에 묻어 두었다. 숙모가 이 사실을 고소장으로 올렸으나 형조에서 접수를 거부했고, 사헌부에서도 모른 체 했다. 숙모가 세조의 온천 행차 때를 기다려, 버드나무에 올라가 갑자기 큰 소리로 하소연했다.

세조가 사람을 시켜 물었더니, 숙모가 아뢰기를,

말씀드리고자 하는 것이 권신과 관계된 일이라, 한 걸음 사이에도 그 내용이 바뀔 것이니, 감히 말할 수 없습니다.

하였다.

연輦을 멈추어 그 진상을 상세히 듣고 진노한 세조가 홍윤성을 죽이고자 하였다. 그러함에도 그의 공적을 참작하여, 종 몇 십 명을 베고 갔을 뿐이다.

홍윤성의 타고난 성격이 사나운 데다, 자신이 세운 공을 믿고 멋대로 사람을 죽였으니, 문밖의 시내에서 말을 씻기던 사람을 잡아 와서 말과 함께 죽였다. 그 후론 자기 집 앞으로 말 타고 지나가는 자는 귀천을 따지지 않고 죽였다.

홍윤성의 묘와 신도비 (충남 부여) ⓒ 장득진

홍윤성이 일찍이 남의 논을 빼앗아 미나리를 심으니, 그 땅의 주인인 늙은 할미가 울면서,

이 늙은이가 혼자 목숨 붙이고 사는 수단이 이 논뿐이다. 그대로 순응하면 굶어 죽을 것이요, 반항하면 피살될 것이니, 어차피 죽음은 마찬가지라. 차라리 그 문전에 가서 하소연하여, 만에 하나라도 요행을 바라는 것이 어떨까.

하고는 곧 땅문서를 들고 찾아갔다. 그러자 홍윤성이 한마디 말도 묻지 않고, 그 할미를 바위 위에 엎어놓고 모난 돌로 쳐 죽이고는 시체를 길가에 버려두었다. 형편이 이런지라 그 집 노복들이 횡행해도 관에서조차 막을 수 없었다.

홍윤성이 도순문출척사로 근기 고을을 순행하다가 양주[일설에는 전주]에 도착하니, 남녀들이 물결처럼 모여들어 구경하는데 한 여자가 울타리 틈으로 엿보았다. 홍윤성이 그 계집의 자태 있음을 유심히 보았다가, 나중에 알아보니 그곳 좌수의 딸이었다. 곧 좌수를 불러 오늘 저녁 첩으로 삼겠다고 하니, 좌수가 물러나 아내와 함께 울고 있었다.

그 딸이 이유를 묻고는 이런 쉬운 일은 제가 알아서 처리하리라 하였다. 홍윤성이 군복차림으로 들어서자, 처녀가 갑자기 앞으로 다가서서 그 소매를 잡고 다른 한 손으로 칼을 뽑으면서,

공이 나라의 대신으로서 지금 명을 받아 지방을 순행하면서 한 가지도 칭송할 일이 없는데도 먼저 불의를 행하려 합니까. 나 역시 사족의 딸인데, 공이 어찌하여 첩으로 삼으려 합니까. 처로 들이려면 가하지만, 첩으로 삼는다면 이 자리에서 죽겠습니다. 공이 어찌 이런 무례한 일을 행하여 그릇되이 사람을 죽이리까.

하였다. 이에 홍윤성이 웃으면서 마땅히 요구대로 약조하고는, 곧장 한양으로 돌아와 세조에게 아뢰기를,

신에게 아내가 있으나 영리하지 못하여 주부의 일을 감내하지 못하오니, 아무 딸로서 계실을 삼겠나이다.

하였다. 세조가 허락하니, 육례六禮로 장가들어 숭례문 밖에 살다 홍윤성이 죽은 뒤, 전 후처가 적통을 다투어 판가름 나지 않았다. 이때 후처가 말하기를,

> 아무 해 아무 날에 선왕께서 제집에 오셔서, 술잔을 돌리게 하시고 형수라고 부르셨는데, 《승정원일기》에 부인이 술잔을 돌렸다 했는지, 첩이 돌렸다 했는지 확인해 보라.

승정원일기 (규장각 한국학연구원 소장)

라고 요구했다.

《승정원일기》를 살폈더니, 과연 주상이 홍윤성 집에 행차하시어 술에 취하여 부인을 나오게 한 뒤에 술잔을 돌렸다고 적혀 있었기에, 성종이 특명을 내려 두 명 모두 처로 인정하고 가산을 반씩 나누게 하였다.

세조 때 우의정, 예종 때 좌의정을 거쳐 영의정까지 올랐으니, 세상 사람들이 살인마 정승이라 불렀다. 그런 이유로 무덤조차 돌보는 이가 없었으니, 생전의 행적들이 그렇게 만들었을 것이다.

가죽을 남기는 호랑이와 이름을 남기는 사람 차이가 분명히 있을 터이다.

밤이 무서웠던 제안대군

예종 의 큰아들은 요절했고, 둘째가 제안대군이다.

제안대군이 원자로 태어났건만, 예종이 재위 13개월 만에 승하했을 때는 겨우 4살이었다. 예종 조카였던 잘산군을 왕위에 올리니, 12살의 성종이었다. 할머니 정희왕후와 한명회가 힘을 합쳐 덕이 있는 자를 군왕으로 세워야 한다는 구실이었다.

명종 때 어숙권이 지은 《패관잡기》에서 제안대군 세평을 자세히 남겼는데, 보통 사람들이 살던 방식과는 참으로 다른 괴이한 삶을 살았던 것만은 분명해 보인다.

제안대군 이현(李琄)은 예종대왕의 아들로 성품이 어리석었다. 일찍이 문턱에 걸터앉아 있다가 거지를 보고 그 종에게 말하기를, "쌀이 없으면 꿀떡의 찌꺼기를 먹으면 될 것이다." 하였는데, 이것은 "어째서 고기죽을 먹지 않느냐." 한 말과 같다. 또 여자의 음문(陰門)은 더럽다 하여 죽을 때까지 남녀 관계를 몰랐다.

성종은 예종이 후사가 없음을 가슴 아프게 여겨 일찍이 "제안에게 남녀 관계를 알 수 있게 하는 자에게는 상을 주겠다." 하였더니, 한 궁녀가 자청하여 시험해 보기로 하고, 드디어 그 집에 가서 밤중에 그가 길이 잠든 틈을 타서 그의 음경을 더듬어 보았더니 바로 일어서고 빳빳하였다. 곧 몸을 굴려 서로 맞추었더니, 제안이 깜짝 놀라 큰 소리로 물을 가져오라 하여 자꾸 그것을 씻으면서 잇달아 "더럽다."고 부르짖었다.

사인(士人) 신원(申遠)의 집이 제안의 집과 담으로 이어져 있었는데, 신원이 말하기를, "일찍이 제안이 여자를 5·6명을 데리고 문밖에서 산보하는 것을 보았는데, 한 여자 종이 도랑에서 오줌 누는 것을 제안이 몸을 구부리고 엿보고서 말하기를, '바로 메추리 둥지 같구나.' 하였는데, 그것은 음모(陰毛)가 무성한 것을 두고 한 말이다.

정덕(正德) 연간에 상의원(尙衣院)에서 무소가죽으로 만든 띠를 바치는데, 그 품질이 아주 좋았다. 제안이 대궐 안에서 만나 드디어 허리에 차고 차비문(差備門) 밖에 가서 아뢰어 청하기를, "이 띠를 신에게 하사하소서." 하니, 중종이 웃으며 그것을 주었다.

혹자는, "제안이 실은 어리석은 것이 아니라, 만약 종실의 맏아들로 어질고 덕이 있다는 소문이 나면 몸을 보전하지 못할까 두려워서 늘 스스로 감춘 것이다." 하기도 하는데, 남녀 사이의 욕망은 천성으로 타고난 것이어서 인정으로 막을 수 없는 것인데, 평생토록 여자를 더럽다 하여 가까이 하지 않은 것은 실지로 어리석은 것이 아니고 무엇이냐.

제안대군 묘 (경기 포천) ⓒ 주암역사연구실

    이렇듯 남녀 관계 일을 모르는 제안대군이었지만, 부부 스캔들만은 크게 일으킨 사람이다. 14세 나이에 아내가 싫다고 버리고 재혼했다가 다시 전처와 재결합 하는 과정이 참으로 가관이다.

    재혼하고서 다시 전처 생각이 간절했지만 명분 없는 이혼이 허락되질 않으니, 여종으로 하여금 아내를 유혹하게 했다. 아내가 여종들을 꾸짖어 내치자, 몰래 여종들을 잠자리에 잠입시켜 레즈비언이라 모함했다. 하지만 곧 자작극임이 밝혀져 이혼이 어렵게 되자 어머니 안순왕후를 찾아가서 애걸했고, 안순왕후가 다시 성종에게 매달렸다. 난색을 표하던 성종도 마지못해 이혼을 허락하지 않을 수 없었다.

지친을 알뜰히 챙기던 성종은 제안대군 3번째 부인을 들이려 했다. 하지만, 제안대군은 전처 김씨와의 재결합을 요구하며 거절했다. 전처와의 재결합을 허락하지 않으면 평생 혼자 산다고 협박한 것이다. 제안대군을 밀어내고 임금 자리에 오른 성종은 마음의 빚을 갚는 셈으로 그의 요구를 허락했다.

그 때 제안대군 나이 21살이었고 육순까지 살다 갔다.《왕조실록》의 제안대군 졸기에서 거짓으로 어리석은 척 했다는 기록을 남겼고, 한 세기가 지난 선조 때에 유몽인의《어우야담》에서도 역모

백자 음각 제안대군 墓誌 ⓒ e뮤지엄 (국립중앙박물관 제안대군 이연(1466-1525)의 모친 안순왕후가 돌아가시자, 무덤 옆에 초가를 짓고 3년의 여묘 살이 했다는 기록으로 보아 유가적 효심을 다한 것으로 보인다.

에 휘말리는 게 무서워 자손도 두지 않았다고 한 바가 있다.

아무튼, 60세까지 수를 다하면서 연산군이나 중종에게도 왕실 어른으로 대접받고 살았다. 한 때 연산군이 빠졌던 장녹수는 제안대군 집에서 부리던 노비였다. 그리고 제안대군의 집이 뇌영원蕾英院이라는 이름의 가흥청假興淸으로 사용된 바 있으니, 그들의 짬짜미가 의심되지 않을 수 없는 대목이다.

평생토록 목숨 부지를 위한 연기로 일관했다면, 그는 조선 최고의 연기자이자 도인이라 할 것이다.

남이 장군의 억울한 혼령

조선 건국 당시 개국공신 남재가 버티고 있던 의령 남씨는 그 후대에도 일정 지분을 갖고 있었다. 남이의 조부였던 남휘가 태종 딸인 정선공주에게 장가들었던 것이나, 종조부 남지가 과거 급제 없이 좌의정에 올라 문종 고명대신을 지낸 것만 봐도 알 수 있다.

그런 집안에서 불과 18세의 나이에 무과에 급제하여 주위를 놀라게 했다. 이시애 난에 출정한 남이가 큰 공을 세웠으니, 북청 전투를 묘사한 《실록》의 표현에서,

남이가 진 앞에 출몰하면서 사력을 다하여 싸우니, 향하는 곳마다 적이
마구 쓰러졌고 몸에 4, 5개의 화살을 맞았으나 용색이 태연자약하였다.

라는 것을 볼 때, 이미 크게 될 인물임을 예고하고 있었다.

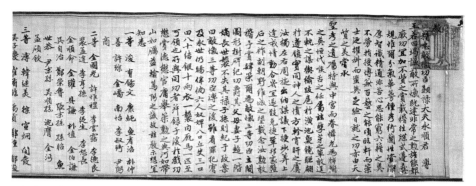

이부(영순군)의 적개공신 교서 © e뮤지엄 (국립중앙박물관)

이시애 난을 평정한 이들에게 적개공신으로 봉했으며, 1등 공신 명단에 남이 장군 이름이 보인다.

난을 종식시킨 공으로 당상관에 올랐을 뿐만 아니라, 적개 1등 공신에 책봉되었으니, 호랑이가 날개를 단 격이었다. 연이어 여진족을 토벌하여 또 공을 세우니, 불과 25세에 자헌대부**정2품**, 공조판서 겸 오위도총부 도총관이라는 어마어마한 지위를 거머쥐게 되었다.

세조가 등급을 건너뛰어 병조 판서로 임명하였지만, 세자였던 예종은 그를 몹시 꺼렸다. 예종이 왕위에 올랐는데, 때마침 하늘에 혜성이 나타나자 숙직하던 남이가 옆 사람에게,

혜성은 곧 묵은 것을 제거하고 새로운 것을 배치하는 형상이라.

말한 바가 있었다.

남이 재능과 명성을 시기하던 류자광이 이 말을 엿듣고는, 꾸미고 보태어 반역한

다 아뢰니, 남이가 마침내 처형되고 말았다. 이때 나이 28세였다.

남이에게 치명적인 상처를 안겼다고 전해지는 시,

백두산 돌은 칼을 갈아 다 없애고 / 白頭山石磨刀盡
두만강 물은 말을 먹여 없어졌네 / 豆滿江波飮馬無
사나이 스무살에 나라 평정 못 한다면 / 男兒二十未平國
뒷세상에 그 누가 대장부라 이르리요 / 後世誰稱大丈夫

라는 내용을 두고, 류자광이 미평국未平國을 미득국未得國으로 몰래 고쳐, 역모로 몰고 갔다는 이야기도 전해온다.

남이 집터는 사람들이 감히 살지 못하여 채소밭이 되었다. '남이탑골' 혹은 '남미탑동南彌塔洞'으로 불렸던 곳이니, 오늘날 대학로 인근이다. 귀신이 출몰하는 터가 센 역적 생가라 하여 풀도 나지 않는다 하였고, 인근 주민들 꿈에 남이 장군이 억울함을 호소하자, 향을 피워 원혼을 없앴다는 말도 떠돌았다.

이와 별개로 후세 사람들이 남이장군 혼령을 위로해 왔으니, 오늘날까지 전해오는 용산구 용문동에 있는 남이장군 사당이 그

남이장군 비 (함경도 북청) ⓒ 국사편찬위원회 유리건판
일제강점기에 촬영된 것으로 남이장군 비라 알려져 있으나, 확실하지는 않다.

것이다. 마을 굿으로 평온함을 기원하는 원혼 달래기 민속놀이가 거의 300년 동안 내려오고 있다.

남이가 신원 된 것은 350년이 지난 순조 18년**1818**이었다. 이같이 오래토록 역적이었다가 충무**忠武**라는 시호까지 더해졌으니, 혼령에게 진정 위로가 되었을 것이다.

남이 장군 무신도 (용산구 용문동 남이장군 사당)

대개 억울한 죽음을 당한 장군 혼령들을 무속신앙 대상으로 삼은 경우가 많은데, **최영 임경업 등** 남이장군도 예외는 아니었다. 역병을 치료하는 영험한 신으로 숭상되고 있고, 무덤이 여러 곳에 있는 것도 이와 무관하지는 않을 것이다.

일찍이, 권람이 사위를 고를 때 남이를 두고 점을 보게 하였더니, 젊은 나이에 죽을 것이라 하였다. 자기 딸을 보게 하였더니, 역시 수명이 짧고 자식이 없었지만 복만 누리고 화를 보지 않을 것이므로, 짝을 맺어 무방하다는 괘가 나왔다.

권람 사위가 된 남이는 18세에 무과 장원하고, 28세에 병조 판서로 올랐다가 바로 처형당했다. 배우자인 권람 딸이 먼저 죽었기에, 복만 누리고 화를 피해 간 점괘가 꼭 들어맞은 것이라 하겠다.

남이장군 가묘 (가평 남이섬)
남이장군 묘는 화성시 비봉면 남전리에 있으며, 남이섬의 묘는 가묘이다.

젊은 남이가 거리에서 놀 적에 어떤 계집종이 이고 가는 작은 상자 보따리에 분 바른 귀신이 앉아 있었다. 이를 괴이 여긴 남이가 따라갔더니, 어떤 재상집으로 들어간 뒤에 우는 소리가 들렸다. 주인집 작은 낭자가 별안간 죽었다는 소리에 남이가 들어서자, 낭자 가슴에 타고 앉았던 귀신은 달아났고 낭자는 일어났지만, 남이가 집을 나오자 낭자가 또 죽어버렸다.

급히 들어가 또 살려낸 남이가 계집종에게,

가져온 상자 안에 무슨 물건이 있었더냐?

하고 물었더니, 상자 안에 있던 홍시를 먹다가 숨이 막혀 넘어진 것이었다. 소상히 알리고 귀신 다스리는 약으로 치료했더니 낭자가 살아났는데, 권람의 넷째 딸이자, 남이 부인이었다.

12살 어린 임금의 성공적 데뷔

세조의 큰아들 의경세자가 죽자, 손자들을 궁중에서 양육했다. 세조는 타고난 자질이 총명한 둘째 잘산군에게 특별한 애정을 쏟았다. 잘산군이 일찍이 형인 월산군과 함께 궁중에 있을 적에, 마침 뇌성이 진동하여 비가 갑자기 쏟아지더니, 곁에 있던 내시 백충신이 벼락을 맞아 죽었다. 좌우에 있던 사람들이 모두 넘어지고 넋을 잃었으나, 잘산군은 얼굴빛 하나 변하지 않았다.

이 모습을 지켜본 세조가 이르기를,

이 애의 기국과 도량은 우리 태조를 닮았다.

라고 했다.

이를 놓고 《오산설림》에서는, 세조가 정희

선릉 혼유석의 석고 ⓒ 문화재청

왕후에게 뒷날 나랏일을 마땅히 이 애에게 맡길 것이라 했다고 하지만, 선조 대에 살았던 차천로가 훗날의 결과에 맞춰 문학적 상상력을 동원한 것으로 추정된다.

성종 태실 (창덕궁 경내) ⓒ 장득진

예종은 갑작스레 승하했고, 그 아들 제안대군은 4살에 불과했다. 왕위 계승권에 한발 다가서 있는 자는 큰조카 월산군이었다. 그럼에도 정희왕후가 차례를 건너뛰어 성종으로 하여금 보위를 잇게 하니, 나이 겨우 12살이었다.

하지만 어린 성종은 의젓했다. 경안전에 제향하고도 경연으로 돌아오니, 한명회와 최항이 옥체가 피로할까 염려된다고 아뢰었다. 이에 성종은 촌각을 아껴야 하거늘 어찌 주강을 정지하랴 하였다. 사고가 없는 한 날마다 세 번 경연에 나왔다

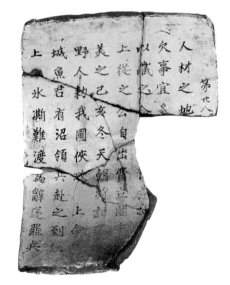
한명회 묘지(墓誌) 조각 ⓒ e뮤지엄 (국립중앙박물관)

가 세 번 대비전을 뵈러 갔으며, 종실들을 불러 후원에서 술 마시고 활도 쏘았다. 종실들을 대하면 반드시 작은 술잔치를 베풀어 기생과 음악이 따르게 하였으니, 이

궁중행사도 ⓒ e뮤지엄 (국립중앙박물관)

것은 태평시대의 좋은 일이지만, 논하는 이가 혹 말하기를,

연산군이 술잔치에 빠진 것은 성종 때부터 귀와 눈에 배었으므로 그렇게 된 것이라.

한 것이 참으로 애석한 일이라고 《전언왕행록》에서 밝혔으니, 전혀 근거 없는 말이 아닐 듯하다.

성종은 큰 술잔으로 마시기를 좋아했다. 맑기가 물 같은 옥 술잔 하나가 있었는데, 임금이 매양 취하면 다른 신하에게도 이 잔으로 마시게 했다. 종실의 한 사람이 술을 마신 뒤에 이 술잔을 소매 속에 넣고 춤추다가, 거짓으로 땅바닥에 넘어지니 산산조각 나 버렸다. 술 많이 마시는 임금에게 은연히 간하는 뜻을 알아채고도 허물하지 아니하였다.

임금이 한 왕자만을 사랑하여 가끔 치우치는 일이 일어나자, 사헌부에서 이를 논

란거리로 삼았다. 임금은 즉시 성상소**城上所**의 장령을 불러 글 한 구절을 써서 주었는데,

세상 사람이 늦은 가을 국화를 가장 사랑하나니 / 世人最愛霜後菊

이 꽃이 핀 뒤에는 다시 다른 꽃이 없기 때문이다 / 此花開後更無花

라 하였으니, 시를 받아 든 사람이 눈물을 닦고 나갔는데, 얼마 후 임금도 세상을 떠나고 말았다. 재위 25년 갑인 겨울이었다.

성종이 사랑한 왕자는 다름 아닌 월산군이었다.

둘 다 마흔을 채 넘기지 못한 생을 살았지만, 형을 제치고 권좌에 오른 성종이었기에, 목숨 부지를 위해 있는 듯 없는 듯 살아야 했을 월산군을 혈육의 정으로 안타까이 바라봐야 했음이 분명하다.

월산대군비명 ⓒ 장득진
독특한 신도비 두전(頭篆)은 임사홍 글씨로 알려져 있다.

사약 받은 폐비 윤씨

숙의 윤씨가 성종 재위 7년 병신**1476**에 임금 사랑을 받아 임신 중에 왕비로 책봉되었고, 그해 11월에 연산군을 낳았다. 한명회의 딸이었던 공혜왕후가 허약한 데다 결혼 6년 동안 출산하지 못한 채 세상을 떠나자, 신하들이 후궁을 들일 것을 청해 간택된 여인이 숙의 윤씨였다.

윤비가 원자를 낳아 임금의 사랑이 두터워지자 교만하고 방자하여, 후궁 엄씨와 정씨를 투기하고 임금에게도 공손하지 못하였다. 어느 날 임금의 얼굴에 손톱자국이 났으므로, 인수대비가 임금의 노여움을 돋구어 대신들에게 보이니, 윤필상 등이 임금의 뜻을 받들어 아뢰어, 윤비를 폐하여 사제로 내치도록 하였다.

경자년**1480**에 윤비를 폐출하고, 윤호의 딸 숙의 윤씨를 승격시켜 중전 자리에 앉히니 정현왕후다. 몇 년이 지나 대사헌 채수가 교리 권경우와 더불어,

폐비 윤씨의 회묘 (懷墓, 고양 서삼릉 경내) ⓒ 문화재청

> 폐비 윤씨는 비록 폐위되었으나 일찍이 전하의 배필이었는데, 지금 여염집에 거처하고 봉양도 군색하니 청컨대, 따로 집 한 채에 거처하게 하고, 관에서 일용 물자를 공급해 주소서.

라고 아뢰자, 임금이 크게 노하였다. 그들이 원자에게 아첨해서 훗날을 바란다고 질책하며 공경들을 불러 모아 국문하였으나, 있는 대로 대답하고 굴복하지 않았다. 그들을 놓아주고 죄주지 않다가, 3년 후에 다시 관직에 복귀시켰다.

기유년1489에 폐비 윤씨에게 사약을 내리자, 경상 감사 손순효가 울면서 소를 올

폐비 윤씨의 태지석 및 태항아리 ⓒ e뮤지엄 (국립고궁박물관)

려 극력으로 간하였다. 폐위된 윤씨가 밤낮으로 울더니 끝내 피눈물을 흘렸는데, 궁중에서는 훼방하고 중상함이 날로 심했다.

임금이 내시를 보내 염탐하게 했을 적에 인수대비가 그 내시를 시켜, 매일 머리 빗고 예쁘게 단장하여 잘못을 뉘우치는 뜻이 없다고 아뢰게 했으니, 그 참소를 믿고 죄를 더 주었다.

폐비에게 내릴 사약을 대방승지代房承旨 이세좌가 어명을 받들어 가지고 갔다. 저녁에 그 아내가 폐비 죄를 묻기에 사약 내린 이야기를 했더니, 아내가 깜짝 놀라 일어나 앉으면서,

우리 자손이라곤 종자도 남지 않겠구나!!

라며 탄식하더니, 과연 갑자년에 세좌가 그 아들 수정과 함께 죽임을 당하고 말았다.

이 자리가 아깝사옵니다

성종 임금이 인정전에서 술자리를 마련하여 반쯤 취하였을 적에 우찬성 손순효가 친히 아뢸 일이 있다고 하였다. 성종이 어탑으로 올라오게 하였더니, 순효는 세자이던 연산군이 능히 그 책임을 감당할 수 없을 것이라 여겨 임금이 앉은 평상을 만지면서,

이 자리가 아깝습니다.

라고 아뢰었다. 이에 성종은 나 또한 그것을 알지만 차마 폐할 수 없다 하였다. 이런 기회가 다시 없을듯하여 순효가 거듭 아뢰기를,

대궐 안에 사랑하는 여자가 너무 많고, 신하들이 임금에게 말을 올릴 수 있는 길이 넓지 못합니다.

창덕궁 인정전 어좌 ⓒ 문화재청

라는 직언을 서슴없이 올렸다.

성종은 몸을 굽혀 방법을 물었다. 순효가 아뢰기를, 전하께서 이를 아신다면 저절로 그 허물이 없어질 것이라 대답하고 끝냈다. 하지만, 신하들이 모두 놀랐고, 입 바른 대간들은 신하로서 임금의 용상에 올라가는 것도 큰 불경인데, 임금 귀에 가까이 대고 말하는 것은 더욱 무례한 짓이니 옥에 가두라 요구했다.

그런 후 순효가 비밀히 아뢴 내용이 무엇인지 문제 삼았다. 이에 성종은,

순효가 나를 사랑하여 여색 좋아함을 경계하고 술 끊기를 경계하였으니,
무슨 죄 될 것이 있으리오.

하고는 끝내 말하지 아니하였으니, 입바른 소리 한 신하를 지켜주고 싶었던 것이다.

경연이 열리던 날 《강목》을 읽던 중에 방현령이 고조 실록을 올렸다는 대목에 이르자, 성종은 당 태종이 실록을 본 사실에 대해 은근히 내비쳤다. 자신도 선대의 실록을 한 번 보고 싶었던 것인데, 이때 단호하게 잘라 버렸던 신하가 바로 손순효였다.

이처럼 성종을 잘 보필했던 손순효는 타고 난 술꾼이었다.

임금이 하루 세 잔만 마시라는 엄명을 내렸던 것도 그의 재주를 아꼈기 때문이다. 갑자기 중국에 보낼 외교 문서를 고쳐 써야 할 일이 생겼는데, 명을 받고 입궐한 손순효가 어전 앞에서 비틀거렸다. 대신할 사람을 불러들이라는 명에도 붓을 들어 일필휘지한 문장이 가히 손볼 데가 없었다. 세 잔만 마셔야 한다는 명을 왜 어겼느냐는 임금님 추궁에,

손순효 신도비각 (충북 충주) ⓒ 장득진

명을 어긴 게 아니라, 큰 대접으로 세 잔을 마셨을 따름이옵니다.

라고 했던 이야기도 전한다.

남산골에서 가난하게 살았던 손순효가 객들과 오이 안주 소찬으로 대작하고 있을 때, 술과 안주를 몰래 보낸 성종이 승하하자 밤낮없이 통곡하며 한 달간이나 음식을 들지 않았다.

어진 임금 아래 참된 신하가 있던 치세의 한 장면이 아닐 수 없다.

III

난세로 접어든 기운

폭군을 가르친 두 스승

성종 정유년1477에 원자이던 연산군이 병이 나자, 숭례문 밖의 강희맹 집에 가서 치료하게 하였다. 그때 매양 그 집 정원의 소나무 밑에서 놀다가 왕위에 오르자, 진시황이 소나무 다섯 그루에 대부 벼슬을 준 것처럼, 그 나무에 벼슬을 내리고 금띠를 둘러 지나가는 사람들을 말에서 내리게 했는데, 이것이 순청동 피마병문避馬屛門 유래가 되었다고 한다.

이긍익의 《연려실기술》에는 피마골 유래를 이렇게 설명하고 있는데, 순청동이란 순라 돌던 순청巡廳이 있던 곳이라 붙여진 동네 이름이다. 이 순천동은 오늘날 봉래동이나 순화동으로 일컬어지는 남대문쪽이었으니, 우리가 익히 알고 있는 피마골과는 다소 거리가 있다 할 것이다.

성종 무신년1488 2월에 세자빈을 맞이하였는데, 아침부터 비바람이 세차게 일었다. 성종이 세자빈 아비 신승선에게 편지를 보냈는데,

춘방(春坊) 현판 ⓒ e뮤지엄 (국립고궁박물관)
춘방이란 세자를 가르치는 세자시강원 별칭이며, 현판 제작 시기는 미상이다.

세상의 풍속은 혼인날에 바람 불고 비 오는 것을 싫어하는 모양이나, 대개 바람이 만물을 움직이게 하고, 비가 만물을 윤택하게 하니, 만물이 사는 것은 모두 바람과 비의 공덕이라.

하였더니, 점심때부터 날씨가 개어 청명하였다.

연산군이 동궁에 있을 때 허침이 세자를 가르치는 필선**정4품**을 맡았고, 조지서는 보덕**종3품**이 되었다.

세자가 날마다 유희만 일삼고 학문에 전혀 마음을 두지 않았으니, 부왕 성종의 훈계가 두려워 억지로 서연에 나올 뿐이었다. 세자시강원 관원들이 비록 마음을 다해 가르쳐도 모두 귀 밖으로 들었다.

천성이 굳세고 곧았던 조지서가 강의할 때마다 책을 앞에 던지면서,

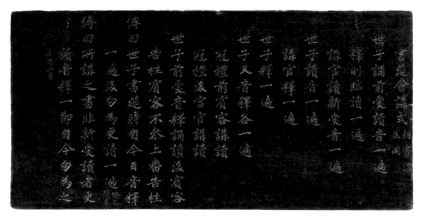

서연회강식(書筵會講式) 편액 ⓒ e뮤지엄 (국립고궁박물관)
왕세자가 매달 2회씩 평가 받는 서연 회강(會講)에 관한 규칙을 적은 현판으로 제작 시기는 미상이다.

저하께서 학문에 힘쓰지 않으시면 신은 마땅히 임금께 아뢰겠습니다.

하니, 연산군이 매우 고통스럽게 여겼다.

그에 반해, 허침은 부드러운 말투로 조용히 깨우쳐 주었으므로, 폐주가 매우 좋아하였다. 그리하여 벽에다 크게 써 붙이기를, 조지서는 큰 소인이요, 허침은 큰 성인이라 하였다.

이 말을 들은 사람들은 조지서가 어려움을 당할까 위태롭게 여겼다. 폐주가 왕위에 오르고 갑자년의 화가 일어나자, 조지서를 먼저 베어 죽이고 그 집을 적몰하였다.

정승으로 있던 허침은 비록 잘못된 것을 바로잡지는 못했으나, 매양 왕의 명을

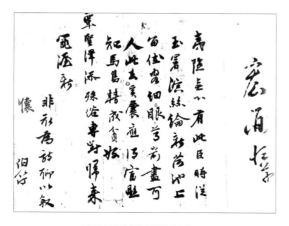

조지서 글씨 (경남 하동 옥종)

조지서 묘비 (경남 하동 옥종)

받들어 의정부에 앉아서 죄수를 논죄할 적에 주선하고 구원하여 살린 사람이 많았다. 정무를 마치고 집에 돌아오면 매번 피를 두어 되 가량 토하더니, 분하고 답답한 심정으로 인해 죽고 말았다.

참으로 난세를 살아가기가 험하고도 어렵다는 사실을 두 스승을 통해서도 알 수가 있을 것 같다.

연산군이 왕위에 오르자, 조정과 민간에서 모두 영명한 임금이라 일컬었다. 하지만 김종직은 늙음을 이유로 벼슬을 그만두고 고향으로 돌아갔다. 동향 사람들이 그에게 묻기를,

지금 임금이 영명한데 선생은 어찌하여 벼슬을 그만두고 왔습니까?

하였더니, 종직이 말하기를,

새 임금의 눈동자를 보니, 나처럼 늙은 신하가 목숨을 보전하면 다행이다 싶소.

라고 말했다. 얼마 안 가서 무오·갑자년의 화가 일어나니, 사람들은 모두 그의 선견지명에 탄복하였다고 《축수편》은 전하고 있다.

《명신록》에 따르면, 김종직과 동향이던 선산 출신이자 문무겸전의 호걸이던 박영이 처음 과거에 올라 선전관이 되었을 때, 폐주가 성종이 기르던 어린 사슴을 쏘아 화살을 꽂은 채 피 흘리는 것을 보고는, 그날 바로 병을 핑계하고 고향으로 돌아갔으니, 그 당시에 기미를 미리 알고 간 자는 오직 송당松堂 박영 한 사람 뿐이라 전하고 있다.

박영 신도비 (경북 구미 선산) ⓒ 장득진

일찍이 성종이 기르던 사향 사슴 한 마리가 길이 잘 들어 곁을 떠나지 않았다. 어느 날 폐주가 성종 곁을 모시고 있었는데, 그 사슴이 폐주에게 다가와 핥으니, 발로 그 사슴을 차버렸다. 이에 성종이 언짢아하면서, 어찌 그리 잔인스러우냐고 하였다. 성종이 세상을 떠나고 왕위에 오르자, 그날로 손수 그 사슴을 쏘아 죽였다고 《오산설림》은 전하고 있다.

연이은 선비들의 화

류자광이 일찍이 함양 학사루에서 놀다가 지은 시를 군수에게 부탁하여 현판으로 걸었다. 후에 김종직이 이 고을 군수로 와서 현판을 불태웠다는 소식을 듣고 앙심을 품었지만, 임금 신임을 받고 있는 종직을 어찌할 수 없어, 도리어 교분을 맺어 왕통王通과 한유韓愈에 비유하기까지 하였다.

이극돈이 일찍이 전라 감사로 있을 때 국상을 당하였는데, 향을 바치지도 않고 기생을 태우고 다닌 일이 있었다. 김종직의 제자 김일손이 사관으로 있을 때, 이 사실과 뇌물 먹은 일을 사초에 썼는데, 이극돈이 고쳐 주기를 청했지만 거절하였다.

성종이 죽고 실록청이 열리자, 당상이 된 이극돈이 김일손 사초에 자기의 나쁜 일과 세조 때의 일을 쓴 것을 보고, 이를 보복하고자 했다. 류자광이 이를 알고, 크게 일을 벌였다. 풍병風病으로 고향집에 있던 김일손이 잡혀 왔고, 옥사가 흐지부지 끝날 것 같아, 소매 속에서 책 한 권을 꺼내 놓았다. 사림의 영수 김종직의 문집이었다.

함양 학사루 ⓒ 장득진

그 속에 수록된 〈조의제문〉과 〈술주시〉를 들추어, 여러 추관들에게 보이면서 죄를 엮어가자, 대낮인데도 캄캄해지며 비가 퍼붓고 큰바람이 일더니 나무가 뽑히고 기왓장이 날았다고 한다.

함양군수로 임명받은 김종직의 교지(보물 1725호)
ⓒ 대가야박물관

무오년의 사화가 일어난 지 6년 후 갑자년연산군 10에 또 피바람이 불었다. 어머니가 비명에 죽은 것을 분하게 여긴 연산군이, 당시 논의에 참여한 신하들을 모두

탁영 김일손을 배향하는 청도 자계서원 ⓒ 주암역사연구실

대역죄로 연좌시켰으니, 사돈 팔촌까지 연루된 선비들이 큰 화를 입었다.

폐비 휘호를 반대하던 이행은 함안의 관노가 되었는데, 다시 잡아 가두고 고문하다가 거제로 귀양 보냈다. 그러다가 가을에 다시 잡아들여 곤장 치게 하였는데, 유배지로 떠나려던 순간 반정이 일어나 마침내 면하였다. 당양군 홍상 또한 함평으로 유배길에 올라 안성으로 옮겼다가, 또 거제로 귀양 보낸 후 제주로 옮겼는데, 중종 반정으로 돌아올 수 있었다.

연산군이 폐비 윤씨를 복위하고 무덤을 옮기려고 의견을 구했더니, 예조 참판 신종호만이 홀로 아니 되옵니다를 외쳤다. 비록 임금 위엄이 무서웠으나 조금도 기세가 꺾이지 않았으니, 포악한 폐주도 죄주지 못하였다.

폐비 윤씨 묘를 회릉懷陵이라 올리자 대사간 강형이, 선왕이 금한 일이라고 간했다고 하여 그 일족을 남김없이 죽였다. 응교 이행 또한 반대하자, 폐주가 크게 노하여 국문케 하고, 의논을 먼저 주창한 사람 찾기에 힘썼다. 나중에 응교 권달수가 끌려 와,

먼저 말한 사람은 나요, 이행은 아닙니다.

라고 했다. 권달수는 죽음을 당하고 이행은 곤장을 맞고 충주로 귀양 가게 되었다. 권달수가 잡혀 와 공초를 쓸 때,

불초신 달수가 감히 이 말을 했으므로 구차히 숨겨서 살려고 하지 않습니다.

라고 하였는데, 태연한 얼굴빛 그대로였다. 술을 주니 다 마시고는 형장에 나아갈 때도 평소와 다름없었으니, 사람들이 탄식하고 슬퍼하지 않는 이가 없었다.

흥청망청과 신씨 부인

《해동야언》에 따르면, 연산군이 팔도의 크고 작은 고을 기생을 뽑아 운평運平이라 하고, 이 책임자를 채홍사라 불렀다. 당시 3백 명의 운평을 뽑아 한양으로 데려 온 채홍사는 임사홍이었다. 임사홍이 이토록 백성들에게 해독을 끼치니, 길 가는 사람도 흘겨보지 않는 이가 없었다.

대궐 안으로 뽑아 들인 여자가 처음에는 백 명 정도였던 것이 나중에는 1만 명이나 되었다. 대궐 안에 들어온 운평을 흥청興淸·계평繼平·속홍續紅이라 구분했는데, 가까이 모신 자는 지과흥청地科興淸, 임금과 동침한 자는 천과흥청天科興淸, 흥청 보증인을 호화첨춘護花添春이라 불렀다.

흥준체찰사紅駿體察使란 칭호를 띤 대신들을 팔도로 보낸 뒤, 공천公賤 처첩이나 창기까지 모두 찾아내 각 원院에 나누어 두게 했다. 운평들이 쓰는 화장 도구 비용을 모두 백성들에게 거두어들이니, 백성들 재산이 거의 마를 지경이었다.

즐거운 잔치 (김득신 작) ⓒ e뮤지엄 (국립중앙박물관)

흠청각과 회록각을 두어, 일찍이 임금과 동침한 자를 이곳에 살게 했다. 왕의 사명을 받들고 가는 자는 모두 승명이라 일컫고, 아름다운 여자와 좋은 말을 각 도에서 찾아내는 자를 채홍준사, 나이 어린 여자를 찾아내는 자를 채청사**探靑使**라 하였다.

폐주가 궁중에서 잔치를 벌일 적에 사대부 아내들까지 참석시켜 옷섶에 이름을 쓰게 하고, 예쁜 자는 나인을 시켜 단장이 잘못되었다는 핑계로 구석진 방으로 끌어들였다. 부끄러움이 없는 부인들은 궁중에 남아 있기를 원하기까지 하였는데, 그 중에 사랑을 받은 자는 자주 불러들여 유숙시켜 내보내고, 그 남편의 벼슬을 승진시켜 주었다.

월산대군 부인 박씨에게 세자를 보호해 주라는 핑계로 대궐로 끌어들여 강간하고 품계를 비빈과 같이 대우하니, 박씨는 부끄러워 자살하고 말았다.

연산군금표비 (고양시 덕양구 대자동 산10-1)
ⓒ 문화재청 금표내범입자 논기훼제서율처참(禁標內犯入者論棄毀制書律處斬)이란 글씨가 선명하다

성종에게 은혜와 사랑을 가장 많이 받았던 성희안이 연산군을 모시면서 간하다가 파직되었다. 답답하게 여기고 있던 차에 월산대군 처남인 박원종을 떠올렸다. 기상이 크고 얽매임이 없어, 시류에 편승하지 않던 그는 누이가 몸을 더럽혀 자살한 것을 항상 분하게 여기고 있었기 때문이다.

연산군을 꾀어 악한 짓을 유도한 신수영을 먼저 쳐 죽이고, 임사홍과 신수근도 죽이게 했다. 신수근은 진성대군 장인인 까닭에 국구**國舅**가 되면 세력을 제어할 수 없게 될까 염려한 때문이었다.

연산군을 교동에 안치시키고, 폐비 신씨를 정청궁에 나가 있게 하였으며, 폐세자 황을 비롯한 왕자들을 모두 귀양 보냈다. 날이 새기 전에 왕비가 대궐에서 나가려는데, 신었던 비단 신이 자주 벗겨지자 비단 수건을 찢어 동여맸다.

세자와 대군은 유모와 함께 청파촌 무당집에 나가 있었는데, 해가 저물도록 먹지 못했다. 무당이 겨우 밥을 지어 올리자, 대군이,

어찌 새끼 꿩을 올리지 않느냐?

라고 투정을 부렸다. 이에 유모가 울면서 내일은 이런 밥이라도 얻어먹으면 다행일 것이라 하였다.

강화도 교동에서 유배 생활하던 연산군이 역질로 고통 받다 운명하였다. 죽음에 이르러 다른 말은 없었고 다만 신씨가 보고 싶다 했으니, 신씨는 곧 그의 부인이었다. 반정 세력에게 쫓겨난 중종의 첫 번째 부인 신씨**단경왕후**의 고모였으니, 현덕하고 정숙했던 두 신씨 부인들의 운명들이 참으로 얄궂다.

《조선왕조실록》에서도 연산군의 신씨 부인에 대해 다음과 같이 평하고 있으니,

연산군 묘역의 문석인 (도봉구 방학동)
ⓒ 문화재청
묘를 지키는 문석인이 돌하루방을 많이 닮았다

연산군 묘역의 딸과 사위 묘 (도봉구 방학동) ⓒ 문화재청

　　신씨는 어진 덕이 있어 화평하고 후중(厚重)하고 온순하고 근신하여, 아랫사
람들을 은혜로써 어루만졌으며, 왕이 총애하는 사람이 있으면 비가 또한 더 후
하게 대하므로, 왕은 비록 미치고 포학하였지만, 매우 소중히 여김을 받았다.
매양 왕이 무고한 사람을 죽이고 음난, 방종함이 한없음을 볼 적마다 밤낮으
로 근심하였으며, 때로는 울며 간하되 말뜻이 지극히 간곡하고 절실했는데, 왕
이 비록 들어주지는 않았지만, 그렇다고 성내지는 않았다. 또 번번이 대군·공
주·노복들을 계칙(戒勅)하여 함부로 방자한 짓을 못하게 하였는데, 이때에 이
르러서는 울부짖으며 기필고 왕을 따라 가려고 했지만 되지 않았다.

연산군 광해군 치제 현판 ⓒ e뮤지엄 (국립고궁박물관)
영조 51년 연산군과 연산군 생모 윤씨 등의 제사 봉양과 난간석 등 석물 보수와 사초 보토 등을 명한 내용이다.

연산군 묘각 중건기 ⓒ e뮤지엄 (국립고궁박물관)
고종 때 연산군묘 보수와 묘각(墓閣) 중건(重建) 시말을 적은 현판이다.

이토록 후덕했던 신씨 부인이었기에, 죽음을 앞둔 연산군이 보고 싶다 했을 것이다. 연산군 유배지로 따라가길 원했던 그녀는 친정으로 보내졌고, 강화도에 묻힌 연산군을 양주 해촌**도봉구 방학동**으로 이장해 달라 요청한 이도 신씨 부인이었다.

치마바위 전설과 단경왕후

세속에 널리 알려진 치마바위.

종로 사직공원 서쪽 인왕산의 넓고 평평하게 생긴 바위이니, 단경왕후와 관련된 전설에서 유래된 이름이다.

반정으로 진성대군**중종**이 왕위에 올랐지만, 그 부인의 친정아버지 신수근이 연산군 처남이란 이유로 주살되었으니, 반정을 주도한 입장에서는 죄인의 딸을 왕비 자리에 둘 수 없었다. 그리하여, 궁에서 쫓겨난 신씨 부인은 인왕산 아래 사직골 옛 거처로 옮겨 살아야만 했다.

유제 호위청인 인장 ⓒe뮤지엄 (국립고궁박물관)
조선 중기 궁궐 호위를 강화하기 위해 설치된 병조 소속 호위청의 유제(鍮製) 관인(官印)으로 '扈衛廳印'이란 전서체로 양각하였다.

야간 순찰패 (국립고궁박물관 전시품) ⓒ 주암역사연구실

목제 부험(符驗) ⓒ e뮤지엄 (국립고궁박물관)
임금 호위병들이 도성 문을 통과할 때 허가 증표이다. 둘로 갈라서 한 쪽은 각 문의 수직소(守直所)에, 다른 한 쪽은 숙직하는 호위병에게 주었다. 각 부험에는 해당 성문과 시간대가 적혀 있다.

반정이 있던 날 밤에, 사제를 에워싼 군사들을 보고 겁먹은 진성대군은 놀라 자결하려 했다. 이에 부인 신씨가 말리기를,

> 군사의 말 머리가 우리 집을 향해 있으면, 우리 부부가 죽지 않고 무엇을 기다리겠습니까. 하지만 말 꼬리가 집을 향하고 말 머리가 밖을 향해 있으면, 반드시 우리를 호위하려는 것이니, 알고 난 뒤에 죽어도 늦지 않습니다.

하면서 소매를 부여잡고 사람을 보내 살피게 하였더니, 과연 말 머리가 밖을 향해 있었다.

그러한 부인을 잊을 수 없었던 중종은 경회루에 올라 인왕산 기슭을 바라보곤 했으니, 이 말을 전해들은 신씨 부인이 종을 시켜 자기가 입던 붉은 치마를 경회루가 내려다보이는 바위에 걸쳐 놓게 했다.

일제강점기 경회루 모습 ⓒ 국사편찬위원회 유리건판

이 일이 세간에 알려져 사람들이 치마바위라 불렀다고 하는데, 일설에는 옥인동에 있는 인왕산 중턱 병풍바위 앞에 우뚝 솟은 바위를 치마바위라고도 한다.

2백 년도 더 지난 영조 때 신씨 복위 바람이 일자, 왕비로 책봉되고 나서 쫓겨났다고 하는 사람도 있고, 책봉되지 못한 채 쫓겨났다는 말도 있어 혼란이 적지 않았다. 분명한 것은 반정 있던 날이 병인1506 9월 초하루 야심 한 밤이었고, 왕비 신씨가 사제로 쫓겨나간 것이 초아흐레였다.

《동각잡기》나 《중종실록》과 《선원보략》을 상고해보면, 9월 3일에 반정 세력들이

온릉 전경 (경기 양주) ⓒ 문화재청
영조 때 단경왕후로 복위되어 능 이름도 온릉이라 하였다.

신씨 가문 처리를 논의한 바 있고, 9월 9일자에 신씨가 쫓겨났던 것으로 파악된다.

　여기에서 신씨 부인의 책봉 여부를 따져보면, 긴박했던 시국 상황에서 책봉 절차까지 갖추지 못했음은 당연할 것이다. 진성대군이 얼떨결에 반정군에게 호명되어 즉위할 적에, 마땅히 곤복과 면류관을 갖춰야 함에도 창졸간이라 평복 수준의 익선관에다 곤룡포만 걸치고 즉위할 수밖에 없었으니, 이 자리에 함께한 신씨 부인도 마땅히 곤전의 지위로 참석했을 것이다. 따라서 생략된 절차 따위가 중요한 것은 아니라고 본다.

모진 세월을 견디던 신씨 부인이 명종 정사년1557 70세의 일기로 생을 마감했다. 조정에서는 장생전의 관목을 내려 1등 예로 장사지내 주고, 세 끼니에 상식을 올리게 했으며, 또 신씨 부인이 원한 대로 조카 신사원에게 제사를 받들게 하였다.

온릉 석호 (경기 양주) ⓒ 문화재청

현종 임자1672에 이조 참의 이단하 상소로 신주를 신씨 본손의 집으로 옮겼고, 숙종 무인1698에 신규가 신씨 위호를 회복해 달라는 장문의 소를 올렸다. 대신과 종친, 그리고 문무백관들에게 의논하라고 명하고, 또 지방에 있는 대신과 유신들에게도 의견을 수합토록 했지만, 그 후로도 폐비 신씨로 불리고 있었을 뿐이었다.

그러다가 영조 때 단경왕후로 복위되었고, 양주 장흥에 있던 무덤 역시 온릉溫陵으로 승격되었다. 신씨가 죽은 뒤 182년이 지난 일이었으니, 유생 김태남이 신씨 복위를 주청하는 상소를 올려 전기가 마련된 셈이다.

그녀가 쫓겨나지 않았다면 장경왕후나 문정왕후도 없었을 것이니, 조선의 역사가 크게 바뀌었을지도 모르겠다.

길 가다 공신록을 주운 사람들

반정이 논의될 적에 삼대장**성희안 박원종 류순정**의 살생부에는 강혼의 이름도 들어 있었다. 군사를 일으키던 날 묵은 정승 류순에게도 알리지 않을 수 없었고, 급히 대궐로 들어가던 류순이 도승지 강혼을 만났다. 오늘 큰일이 벌어질 것이니 따라오기만 하라 일렀더니, 두려움에 떨던 강혼은 류순 꽁무니만을 바짝 따라 다녔다.

류순이 삼대장과 합석하는 자리에 강혼 또한 얼굴을 내밀자, 박원종이 눈을 부릅뜨고 죽이려 하였다. 움찔하던 류순은 할 말을 잃었다. 옆에서 지켜보던 류순정이 박원종에게, 급박한

류순정 초상 ⓒ 경기도박물관

시기라 기록할 서기 일을 맡겼다가 뒤에 죽여도 늦지 않을 것이라 만류했다.

상황을 알아차린 강혼이 얼른 소매를 걷어붙인 후 붓을 잡아 이쪽저쪽 다 능히 맞춰 기록하더니, 결국엔 공신으로 책봉되고 진천군으로 봉해졌다.

강혼은 류순을 부형처럼 섬겨 아침저녁으로 가서 뵈옵고, 새로운 음식이 있으면 반드시 먼저 올렸으니, 류순이 죽은 후에도 그 부인 섬기기를 조금도 게을리 한 적이 없었다.

구수영은 임금을 음란한 행실로 이끈 자라 죽이지 않을 수 없었다. 그런데 반정군으로 참여한 족질 구현휘가 구수영에게 넌지시 알리자, 다급했던 구수영이 훈련원으로 달려가 살려주기를 애걸했다.

반정하던 날 밤새 시장하던 삼대장에게 어느 집 종이 거한 술상을 차려와 바쳤는데, 다 먹고 나서 뉘 집 음식이냐고 물으니 구수영을 가리켰다. 삼대장이 서로 돌아보면서 놀랐지만, 마침내 그는 공신으로 책봉되었다.

구수영은 영응대군 사위인데다 그 아들이 휘순공주**연산군 딸**에게 장가들어, 아첨과 간사로 연산군에게 꾐을 받았는데, 채홍사로 악명 높아 임사홍과 함께 손가락질 받던 자였다. 그는 2등 공신이 되었고, 구현휘는

구수영 묘의 문석인 (경기 남양주) ⓒ 장득진

3등 공신이 되었다.

반정하는 날 류자광에 대한 처리를 놓고, 어떻게 할 것인가에 대한 의견이 분분했다. 류자광 꾀를 빌리지 않을 수 없다고 한 이가 있는가 하면, 죽여야 한다는 사람도 많았다. 사람을 보내 넌지시 일러주고, 만약 숨거나 머뭇거리면 때려죽이라 명했다.

선택의 귀로에 섰던 류자광은 급히 군복으로 갈아입더니 말을 타고 심부름하는 종을 시켜 두꺼운 기름종이 비옷을 가지고 따라오게 하였는데, 사람들이 그 뜻을 헤아리지 못했다. 급작스런 상황이라 장수와 병졸을 파견할 때 부신符信을 만들 만한 것들이 없었는데, 그 기름종이를 오려 부신을 만드는 지혜에 사람들이 탄복하였다.

조선후기에 제작된 부신 ⓒ e뮤지엄 (국립중앙박물관)
궐문을 출입할때 사용하던 것으로 병조에서 발급한다.

류자광도 결국 반정 공신으로 이름을 올렸다.

기묘한 신참 선비들의 화

신세력에 대한 구세력의 반격인가?
    아니면 홀로서기를 위한 중종 임금의 응징인가?

기묘하고도 아리송한 기묘사화를 두고 미리 그려 본 두 가지 가설이다.

중종은 평소 걸어 잠근 경복궁 북문 신무문을 통해 훈구대신을 불러들여 조광조 무리를 하옥하라는 밀지를 내렸다. 이 사실은 승지들조차 모르게 진행되었다.

안당이 이조 판서가 되자, 사림을 권장하는 뜻으로 추천받은 이를 6품 벼슬에 바로 앉힐 수 있도록 허락을 받아내, 조광조·김식·박훈·김안국·김정·송흠·반석평 등을 차례도 밟지 않고 등용했다.

이후에도 이장곤·신상 등이 인사권을 쥐고 있던 이조를 연이어 맡았으니, 현명하고 충량한 신하들이 출사 기회를 많이 얻어 태평성대를 이루는 듯했다.

경복궁 신무문 (북문) ⓒ 문화재청
북문은 음기가 강하다는 이유로 평소 열지 않다가 비상시 또는 왕의 비밀 행차 때 주로 이용했다.

이렇게 등용된 신진 사림들이 더 큰 뜻을 세워, 무인1513 여름에 현량과를 설치했다. 서울과 지방에 널려 있던 재주와 행실을 겸비한 사람을 천거하라고 명하였고, 이듬해 4월에 28명의 선비를 선발하게 되었다. 조선이 건국된 이래 시험을 생략하고 인재를 골라 뽑은 과거급제자가 이렇게 탄생한 것이다.

주로 젊은 선비들이 포진하고 있던 양사사헌부 사간원와 홍문관·예문관에서는 연일 소격서를 없애자고 글을 올렸지만, 중종은 여러 날이 지나도록 윤허하지 않았다. 부제학 조광조가 면대하기를 청하여 극력 논하였고, 이튿날 동료들을 거느리고 합문 밖에 엎드려 네 차례나 아뢰었다.

　그럼에도 중종은 꿈쩍하지 않았다.

　하늘과 별자리 제사를 주관하던 소격
서가 유교 이념에 맞지 않다하여 폐지하
자고 졸랐는데, 기묘년에 입은 선비들의
화가 여기에서 싹텄다고 입을 모은다.

기묘사화 내용을 담은 《기묘록속집》 ⓒ e뮤지엄
(국립중앙박물관)

　뿐만 아니라, 젊은 신진 관료들이 위훈
삭제를 시도하여 벌집을 쑤셔 놓았다. 반
정이 있던 날 입직 승지 윤장·조계형·이우 등도 공신이 되었는데, 공도 없이 공신
록에 이름을 올랐던 자들이 너무 많았던 것이다. 신진 세력들의 요구가 먹히기 시작
하자, 외람되이 2, 3등 공신에 올랐던 자와 4등 공신 전부를 공신록에서 삭제했다.

　소격서 혁파는 물론, 현량과 실시나 위훈 삭제 같은 문제는 워낙 첨예한 이해관
계가 걸린 문제라, 조심스레 다뤄야 할 사안이었다. 위훈이 삭제된 심정은 독한 마
음을 품기 시작했다. 기묘년**1519** 10월에 좌의정 신용개가 죽자, 남곤과 결탁한 심
정의 행동이 거리낌 없었던 것도 그런 이유 때문이다.

　경연에서 임금을 모시고 한 장章씩 진강할 때마다, 의리를 인용 비유하고 두루
끌어내어 깊은 이치까지 파고 들어갔으니, 아침에 시작한 강론이 해가 기울어서야
파할 때가 많았다. 지친 임금이 괴로워 하품하고 기지개를 펴면서, 고쳐 앉기도 하
고 때로는 용상에서 쿵 하는 소리까지 내는 일도 잦았다.

임금이 젊은 선비들을 점차 싫어한다는 기색을 알아차린 남곤과 심정은 쾌재를 불렀다. 나뭇잎에다가 달콤한 즙으로 "주초위왕走肖爲王"이란 4글자를 써서, 벌레가 갉아먹도록 하였더니, 그 자국의 흔적은 어느 참서보다도 위력이 컸다.

임금이 편전으로 나오자 홍경주가 서계를 가지고 입대하였다. 조광조 무리들이 붕당을 지어 자기에게 아부하는 자만 진출시키고 그렇지 않은 자를 배척하여, 임금을 속이고 사심을 부린다고 아뢰었다.

조광조 일당을 잡아들이라는 명이 떨어졌다. 궐문이 열리자 영문도 모른 채 잡혀온 이들이 대부분이었다. 붓을 잡은 채세영이 극진히 간하기를,

이 사람들의 죄목이 아직 밝혀지지 않았으니, 헛말을 꾸며 무고한 사람들을 죽일 수는 없습니다. 죽일 만한 죄가 있는지 듣고 기록해야 합니다.

라고 아뢰자, 가승지 성운이 채세영의 붓을 빼앗으려 했다. 눈을 부릅 뜬 채세영이 성운의 몸을 가로 막으며,

이것은 역사를 쓰는 붓이니, 아무나 잡을 수 있는 것이 아니오.

조광조를 모시는 심곡서원 (용인 수지) ⓒ 장득진

라고 소리쳤다. 그 위세가 너무나 당당하여 자리가 곧 숙연해졌다.

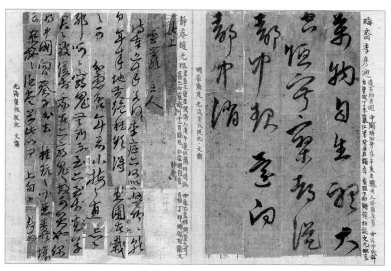

조광조 글씨 ⓒ e뮤지엄 (국립중앙박물관)

조광조·김정·김식·김구 네 사람은 사사하고, 나머지는 귀양 보내라는 명이 떨어졌다. 많은 선비들이 대궐에 나아가, 조광조와 함께 옥에 갇히겠다고 시위했다. 능성에 귀양 간 조광조가 북쪽 담 모퉁이를 헐어, 앉을 때엔 반드시 북쪽을 향하며 임금을 생각했다. 사사하라는 명이 떨어졌음을 안 조광조는 목욕재계 후 옷을 갈아 입고 조용히 시를 읊었다.

임금 사랑하기를 아비 사랑하듯 하니 / 愛君如愛父
하늘 해가 붉은 충성을 비추어 주리 / 天日照丹衷

희대의 모사꾼 류자광의 말로

류자광 은 부윤 규規의 서자다. 그 어머니가 몸종이었으니, 엄밀하게 말하면 서자보다 못한 얼자였다. 어려서부터 재기가 넘쳤는데, 아버지가 깎아 세운 듯한 바위를 보고 시를 짓게 하자 이내,

뿌리는 땅속에 기반을 두고 형세는 삼한을 누르네.

라고 지을 정도였다. 기이하게 여겨 매일 한서漢書 열전 하나씩 외우는 동시에 은어 1백 마리를 낚게 했는데, 암송에 막힘이 없었고 고기 숫자도 채우지 못하는 법이 없었다고 《어우야담》은 전하고 있다.

어릴 때부터 건장하고 날래어 높은 곳에도 원숭이처럼 타고 올라가는 재주가 신기할 정도였다. 악동 무뢰배와 어울려 장기바둑에다 활쏘기 내기로 소일하다가, 새벽 밤길에 여자를 낚아채어 간음하는 일이 다반사였다. 아버지가 여러 번 매질하고

자식으로 여기지도 않았다.

처음엔 갑사**기간병 정도의 군사**에 소속되어 경복궁 건춘문을 지키고 있었는데, 이시애 난이 일어나자 스스로 글을 올려 자기를 천거했다. 다급했던 세조가 특별하다고 여겨 시험해 보고는 곧장 남이장군 휘하의 전장으로 내보냈다.

공을 세우고 돌아온 자광에게 정5품 벼슬이자 무반 인사권을 쥐고 있는 병조 정랑으로 특채했다. 이도 모자라 다시 문과 별시를 보게 하여 시험관들 반대에도 불구하고 장원으로 뽑았으니, 그에 대한 세조 사랑이 얼마나 지극한 지 알 수 있다.

예종 때 남이를 고발하여 공신이 된 후에 무령군으로 봉해졌으며, 벼슬 등급이 1품에 이르렀다. 천성이 음험하여 남을 잘 해쳐, 재능과 명망이 있고 임금 사랑이 자기보다 위에 있는 자는 반드시 모함하니, 사람들이 그를 흘겨보았다.

성종 때 한명회를 탄핵하다 배척되었고, 임사홍·박효원과 함께 현석규를 탄핵하다 오히려 귀양 가게 되었는데, 임금은 그가 정치를 어지럽게 하는 사람인 줄 알았으므로, 실무를 감당하는 관직은 주지 않았다. 마음속으로 항상 불만을 품고 있다가 이극돈 형제가 능히 자기 일을 성취시켜 줄 수 있음을 알고 몸을 굽혀, 무오년 사화를 키워 어진 선비들을 많이 죽였다.

중종반정 성공으로 공을 녹훈하는 날 박원종에게 간청하기를,

나는 선왕 때 이미 녹훈이 되었으니, 오늘 공은 아들 방에게 양보해 주고, 이 몸은 받지 않겠다.

일제강점기 경복궁 건춘문 ⓒ 국사편찬위원회 유리필름

경복궁 수문장 교대식 ⓒ 주암역사연구실

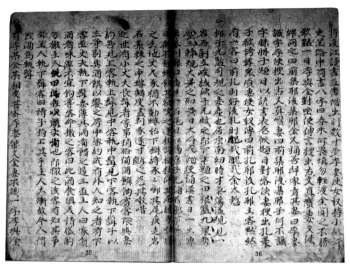
유몽인의 《어우야담》 유자광 서술 부분 ⓒ 국립중앙도서관

라고 청하니, 박원종 등이 이를 받아들였다. 류자광이 스스로 붓을 들고 공신록을 마감하는데, 또 녹훈하지 않을 수 없는지라 결국 부자 모두 공신이 되었다. 이들 두고 사람들이, 류자광 꾀에 떨어졌다고들 하였다.

하루는 류자광이 도총관으로서 입직하였는데, 소매 속에서 부채를 꺼내 부치다가 갑자기 변한 눈빛으로 부채 글씨가 괴이하다고 좌우에 보였는데, '위태롭고 망할 일이 바로 닥친다[危亡立至]'라는 네 글자가 적혀 있었다. 크게 놀라 두세 번 손가락으로 튕기면서 탄식하기를,

내가 예결할 때 이 부채를 채롱 속에서 꺼내어 내 손을 떠난 적이 없는데, 누가 썼단 말인가. 더할 수 없이 괴이하다.

라고 했다.

이때 급히 서리가 뛰어 와서, 대간에서 글을 올려 자광의 죄를 청했다고 고하자, 더 이상 만회하기 힘든 나락의 길로 떨어졌다. 귀양 간 류자광이 재기하여 반정 녹훈에 참여하였으나, 모함하고 해치는 버릇으로 조정을 흐리고 어지럽히자 공론이 크게 일어났고, 결국 훈작을 삭탈 당한 채 용서받지 못하고 죽어갔다.

중종 때 큰 선비였던 이자가 남긴 《음애일기》에서는 류자광을 두고,

> 류씨는 본래 세족인데, 류자광은 그 집안 서얼로 졸지에 일어나, 시국에 어려움이 많음을 틈타 간특한 꾀를 써서 모략으로 일 만들기를 좋아하여, 어진 사람들을 모조리 없앴다. 반정할 때에 성희안 인연으로 다시 훈열에 참여하고, 또 기울어뜨리고 위태롭게 하는 습성으로 조정을 흐리고 어지럽히다가 화와 복이 증험이 있어, 마침내 바닷가에서 고생하다가 죽었다. 죽기 전에 두 눈이 먼지 두어 해가 되었으며, 임신년(1512)에 자광이 죽자 조정에서 그의 자손에게 거두어 장사지내라 허락했으나, 아들 류진은 슬픔도 잊고 여색에 빠져 가 보지도 않았고, 작은아들 방 또한 병을 핑계로 손님들과 술을 마시며 아비 장사를 보지도 않았으니, 마침내 모조리 망해 버렸다.

라고 기술하고 있다.

계유년1513 9월에 조정에서 의논하여, 류진의 온 가족을 변방으로 옮기라고 결정했다. 진이 노모를 내쫓고 아우 방을 협박하여 죽게 하였으니 법으로 마땅히 죽여야 하나, 다만 불효하고 부제不悌한 것은 법률로 정한 조문이 없었다. 의금부에서

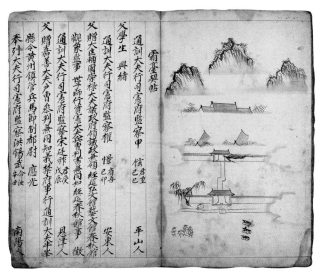

상대계첩 ⓒ e뮤지엄 (국립중앙박물관)
관료들의 탄핵을 주 업무로 하는 사헌부 별칭이 상대(霜臺)인데, 사헌부 관료들의 모임 장면을 글과 그림으로 표현한 첩이다. 사간원에 비해 선후배 위계질서가 뚜렷하다.

는 부모에게 욕한 형법 조문으로 다스리자고 했고, 조정 의논 또한 법에 따라 죽이자고 했으나, 임금이 온 가족을 변방으로 귀양 보내라 명하였다.

자광은 자신이 부관참시를 면치 못할 줄 미리 알고, 외모가 비슷한 자를 종으로 삼아 길렀는데, 그 사람이 죽자 대부大夫의 예로 장사지내고, 관곽과 석물을 구비하지 않음이 없었다.

그런 후 자기가 죽게 되자 평장하여 봉분을 만들지 말 것이며, 조정에서 사람을 보내 무덤을 찾으면 죽은 종 아무개 무덤을 가리켜 주라 일렀다. 그 후 조정에서 부관참시하기 위해 의금부에서 묘를 물었을때, 거짓으로 종의 무덤을 가리켜 주니 그의 묘는 탈이 없었다.

천하 간신 김안로의 인간상

《조선 왕조실록》에서 한 페이지를 수 놓고 있는 김안로 인물평을 보노라면, 소름이 끼치도록 무섭고도 끔찍하다.

김안로 큰아들 이름은 김기이다. 아비는 인자하지 못하고 아들은 불효하였기에 당시 사람들이 '부자 사이 원수가 따로 없다.' 하였다. 아들 김기는 경망하고 사특한 데다가 독살스럽고 세를 빌어 교만 방자하기 이를 데 없었는데, 술병이 나서 일찍 죽었다. 하늘이 만약 수년만 더 살게 했더라면 패해를 입은 자가 얼마나 되었을지 모른다.

김안로에게 눈이 멀고 못 생긴 딸 하나가 있었다. 김안로가 그 딸을 미워하여, 굶겨서 죽이려니 울부짖으며 밥 달라고 소리쳐 이웃이 들을까 두려웠고, 칼로 찔러 죽이면 시체에 칼자국이 나서 친척들이 이를 알까 두려워서 못하였다.

그 흔적을 감추려고 항아리 속에다 독사를 넣어 뚜껑을 덮어 놓고 나오지 못하게 하여 독이 잔뜩 오르게 한 다음, 그 딸로 하여금 항아리에 발을 넣게 하너 한 번 물리게 되자 그 자리에서 죽였다. 속으로는 매우 기뻤으나 겉으로는 슬픈 척하면서, 이웃 일가들에게 떠들기를 '내 딸이 변소에 가다가 독사에 물려 죽었다.' 하였다.

아, 이런 일까지 차마 했으니, 무슨 일인들 못하였겠는가?

사관으로 있던 어떤 사람의 사초史草를 그대로 옮긴 내용이니, 냉정한 역사 평가란 게 바로 이런 것이다.

연안 김씨 명문가 집안에서 태어나 문과에 급제했고, 서예가에다 문장으로 한 시대를 풍미한 인물이었다. 작은아버지 영의정 김전과 아버지 김흔 형제 모두 점필재 김종직의 문인이었다. 하지만, 김전은 기묘사화를 일으킨 배후 인물로 지목되어 후세에 많은 비난을 받았다. 중종의 딸이자, 인종의 누나인 효혜공주가 김안로의 며느리였으니, 한평생 척신의 위상을 이어간 인물이라 하겠다.

중종이 반정공신을 견제하기 위한 수단으로 조광조 등 신진세력들에게 힘을 실어주다가, 이에 대한 견제가 필요하여 남곤에게 의지하려 했지만 그는 이내 죽고 말았다. 그 틈을 비집고 등장한 인물이 김안로였다.

천성이 간사한 데다가 글재주까지 있어, 낮은 벼슬에 있을 때부터 간특한 사람으로 지목 당했다. 그는 원래 신진 관료로 주목 받아 승승장구했는데, 잔인한 성격을 잘 알던 남곤의 탄핵으로 유배지를 떠돌 때가 많았다. 절대 권력 남곤이 죽자, 공주 며느리를 매개로 다시 벼슬길에 오르면서 권력의 중심에 서게 되었다.

경빈 박씨의 아들 복성군은 세자보다 6살이나 많아, 항상 이목이 그에게 집중될 수밖에 없었다. 중종 재위 22년 정해**1527** 2월 26일. 세자가 거처하는 동궁 해방**亥方:24방위의 하나로 정서북에서 북으로 15도 방위**에 불태운 쥐 한 마리를 걸어 놓고, 물통 나무 조각으로 방서**榜書**를 걸어 놓은 일이 벌어졌다. 세자가 돼지띠인 해생**亥生**에다 가 생일이 2월 29일이었으니, 쥐도 돼지와 비슷하여 동궁을 저주한 것이라 여겼다.

이를 두고 경빈 박씨 행위라 지목하여, 그 시녀와 사위들이 잡혀 와 매 맞다 죽 었고, 형벌을 이기지 못한 경빈은 스스로 목숨을 끊었다. 이를 작서**灼鼠**의 변이라 일컫는데 진범이 곧 잡혔으니, 김안로와 그의 아들 김희가 세력을 만회하고자 벌 인 짓이었다.

김안로 지위가 극히 높고 권세가 높아지자 사람을 살리고 죽이는 것이 임금에게 서 나오지 아니하고, 혹 자기 허물을 아는 자가 있으면 채무택을 사주하여 죄목을 씌웠다. 그를 따르는 매와 사냥개 중에 허항도 빼놓을 수 없어, 세상 사람들이 김안 로·허항·채무택을 정유 삼흉**丁酉三凶**이라 하였다.

어릴 적부터 한마을에서 살았던 이팽수라는 사람이 김안로가 개고기를 좋아한 다는 사실을 알고, 개고기 요리를 해다 바쳤더니 봉상시 참봉에 불과했던 그가 승 정원 주서로 뛰어올랐다. 김안로 외양은 단아하여 종일토록 앉아 움직이지 않아, 바라보면 얼굴이 관옥 같고 입었던 옷도 한 가닥 구김이 없었다. 하지만 눈을 뜨면 그 요망한 태도가 볼만했다고 한다.

이 시절 출처를 알 수 없는 비방서가 난무하고 있었는데, 김안로가 권세를 마음 대로 결정하여 국사를 그르친다는 것이 종루에 나붙었다. 한림 나익이 사초에 적어 두었더니, 안로가 발견하여 누가 쓴 것이냐 물으니, 나익은 정색하고 말하기를,

書筵官賜宴圖 (於南池耆老會記) ⓒ 국립중앙도서관
중종 30년(1535) 세자(인종)의 서연 활동을 기념하여 관련자들을 경복궁으로 불러 잔치를 벌인 그림인데, 우의정 김근사와 대제학 김안로를 비롯한 허항 채무택 등 39명의 참석자를 덧붙였다.

사필(史筆)을 잡은 자라면 누구인들 이렇게 쓰지 않으리오.

라고 대꾸했다. 격노한 김안로가 사람을 시켜 탄핵하니, 얼마 안 되어 나익은 죽고 말았다.

이처럼 잔인한 김안로였지만, 아이러니하게도 사림과 대간의 지지를 받아 권력

금오계첩 ⓒ e뮤지엄 (국립고궁박물관)
의금부 도사들의 모임을 그림으로 나타낸 첩

을 잡을 수 있었으니, 당시 훈구파 권신인 이항, 심정, 이행의 횡포가 너무 심했기 때문이다. 순진했던 사림과 대간들이 김안로 속내까지 탐지하지는 못했던 데다 세자 지위가 불안한 처지인지라. 그를 끌어들여 세자 지위를 안정시켜 보려는 의도가 다분히 있었을 것이다.

권세를 손에 쥔 김안로가 정적들을 숙청해 나가자 중종이 결단을 내렸다. 도승지 양연에게 밀지를 내려, 김안로 제거를 위한 여론을 조성하기에 이르렀다. 류몽인의 《어우야담》에 따르면, 아들 김시가 혼례를 치르던 날 혼인을 주관하던 김안로 사모관대를 솔개 한마리가 날아와 낚아채 가버렸다. 이를 기이하게 여기던 차에, 어명을 받들고 온 나장들이 김안로를 잡아가는 난장판이 되고 말았다.

8개월짜리 성군

갑진년 [1544] 겨울에 중종이 위독하자 좌의정 홍언필과 우의정 윤인경을 침소로 불러, 세자에게 왕위를 전한다고 말하고는 이튿날 승하하자 인종이 즉위했다.

왕위 계승권에 전혀 하자 없는 정통성을 가진 임금이 인종이었다.

하지만, 어머니가 산고로 일찍 죽어 계모 문정왕후가 궁으로 들어와 아들**명종**을 낳았던 것이 큰 화근이 되었다. 임금이 된 후에도 문정왕후 눈치를 보지 않을 수 없었던 이유가 여기에 있다.

인종의 외가가 파평 윤씨인데 문정왕후 또한 파평 윤씨 집안이라, 두 패거리 다툼을 두고 사람들은 대윤과 소윤이라 불렀다.

일월오봉도 ⓒ e뮤지엄 (국립고궁박물관)
통치자가 다스리는 삼라만상을 상징하는 일월오봉도 벽장문이다.

《괘일록》에 따르면,

　　인종 임금이 동궁에서 덕을 길러 성스러운 덕이 일찍 성취되어, 모든 행동이
규법에 맞아 날마다 유신(儒臣)들과 더불어 옛글을 강론하기를 주야로 게을
러 하지 않으니, 당대 선비들이 자기 집에서 몸을 닦아 훗날 등용되어, 어진 임
금께서 쓰일 희망을 가지고 간절히 기다리니, 유풍이 크게 떨쳐서 사람들은 요순
같이 될 소년 임금이라 일컬었다.

라고 하였듯이, 인종이 성군 자질을 가졌다고 평가했다.

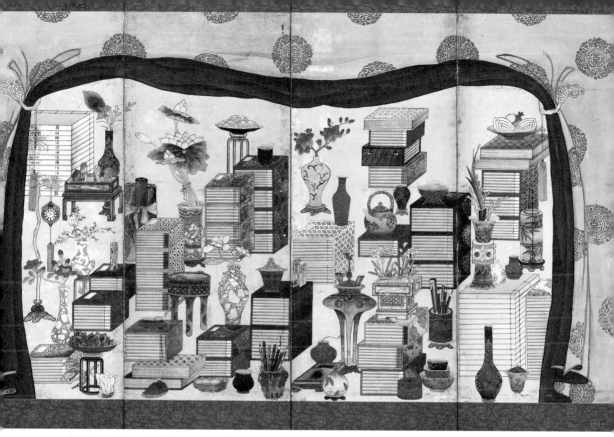

문방도 병풍 ⓒ e뮤지엄 (국립고궁박물관)

《괘일록》의 저자 이조민이 문정왕후 동생 윤원형의 조카 사위였음에도 그토록 긍정적인 평가를 내린 것이다.

이동형의 야사《동각잡기》또한,

　중종이 기묘년에 사정전에 나와 원자의 글 읽는 것을 보는데, 그때가 다섯 살이었다. 보양관 남곤·조광조와 승지 사관들이 들어와 모시고 있었다. 원자가 강사직령(降紗直領)에 옥띠를 매고, 검은 가죽신을 신고 단정히 손을 모아 책상에 앉았는데, 의젓하기가 어른 같았다. 《소학》을 읽는데 물 흐르듯 하여, 뜻을 해득하고 분석함에 목소리가 어질고 두터우매, 신하들이 가만히 중종의 안색을 살피니 기쁨을 억제하지 못하였다.

라는 내용으로 인종을 그려내고 있다.

경진1520 4월에 인종이 왕세자로 책봉될 당시 나이가 6살이었다. 세자로 동궁에 있을 적에 서연에서 사부를 모시고 글을 읽고 있던 중에 갑자기 얼굴빛이 변하면서 읽는 것을 중지하라 하고는 안으로 들어가더니, 조금 있다가 다시 나와,

벌이 소매 안으로 들어가 몹시 쏘기에 겨우 이제 잡았노라.

라고 할 정도로 온화한 용모가 이 같았다.

경연이 열릴 때마다 중종은 세자를 임금 걸상 동쪽에 나와 앉도록 하였는데, 어느 날 경연에서 신하들과 강을 마치고 글 뜻을 의논하고 있다가 갑자기 임금이 그 글의 출처와 뜻을 물으니, 좌우 신하들이 대답하지 못했다. 이에 임금이 세자를 돌아보자, 세자가 조용히 출처와 뜻을 말하는지라 임금 얼굴에 기쁨이 넘쳐흘렀다.

임금이 된 어느 날 문정왕후가 홀로된 자신과 어린 아들을 보전하기 어렵다고 떠드니, 이를 전해들은 인종이 미안함을 이기지 못하여 오래도록 햇볕이 내리쬐는 처마에 엎드려 위안하고서야 문정왕후 안색이 풀렸다.

이런 일이 있고부터 근심이 더욱 많아져 점점 병을 키웠으니, 조정에서도 다급하여 어찌할 바를 몰랐다. 을사년 6월 그믐밤에 기운이 미미하자, 인종이 삼정승을

불러 경원대군에게 후사를 맡긴다고 하였으니,
그때 대군 나이 겨우 열두 살이었다.

《동각잡기》에서는,

> 동궁으로 덕을 기른 지 30년에 즉위하여,
> 온 나라가 태평한 정치를 기대하였더니
> 갑자기 승하하자, 서울 사대부와 서민들
> 이 흐느끼며 통곡하여 마치 자기 부모의 상사와 같았고, 먼 지방이나 궁벽한 시
> 골 유생으로부터 서민에 이르기까지 양식을 싸가지고 와서 대궐 밖에서 우는
> 자가 이어졌다. 임금 된 지 몇 달 만에 사람을 감동시킨 덕망이 이같이 깊었으니,
> 옛날 역사에 찾아도 실로 드문 일이라 하겠다.

조선시대 사용하던 약함 ⓒ e뮤지엄 (국립민속박물관)

라고 하여, 인종의 짧았던 재위기간을 안타까워했다.

임금이 일찍이 고운 옷 입은 시녀를 보면 즉시 내쫓으라 명하니, 궁중 안이 자연
스레 엄숙해졌다. 어린 인종의 무르익은 강단이 대윤을 이끌던 외숙 윤임까지 제어
하는 일도 많았다.

인종은 1년을 넘기지 못한 임금이니 대왕의 예를 쓰는 것이 옳지 않다고 주창한
이가 소윤 패거리 이기였다. 이에 다섯 달이 채 안 되도록 장사를 끝내버렸는데, 대
비 문정왕후에게 잘 보일 계교를 부린 것이었다. 문정왕후가 인종 장사를 끝내려
하니 감히 말하는 자가 없었는데, 병조 정랑 정황 홀로 소를 올려 부당함을 간했으
나, 대비는 답하지 않았다.

인종과 인선왕후가 묻힌 효릉 (경기 고양 서삼릉 경내) ⓒ 문화재청

이어 윤결이 소를 올려,

대행대왕의 신하는 오직 정황 한 사람뿐이로다.

라고 하였다.

발인하는 날에 이르러 늙은 백성 30여 명이 통곡하고 길에 나와 절하며 전송하였는데, 이기 등의 기세가 대단하여 감히 소리 내어 울지도 못했다.
늙은 백성들의 울음을 보고 슬피 여긴 사관들만이 몰래 기록으로 남겼다.

대윤 소윤의 권력다툼

중종의 첫 번째 계비였던 윤여필의 딸 장경왕후가 인종을 낳자마자 산고 끝에 죽고, 두 번째 계비로 들어온 윤지임 딸 문정왕후가 새로 명종을 낳았으니, 파평 윤씨 외척들을 구분하고자 인종 외가를 대윤, 명종 외가를 소윤으로 불렀다.

율곡이 《석담일기》에서 이르기를,

> 과거에 윤임이 윤원로·윤원형 형제와 틈이 벌어졌는데, 김안로가 권세를 잡아 동궁을 보호한다는 명목으로 중궁을 누르고 자기 세력을 펼쳐 원로 형제를 외직으로 내쫓았으니, 대윤·소윤이라는 말썽이 이로부터 생겼다.

라고 하였다. 윤임이 대윤, 윤원형 형제가 소윤이었다.

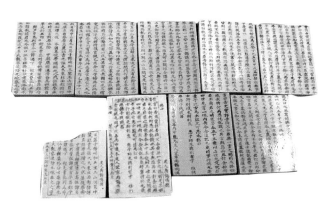

윤여필 묘갈 (파주 당하동)　　　윤지임 묘지명 ⓒ e뮤지엄 (국립중앙박물관)

이정형의 《동각잡기》에서도,

　　윤임은 인종의 외숙인데 무인으로 숭정에까지 올랐고, 윤원형은 명종의 외숙이니 문정왕후의 동생으로 과거에 급제하여 비록 좋은 자리를 지냈으나, 사람됨이 간사하여 맑은 의논을 일삼은 사람들에게 버림받아, 전랑이나 중서(中書)의 천거에는 참여하지 못했다. 이 때문에 사림들을 미워하여, 항상 화를 뒤집어씌울 마음을 품었다. 그때 조급히 출세하려는 무리들이 윤임이나 윤원형 두 파에 각각 소속되어 서로 배척하고 대항하니, 드디어 대·소윤이란 말이 점점 퍼지기 시작했다.

라고 하였듯이, 당시 왕위 계승을 놓고 대윤 소윤의 치열한 싸움을 잘 보여주고 있다.

인종대왕 태실 (경북 영천 청통면) ⓒ 문화재청

《영남야언》이나《풍암집화》등에 따르면,

　　한때 윤원형[명종 외숙]이 나라 권력을 차지할 것을 도모했으나, 인종이 즉
위하자 감히 그 간악한 꾀를 부리지 못하였다. 일찍이 절에 불공을 올려 임
금 수명이 길지 않게 해달라고 빌었고, 또 야심한 밤 남산에 등불과 촛불이 있
어 사람들이 가만히 살펴보니, 원형이 손수 향 피우고 등불을 켜 놓고, 신좌(神
座)에 경례하고 비는 말이 흉악하고 참혹하여 차마 들을 수가 없었다. 궁중에
나무로 만든 사람을 묻어서 요망한 방술까지 자행했다.

라고 하여, 당시 왕위 계승을 둘러 싼 궁중 암투가 치열했음을 전하고 있다.

《석담일기》에서 율곡은,

> 인종이 동궁으로 있으면서 장성하도록 아들이 없고, 명종은 어려서 대군이 되었는데, 김안로가 패하자 윤원로 등이 조정으로 돌아와 유언비어를 퍼뜨려 날로 번지니, 인종이 심히 불안에 떨어야 했고, 문정왕후도 자기 소생인 명종이 위태롭다고 여겨, 바깥 신하들에게 의탁하여 자기 자리를 견고히 할 생각을 가지게 되었다. 이때 이기란 자가 비밀리에 계교를 부려 윤원로 형제와 결탁하였다.

라는 당시 긴박했던 정세를 잘 그려내고 있다.

중종 33년1538 임금이 갑자기 선양한다는 명을 내리자, 나라 안팎이 그 뜻을 헤아리지 못했다. 세자인종가 울면서 간하여 드디어 중지되었다. 세자에게 아들이 없어 늘 걱정거리였는데, 문정왕후 오라비 윤원로가 밖으로는 세자를 바꿔 세운다는 말을 전파시키고, 안으로는 대군이 위태롭다는 말로써 왕비를 현혹시켰다.

뜬소문을 퍼뜨리는 간특한 꾀인 줄 모르던 임금이 어린 경원대군명종을 무릎에 앉히고 어루만지면서,

> 네가 공주로 태어났으면 무슨 보존하기 어려운 근심이 있겠느냐마는, 대군으로 태어났으니 불행함이 심하도다.

하면서 눈물까지 흘렸다.

중종 38년1543에 동궁에 화재가 났는데, 세자 침소가 밖에서 잠겨 있어 간신히 피했다. 궁중 사람들이 모두 윤원로 소행이라 지목한 바가 되었다. 불이 났을 적에 온 궁궐이 허둥지둥하고 있는데, 귀인 정씨정철의 누이가 세자 방으로 급히 들어가 모시고 나온 후 임금에게 문안드리니, 크게 칭찬하였다.

중종이 승하한 뒤부터는 매일같이 유언비어를 조작하여, 인종을 불안하게 만들었다. 윤원로가 매우 사특하고 독한 일을 밥 먹듯 하여 사람들이 모두 이를 갈았다. 이를 놓고 역사 심판대의 붓을 잡은 어느 사관이 평한 바를 보면,

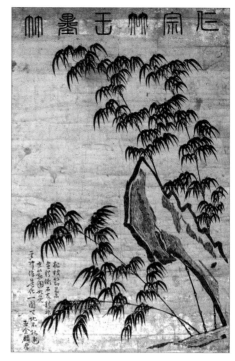

인종대왕 대나무 그림 ⓒ e뮤지엄 (국립광주박물관)
인종의 세자 시절 세자시강원에 갓 들어 온 김인후에게 그려준 그림이다. 동궁전에 불이 났을 적에 "부덕한 몸이 동궁에 있어 하늘이 재앙을 내렸다."라는 아련한 심정을 묵죽도에 담았다.

류관은 충성은 넘치나 지혜가 부족했다. 대윤을 한 번에 몰아내어 국가의 난국을 수습할 줄 모르고, 다만 윤원로 치죄에 급급하였으니, 대윤을 돌봐 주고 소윤만 공격하는 것 같아, 문정왕후를 크게 노하게 만들었다. 이것으로 구실 삼은 윤원형의 화가 수십 년 동안 그치지 않았다.

라고 하였다.

을사사화가 일어난 이듬해 석방된 윤원로는 논녕 노성으로 있으면서 아우 윤원형과 세력 다툼으로 알력이 생겼고, 또 공신에 오르지 못한 것을 분히 여겼다. 윤원형이 은밀하게 족질 윤춘년을 시켜 형을 탄핵하게 한 뒤, 유배 보낸 후 죽여 버렸다.

윤춘년 상소에서,

윤임은 전하[명종]의 역적이요, 원로는 인종의 역적이다.

라고 한 바 있는데, 이 사실을 두고 선조 때 윤근수는 《월정만필》에서,

원로와 원형이 비록 이렇게 갈라졌으나 당초에 한마음이었으니, 원로가 인종의 역적이라면 원형 또한 역적이 아닐 될 수가 없는지라, 이는 불명 공술한 법정 자백서와 같은 것이라.

라는 냉정한 평가를 내렸다.

이를 역사의 심판이라 할 것이다.

천하를 쥐고 흔든 치맛바람

중종이 계비 간택할 때 윤지임 딸**문정왕후**의 병이 심하여, 파성군 윤금손 딸을 계비로 결정하였다, 그런데, 어느 날 새로 명을 내려,

윤지임 딸의 병이 낫거든 파성군 딸과 함께 대궐에 나오도록 하라.

하였다.

당시 점을 잘 치기로 이름난 어떤 자가 시골에서 올라와 점을 쳐보고, 귀한 손님이 온다고 예언한 첫새벽에 윤지임이 문을 두드리니, 하인이 나가 보고서 말하기를,

손님이 겨우 종 하나만 달랑 데리고 왔을 뿐인데, 그가 무슨 귀한 손님이요.

하였다. 하지만, 점쟁이는 단박에 알아보고 빙그레 웃을 뿐이었다. 윤지임이 딸 사

명종 태지석 ⓒ e뮤지엄 (국립고궁박물관)

명종 태항아리 ⓒ e뮤지엄 (국립고궁박물관)

주를 내 놓고 병이 위독하여 왔다 하니, 점쟁이가 하는 말이,

이 분은 앞으로 국모가 될 운명이며, 손님도 매우 귀하게 될 운명입니다. 지금 관직에 있지 않습니까?

라고 묻자, 쑥스러운 듯 하찮은 관직**종5품 별좌**으로 있을 뿐이라 했다. 그러자 점쟁이가,

나으리는 마땅히 국구가 될 것입니다.

하였는데, 마침내 윤지임 딸이 중종 계비 문정왕후가 되었고, 윤금손 딸은 판관 노첨에게 시집가 살았다고 《월정만필》은 전하고 있다.

인종의 갑작스런 승하로 열두 살의 어린 명종이 왕위에 오르니, 수렴청정을 피할 길이 없었다. 성종을 수렴청정했던 정희왕후 때의 사례를 봐도 발[簾]을 드리웠다는

명종 태실 및 비 (충남 서산) ⓒ 주암역사연구실

기록을 찾지 못했다. 하지만 발을 설치하지 않을 수 없다 하여, 명실상부한 문정왕후 수렴청정이 시작되었다.

《일월록》에서 명종의 치정에 대해,

일월록 ⓒ e뮤지엄 (국립중앙박물관)

　　임금이 직접 정권을 잡은 뒤로는 관후
한 덕을 펼쳐, 학자들을 존경하며 선비를 사랑하였으므로 간신들이 모두 쫓겨
나게 되었다. 그러나 밑에서 임금을 잘 받들고 바로 잡아주는 사람이 없었고,

임금도 그 어머니가 대리 정치할 때 처리한 일이 허물로 돌아갈까 염려하였기에, 끝내 을사사화로 인해 피해를 입은 선비들의 원통함을 풀어주지 못하였고, 간신과 아첨하던 무리들도 빠져나온 자가 많았다.

라는 평가를 내렸다.

임금이 성년이 되어 발을 걷어 올린 뒤에도 어머니 문정왕후 쪽지가 날아드니, 따르지 못할 일이면 수심이 가득한 채 그 쪽지를 말아 소매 속에 감추곤 했다. 문정왕후 마음에 조금이나마 거슬리는 일이 있으면 불시에 임금을 불러들여 다그쳤고, 임금은 매양 온순한 태도로 그 합당성 여부를 진술할 뿐이었다.

버럭 화를 낸 문정왕후가,

네가 임금이 된 것은 모두 우리 오라버니와 나의 힘이다.

라고 몰아세우는 일이 다반사요, 어떤 때는 때리기까지 하여, 임금 얼굴에 기운이 없어지고 눈물 자국까지 보인 적도 있었다.

문정왕후 가상존호 금보 보록 ⓒ e뮤지엄 (국립고궁박물관)　　문정왕후 가상존호 금보 ⓒ e뮤지엄 (국립고궁박물관)

태릉을 지키는 문·무석인은 어느 왕릉보다 크고 웅장하다. (높이 314센티)

보우가 오래도록 봉은사 주지로 있으면서 문정왕후를 속여, 중종 능을 선릉 근처로 옮기라 요구했다. 그 말을 믿은 문정왕후가 자신도 함께 묻힐 생각으로 능을 옮겼으니, 오늘날 강남 땅 한 복판에 있는 정릉이다.

하지만 이곳 지대가 낮아 강물이 넘쳐 들어오는 때가 많으므로, 문정왕후는 저 멀리 태릉에 묻히게 되었다. 장경왕후와 함께 묻힌 중종 시신만 떼어낸 꼴이 되고 말았으니, 함께 누운 꼴을 못 본 시샘이 작동한 것이 아닌지도 모를 일이다.

윤원형과 정난정

인종이 왕위에 오르자, 청류로부터 배척받던 소인배 무리들은 윤원형에게로 달라붙었다. 병세가 위중하던 인종이 8개월 만에 죽고 명종이 왕위에 오르자, 온갖 흉한 말로 선동을 일삼던 윤원형이 애첩 난정을 궁으로 들여보내 헛소문을 퍼뜨렸다.

문정왕후 수렴청정이 시작된 한 달 만에 윤원형에게 밀지가 내려졌다. 윤임·류관·류인숙 등을 치죄하려는 의지를 내 보인 것이다. 전달받은 윤원형은 즉시 시행하려 했으나 응하는 이들이 없자 초조하기만 했다. 이기 등과 야밤에 회합하였다가, 이튿날 아침 승정원으로 달려가 나라에 큰 변이 있다고 고했다.

명종이 대신들을 급히 불러들였지만 의견들이 분분했다. 뚜렷한 죄목을 찾지 못하자, 윤인경이 아뢰었다,

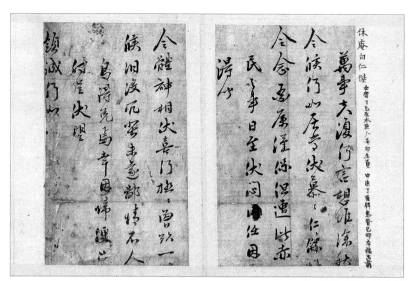

백인걸 글씨 (조선명현필첩) ⓒ e뮤지엄 (국립중앙박물관)

윤임은 이미 자기 스스로 불안한 입장에 있었으니 귀양 보내고, 세론에 류인숙은 약간의 형적이 있다 하니 파면하고, 류관은 그 속마음이 어떠한지 알 수 없으니 대신의 직을 갈게 하옵소서.

실로 애매하기 짝이 없는 죄로 얽어맸다. 스스로 불안한 모습을 보였다는 윤임을 성주로 귀양 보내면서, 류관은 벼슬을 갈고, 류인숙은 파직했다.

을사사화 시작을 알리는 서곡이었다.

이튿날 헌납 백인걸 홀로 나서서,

위에서 하시는 정사는 마땅히 광명정대하게 해야 할 것입니다. 지금 윤임의

충재 권벌 유적 청암정 (봉화군 닭실마을) ⓒ 장득진

일은 마땅히 원상과 의논하여 처리할 것인데, 윤원형에게 밀지를 내려 두세 사
람 재신을 시켜 죄를 처단하게 했으니, 옳았다 할지라도 그 죄 주는 방법은 크
게 법에 어긋나는 것입니다.

라고 아뢰니, 문정왕후가 즉시 육조 판서 이상을 불러들이게 하고는, 백인걸을 파
면하고 금부에 가두라고 명했다. 백인걸은 안변으로 귀양 갔고, 윤임은 남해로, 류
관은 서천, 류인숙은 무장으로 이배하라는 추가 조치를 내렸다.

이런 상황에서 누구 하나 나서는 이가 없었는데, 권벌 혼자서 항변의 글을 올려 선비의 체통을 지켰다. 일이 시끄러워지자 윤임·류관·류인숙에게 사약을 내렸다.

정순붕을 비롯하여 29명의 이름을 공신록에 올리던 날, 계림군 유월산대군 손자가 윤임과 결탁한 흔적이 있다고 고하는 자가 있어, 머리 깎고 토굴에서 살던 계림군이 잡혀 와 거열형을 당했다. 밀고자 김명윤도 결국 공신록에 이름을 올렸다.

이후에도 고변 사건이 연속하여 일어났으니, 명분 없던 사화 여파가 오래도록 지속되어만 갔

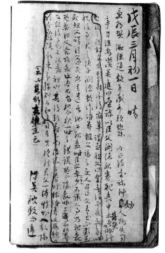

사초에 해당하는 권벌의 충재일기
ⓒ e뮤지엄 (국립중앙박물관 유리건판)

다. 윤원로는 동생 윤원형에 의해 처형되고, 또 대윤 잔당으로 지목된 봉성군 및 송인수와 이약빙 등이 죽어 갔고, 권벌·이언적·정자·노수신·류희춘·백인걸 등 20여 명의 선비들이 귀양 갔다.

2년이 흐른 정미년에 문정왕후 수렴 정치와 이기 등의 농간을 비난하는 글이 양재역에 나붙자, 연루된 선비 100여 명이 또 고초를 겪었다.

오랜 기간 선비들의 화가 지속되었지만, 을축년1565에 문정왕후가 죽자 윤원형은 시골로 추방되었다.

권세가 하늘을 찌른 윤원형의 집이 성안에만 열여섯 채요, 남의 노비와 전장을 빼앗은 것이 이루 헤아릴 수 없으며, 살리고 죽이는 것이 다 그의 손에서 나왔다.

정실부인을 내쫓고 기생첩 난정을 정경부인으로 봉
하였건만, 권세를 탐하는 조정 관원들이 앞 다투어
그 첩 자녀와 혼인을 갈망했다.

율곡은 《석담일기》에서 윤원형에 대해,

율곡 이이의 석담일기
© e뮤지엄 (국립중앙박물관)

> **사람됨이 음험하고 독하며 이익을 즐기어, 을사옥**
> **이 일어나자 그 화를 면한 관원들이 드물었다. 을사**
> **사화에 대한 바른 의논이 없어지지 않음이 두려워,**
> **항간에서 조금이라도 다른 의논을 하는 이가 나오면 번번이 역당으로 지목하였**
> **으니, 길 가는 사람들이 눈을 흘겼다. 윤원형 세력이 날마다 크게 떨치니, 권력**
> **을 농하고 이익을 취하여 못할 것이 없었으며, 의복과 거처**
> **의 참람함은 대궐과 다름이 없었으며, 뇌물을 받고**
> **남의 것을 빼앗음은 그 첩의 도움 또한 많았다. 죽**
> **이고 살리는 권한을 잡은 지 20년이 되도록 사람이**
> **원한을 품고서도 감히 말을 하지 못하였다.**

라는 사실을 후세에 전했다.

늙은 종 2~3명과 난정을 데리고 황해도로 숨어
들었던 윤원형은 여차하면 자진할 계획으로 독이
든 술을 지니고 다녔다. 평소 알고 지내던 벽제 역졸
에게 자기를 잡아들이라는 명이 있거든 미리 알려
달라 당부했다. 얼마 후 소식을 전하자, 그날 저

초계정씨 정난정의 묘표 (파주 파평윤씨 묘역)

녘에 윤원형은 자살하고 말았다. 황해도로 파견되었던 금부도사 행차를 잘못 알고
알려 준 것이었다.

이런 사실을 두고 《석담일기》와 《자해필담》에서,

　　**죄가 하늘에 통하면 스스로 천벌이 있는 법이니, 독이 든 술을 마시고 죽음은
신명이 그 마음을 꼬인 것이다. 난정은 천한 기생 신분으로 되돌아갔다.**

라는 평을 덧붙이고 있다.

하지만 파주의 파평 윤씨 묘역에는 정난정도 함께 묻혀 있다.

蓋公堂
超然臺
名宦管
仲宰戚司
馬穰苴漢
曹參焉不
聶李膺
人物黯妻
王燭晏嬰
魯仲連屬
縣臨淄人
漢田橫
妻敬公
孫弘屬
縣臨淄人
主父偃
倪寬
管寧
符秦王
猛
唐房玄
岭臨淄人

牛山
田單墓
臨淄古渡
柱山嶽

인조 책봉을 요청하기 위한 사신 행렬도 © 국립중앙박물관

有親王府 知府同知通判益都 知縣 王府長史等官

青州府
齋

IV

거듭되는 내우외환

其星虛
荒禹貢
海岱惟
青州卽
此乃九
州之一
也至北
京一千里

山川雲門
山牛山
琅邪山
仙築臺　秦始皇求
淄澠

古跡孟嘗
君宅　在府
西城隅
古齋城
畫邑城
葵立五霸
丒會處

岱岳

孟嘗君古里

방계 대통(大統)

순회 세자가 일찍 죽어 후사가 없던 명종이 종친 가운데 하성군을 낙점하여 자리를 잇게 했다. 하성군은 중종과 창빈 안씨 사이에 태어난 덕흥군 셋째 아들이었다.

선조 어필시 ⓒ e뮤지엄 (국립고궁박물관)

명종이 후사를 염두에 두고 여러 왕손들을 불러 궁중에서 가르칠 때, 하원군·하

덕흥대원군 가묘(家廟) ⓒ 국사편찬위원회 유리건판
도성의 서부 인달방 사직동 도정궁(덕흥군 종택) 후원에 있었다.

릉군·하성군·풍산군에게 익선관을 써 보라 하였다. 여러 왕손들이 웃고 떠들면서 머리에 익선관을 썼지만, 제일 어린 하성군**선조**은 관을 받들어 어전에 도로 갖다 놓고 머리 숙여 사양하였다. 보통 사람이 쓸 수 있는 물건이 아니란 것이 이유였다.

정묘**1567** 6월 27일에, 병이 위중한 명종이 영상 이준경에게 침상 위로 올라오라 하면서 손을 들어 안쪽 병풍을 가리킬 뿐이었다. 내전에 물으라는 것임을 알고 중전에게 청하니, 몇 해 전 을축년에 병이 위중하자 그때 이미 덕흥군 셋째로 정했다고 답했다.

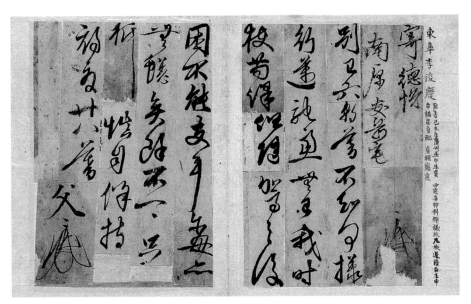

이준경 글씨 ⓒ e뮤지엄 (국립중앙박물관)

중전**인순왕후** 숙부인 우상 심통원이 혹시 반대하면 큰일이라, 방문을 잠그게 하고 국책을 결정했다. 그때에 진행되는 일들을 기록하여 훈공을 책정하자고 떠드는 자가 있자, 이준경은 재빨리 기록을 불살라 버리게 하였다.

을축년 후사를 정할 때 심통원이 아뢴 일을 자랑삼아, 공석에서 여러 번이나 내세웠으나, 이준경이 정색하고 반응하지 않으니, 다시는 말을 꺼내지 못했다.

왕비를 높여 왕대비라 하고, 발을 드리워 같이 정사를 보기로 결정했다. 대비가 수렴정치를 얼마 동안 할까 라고 물으니, 대사간 백인걸이 나와서 아뢰기를,

새 임금께서 그렇게 어리지 아니하시니, 여주(女主)가 국정을 간섭할 필요가

없습니다.

하는지라, 대비가 기뻐하지 아니했지만 얼마 안 되어 발을 걷어 올렸다.

선조가 왕위에 오른 지 반년이 더 지난 무진1568 2월.

푸르고 붉은 햇무리 흰 기운이 무지개처럼 해를 건너지르자, 왕대비가 임금에게 정사를 돌려주고 발을 걷어, 시신侍臣들에게 이르기를,

> **여주(女主)가 정사에 참여하여 비록 모든 일이 다 잘 된다 하여도 큰 근본이 바르지 아니하니, 다른 것을 볼 것도 없거늘 하물며 다 잘할 수도 없는 것에 있어서이겠는가. 해의 변괴가 진실로 미망인이 정사를 들은 연유로 생긴 것이러라.**

하였다.

아직 고명을 받지 못한 선조가 임시로 나랏일을 보는 권지국사로 곤룡포와 면류관 칠장복을 입고 명나라 황제 조서를 맞을 때, 어린 나이로 행동이 예절에 합하다 하였으니, 그때 춘추 16세였다.

김효원 심의겸의 알력으로 동서로 갈라지다

명종 때 심의겸**명종 처남**이 공무로 영의정 윤원형의 집을 찾았는데, 여러 침구 중에 하나가 김효원 것이었다. 김효원이 등과하기 전이었으나 문장으로 이름이 났었는데, 이를 본 심의겸은 마음속으로 권세가에 빌붙어 산다고 하여 비루하게 여겼다.

장원급제한 김효원 명성이 더 높아져 조정 선비들이 다투어 추천하였다. 외척이라 할지라도 대부분의 선비들은 심의겸을 인정하는 편이었다. 전일에 선비들을 보호한 일이 있었기 때문이다.

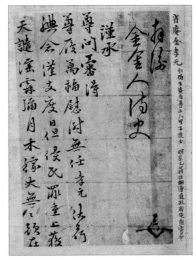

김효원 글씨 (조선명현필첩) ⓒ e뮤지엄 (국립중앙박물관)

심의겸의 묘 (경기도 파주) ⓒ 장득진

　　오건이 김효원을 이조전랑으로 삼으려 할 때마다 번번이 방해한 것은 심의겸이었다. 이리하여 김효원은 6~7년 만에야 어렵사리 전랑이 되었다. 이조전랑으로 인사권을 쥐게 된 김효원은 청렴한 선비들을 진출시키고 일을 바른 대로 행할 뿐 왜곡하는 일이 없으므로, 후배 선비들에게도 존중 받고 있었다.

　　그러던 차에 심의겸 아우 심충겸이 이조전랑으로 천거되자, 김효원이 허락하질 않았다. 외척이 권세를 잡으면 안 된다는 논리였다.

　　그러자 심의겸을 따르던 무리들이 김효원을 의심하여 소인이라 지목하였다. 반

首善全圖

수선전도 ⓒ e뮤지엄 (국립중앙박물관)

면에 김효원을 지지하는 자들 또한 많아, 당파로 쪼개길 징조가 보였다.

을해년1575 7월 김효원이 사간이었고 허엽은 대사간이었는데, 선배였던 허엽이 김효원을 추대하니, 젊은 선비들이 허엽을 높여 그들의 영수로 삼았다. 그런데 우의정 박순은 심의겸이 옳다고 여겨 심의겸 당파라고 지목되었다.

허엽과 박순이 두 당파의 영수가 되고 말았지만, 젊어서 한 때 화담 서경덕 문하에서 동문수학했던 오랜 친구였다. 몇 가지 사건들을 처리하는 과정에서 대립되는 양상이 벌어졌다. 김효원은 한양 동쪽인 건천동에 살았고, 심의겸은 서쪽인 정릉동이었기에, 이를 두고 동인과 서인으로 부르기 시작했다.

동인의 젊은 선비들은 대개 총명 민첩하고 학행이 있어, 명예와 절개로 스스로를 다듬는 사람들이 많았다. 결코 외척을 등용해서는 안 된다고 여긴 것도 역사의 수레바퀴가 돌고 돌기 때문이란 판단이었다. 그런데 비해 서인들은 심의겸의 공을 인정해야 하는 상황인데, 어찌 앞길을 막을 수 있는가 하는 쪽이었다.

양쪽 다 온전히 보전할 생각으로 조정해 보려던 이이의 노력도 실패로 돌아갔다. 동서 당이 쪼개진 것을 본 이이가 우의정 노수신에게, 심·김 두 사람을 외직으로 내보내도록 청했다. 특지로 김효원을 경흥 부사로, 심의겸을 개성 유수로 임명했는데, 이것이 젊은 선비들 의심을 더 키워버렸다. 개성과 변방이란 차이 때문이었다.

무마하려던 이이의 제자들은 주로 서인에 속해 있었다. 그리하여 마침내 서인의 영수가 되어 버렸다.

알쏭달쏭한 정치적 미스터리, 정여립의 난

선조 재위 22년 기축년1589에 일어난 정여립 모반사건을 '기축옥사'라 부른다.

황해 감사 한준이 올린 비밀 장계가 선조 손에 쥐어지자, 야심한 시각에 삼정승·육승지·의금부 당상관들을 급히 불러 들였다. 당직 사관이던 검열 이진길이 붓을 들고 따랐지만, 들어오지 못하게 막아버렸다.

황해도 안악에 살던 조구가 전주에 있던 전 수찬 정여립의 모반을 밀고한 것이었다. 의금부 도사를 황해도와 전라도에 급파하고. 사관 이진길을 의금부에 가두게 했다. 이진길이 정여립 생질이었기 때문이다.

이렇게 시작된 기축옥사가 약 3년에 걸쳐 진행되면서 1,000여명의 동인 계열 선비들이 죽거나 귀양 갔지만, 지금까지도 이를 보는 시각들이 다양하다. 동인과 서인의 입장이 다른데다, 구체적인 실상의 전모가 확연히 드러난 게 없기 때문이다.

형정도(刑政圖) 중에서 죄인이 잡혀가는 모습 ⓒ e뮤지엄 (국립민속박물관)

　　다양한 설들 중에 유력한 것 몇 가지만 소개하면,

　　서얼 출신 노비였던 재야의 얼굴 없는 선비 송익필이 서인 참모 격으로 암약하고 있었는데, 그 자신과 친족 70여 인을 다시 노비로 전락시키려는 동인에게 복수하기 위해 조작했다는 설이 그 하나이다. 특히 동인 중에서 이발이나 백유양 등을 향한 복수심이 컸다는 것이다.

　　한편으로는 당시 위관委官 : 죄인 치죄를 위해 의정 대신 중에서 임명하던 재판장 임무를 부여받은 정철이 동인을 억누를 욕심으로 사건을 확대 조작했다거나, 이이가 죽은 뒤 수세에 몰린 서인들의 세력 만회를 위해 날조한 사건이라고 보는 견해도 있다.

그런 반면에, 약간의 조작이나 부풀려진 것은 있으나, 전제 군주 치하에서 "만물이 공물公物인데 주인이 어디 있는가?"라는 다소 혁명적인 주장과 행동들이 옥사를 유발시켰다는 설도 있다.

정여립은 대대로 전주 남문 밖에서 살았다.

여립을 잉태했을 적에 아버지 희증의 꿈에 정중부가 나타난 적이 있는데, 태어날 적에도 똑 같은 꿈을 꾸었다. 주위에서 득남을 축하해 주었으나, 기뻐하는 빛이 없었다. 꿈에서 본 정중부가 고려 후기 무신의 난의 장본인이었기 때문이다.

정여립이 금구에서 장가들어 그곳에서 살다 과거에 급제했다. 그가 어릴 때부터 널리 배우고 많이 기억하여 경전을 통달했지만, 의논이 다소 과격하고 거세 바람처럼 기가 센 사람이었다. 이이가 그 재간을 기특하게 여겨 청현직에 올려 이름이 높아졌다. 그러다가 이이가 죽은 뒤에 도리어 헐뜯으므로, 이를 본 선조에게 미움 받아 합당한 관직을 받지 못했다.

조정에 중용되지 못하자 벼슬을 버리고 돌아와 글 읽기에 힘쓰니, 전라도 일대에 이름이 나서 죽도竹島 선생이라 불렸을 정도이고, 진짜 역모를 꾸몄는지에 대해서는 오리무중인 것이 사실이다.

아무튼 역모에 대한 고변서가 날아들었으니, 금부도사를 보내 정여립을 잡아들이려 했다. 안악에 사는 변숭복에게 제자였던 조구가 자복했다는 말을 전해들은 정여립은 아들을 데리고 도망갔다. 진안으로 숨어들길 했으나, 여의치 않음을 알고 자결로 생을 마감했다.

그러하니, 관련자로 지목된 자들이 잡혀 와 심한 곤욕을 당해야 했고, 그것이 3여 년이나 걸렸던 것이다. 이를 두고《괘일록》에서는,

당초 정여립은 우계와 율곡 문하에 출입하여 홍문관 수찬에 올랐다가, 서인들이 세력을 잃자 동인에게 돌아가니, 이발이 그를 받아들였다. 이발은 남평 사람인데, 이때부터 서로 친하게 되었다. 큰 변고가 일어나자, 서인들이 기뻐 날뛰고 동인들은 기운을 잃었다. 앞서 임금이 서인을 싫어하여 이조 판서 자리를 10년이나 이산해에게 맡긴 사이, 서인들이 중요 보직을 맡지 못해 기색이 쓸쓸하더니, 역변이 일어나자 서인들이 거리낌 없이 사사로운 원한을 보복하였다.

라고 서술하였듯이, 서인들의 보복 사건에 방점을 둔 것이라 여긴다.

송강 정철 묘지명 ⓒe뮤지엄 (국립중앙박물관)

서인 정철이 옥사를 엄하게 다스렸다. 이발·이길·김우옹·백유양·정언신·홍종록·정언지·정창연 등 당시 동인 지도자급 인물들이 대거 연루되어 처형 또는 유배당했다. 특히 이발은 그의 노모와 어린 자식까지 모두 처참한 죽임을 당했다. 정여립에게 보낸 편지가 발견되었기 때문인데, 이 역시 정철의 사감이 작용했다는 설이 파다하다. 정인홍·한효순·정개청·김우굉·윤의중·류몽정·조대중·우성전·남언경 등 30여 명도 처형되거나 혹은 유배되었다.

조정에서 활약하던 동인 계열 고관들과 호남의 지역 선비들이 크게 연좌되었다. 이로 인해 전라도가 반역향으로 불리게 되면서, 선비들이나 후손들의 반목과 대립이 지금까지 이어지고 있는 형편이다.

영남 우도의 남명 조식 문하생들 또한 대거 연루되었다.

진주를 근거지로 살았던 최영경은 길삼봉으로 지목되어 옥사했다. 그의 죽음이 너무나 모호하여 억울하다는 이야기가 많이 돌았다.

숙종 때 미수 허목이 지은 수우당 최영경의 유사遺事에는 이런 대목이 나온다.

《백사유고》에 〈기축록〉이 있는데, 수우 선생의 원통한 사적이 자

허목 초상 ⓒ e뮤지엄 (국립중앙박물관)

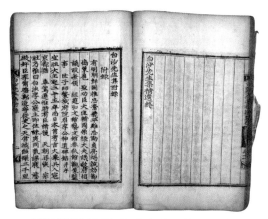
백사선생문집 목판본 ⓒ e뮤지엄 (국립한글박물관)

세히 실려 있다. 그 자손들이 훗날 집권자 말을 듣고 감추어 버려, 가짜 〈기축
록〉이 세상에 떠돌았다. 생각건대, 이런 글은 보통 문자가 아닌데, 어찌 강릉
판에는 빠지고 진주에 와서 추간(追刊)하게 되었을까. 이 때문에 일부 사람의
의심을 면치 못한다. 그런데 계곡[장유의 호]·지천[최명길 호]·연양[이시백 호]
같은 이들은 한낱 보잘 것 없는 사람이 아닌데도, 정철 한 사람만을 위해 그들
스승 이항복이 하지 아니한 글을 저술하여 스승을 저버렸단 말인가.

이항복 문집 속에 들어 있던 당초의 〈기축록〉을 왜곡 날조한 부분을 지적한 것이
다. 특히 이항복 제자들인 계곡 장유나 지천 최명길과 연양 이시백 같은 학덕 높은
선비들조차 이를 방조하여, 스승을 욕보이게 했다는 비판을 새겨 볼 필요가 있다.

미수 허목이 보는 남인의 편협된 시각일 수도 있지만, 그렇다고 무시할 일은 아
닌 듯하다. 원래의 〈기축록〉이 사라지고 가짜가 전해졌다면, 이 폐해는 누가 입어
야 하는가?

나라를 두 번 구한 역관 홍순언

을지로 롯데호텔 앞 대로변의 조그마한 석조물에 담은 굵은 글씨체 〈고운담골〉 제목 아래 설명문은 다음과 같다.

임진왜란 때 역관 홍순언(洪純彦)이 명나라에 갔을 때 여인을 도와준 일로 보은단(報恩緞)이란 글씨를 수놓은 비단을 받았다 하여 보은단골이 고운담골로 변음되었다고 한다.

위의 설명에 대해 약간 부언하자면, 조선 선조 때 역관이었던 홍순언이 명나라 북경에 사신단 일행으로 가던 길에, 부모 장례비용 때문에 기생집에 팔려나온 딱한 처녀의 사정을 듣고 도와 준 일이 있었다. 그 일을 잊어버린 채 연경에 재차 사신으로 갔더니, 명나라 병부상서 석성 부인이 된 그 처녀가 은혜를 갚고자, '보은단報恩緞'이라 수놓은 비단 수십 필을 홍순언 집으로 보냈기에, 이 마을을 보은단골 또는 보은담골이라 하였더란다.

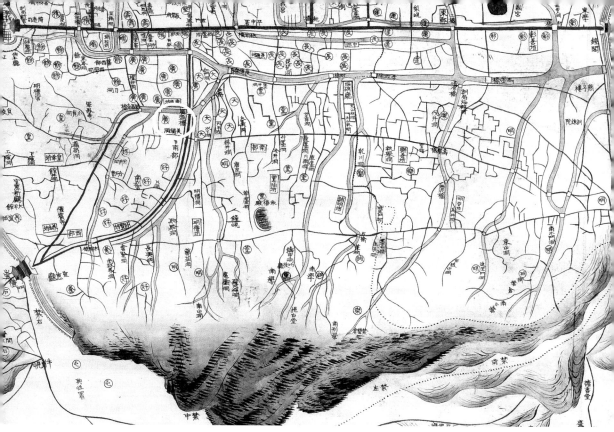

도성도 속의 미장동 ⓒ e뮤지엄 (국립중앙박물관)

보은단동이라 표기한 것이 보은단골로 전해오다가 음이 비슷한 고운담골이 되었고, 줄여서 곤담골, 곤당골이 되기도 했다. 고운담골이 다시 한자명으로 옮겨지면서, 미장동美墻洞 혹은 여장리麗墻里라고 했으니, 이를 줄여 미동美洞 혹은 여리麗里라고도 하였다. 달리 전해오는 이야기로는 홍순언이 자기 집 담에다 '효제충신孝悌忠信' 같은 글자를 수놓은 것이 매우 아름다워 고운담골이라 불렸다고도 전한다.

벼슬살이를 마친 홍순언이 낙향한 곳이 광주 청숫골이니, 오늘날 청담동이다. 그리하여 청담동의 작은 공원에도 홍순언 스토리를 담은 표석이 설치되어 있다.

이익 선생의 《성호사설》에서, 세간에 떠돌던 홍순언 민담을 채록하여,

　홍순언이 앞서 명나라 사신으로 연경에 갔을 적에, 양한적(養漢的)에게 후한 뇌물을 주고 한 아름다운 창녀를 얻었었다. 양한적이란 창녀를 길러 값을 받는 칭호이다. 물어본즉 창녀는 본시 양갓집 여자로서 부모가 죽자 집안이 가난하여 장례 모실 길이 없으므로, 스스로 몸을 팔아 여기에 이르렀는데, 기실은 처녀로서 남자를 섬기지 않은 몸이라는 것이었다. 이를 듣고 측은히 여겨 마침내 돈을 내어 깨끗이 도와주고 관계를 맺지 아니하였다. 그 뒤 그녀는 상서 석성의 총희가 되었는데, 순언이 변무(辨誣)하러 갔을 적에 그녀의 도움으로 일을 성사시켰다. 또 임진왜란에 이르러 명나라에서 군사를 내어 우러나라를 다시 일으킨 것은 석성의 힘이었는데, 역시 그녀의 도움이었다고 한다. … 순언이 두 번째 연경에 갔을 때 석성의 총희가 금과 비단을 잔뜩 싣고 와서 은혜에 보답하기를 심히 후히 하자, 순언은 말하기를 '만약 이렇게 한다면 이는 이익을 노린 것에 불과하니, 나의 당초의 뜻이 아니다.' 하고 모두 받지 아니하였다. 그녀 손수 짠 채단이 1백 필이었는데 수의 무늬는 모두 '보은단(報恩緞)' 세 글자로 되었다. 이 채단을 받들고 와서 슬피 호소하므로, 순언은 차마 이것조차 물러칠 수 없어서 마침내 가지고 돌아왔다. 지금 서울 서부에 '보은단골'이 있는데, 순언이 사는 곳이 바로 이름으로 된 것이라 한다.

라고 한 바가 있듯이, 오래전부터 구전되어 왔음을 알 수 있다.

　성호 선생이 언급했던 홍순언의 활약상은 2가지였으니,
　첫 번째가 종계변무,
　두 번째가 임진왜란으로 명나라 군사를 청할 당시에 세운 공로였다.

종계변무란 이성계의 조상 계보를 잘못 기록한 중국 측 자료를 바로잡기 위한 외교적 노력이었는데, 거의 2백년을 끌다가 이때에 해결되었으니, 조선 왕실 걱정거리를 한방에 날린 쾌거였다.

그리고 급작스런 왜군들의 침입으로 나라 존망이 위태로울 때, 명나라 원군으로 전세를 역전시킬 수 있었으니, 홍순언이야말로 나라를 두 번이나 구한 위인이었고, 이런 이유로 그의 미담이 전승되어 왔을 것이다.

석성 초상 © e뮤지엄 (국립중앙박물관)
석성은 명나라 문신으로 임란 당시 명군 출병에 도움을 준 의인이다. 그의 아들 석담이 조선에 귀화하여 해주 석씨 시조가 되었다.

《성호사설》에서 이익 선생은, 야담 차원으로 떠돌던 것을 단순하게 소개하려 한 것이 아니라, 좀 더 객관적으로 검증하고 논증하려는 자세를 취하고 있다는 점이다. 아마 그의 저서 성격이 논설을 기반으로 한다는 점이 고려되었을 것이다.

하지만, 성호보다 한 세대 뒤에 태어난 연암 박지원은 《열하일기》에서, 보다 풍부하고도 세련된 문체로 홍순언 미담을 채워 나갔으니,

당릉군 홍순언은 만력 년간에 이름난 통역관으로서 명나라 서울에 들어가 어떤 기생집에 놀러 갔었다. 기생의 얼굴에 따라서 놀이채의 등급을 매겼는데, 천금이나 되는 비싼 돈을 요구하는 자가 있었다. 홍은 곧 천금으로써 하룻

밤 놀기를 청하였으니, 그 여인은 바야흐로 16세요, 절색을 지녔다. 여인은 홍과 마주 앉아 울면서 하는 말이, '제가 애초 이다지 많은 돈을 요구한 것은, 이 세상에는 인색한 사나이들이 많으므로 천금을 버릴 자 없으리라 생각하고서 당분간의 모욕을 면하려는 의도였던 것입니다. 그리하여 하루 이틀을 지나면서 여각 주인을 속이는 한편, 이 세상에 어떤 의기를 지닌 남자가 있어서, 저의 잡힌 몸을 속(贖)하여 사랑해 주기를 희망하였던 것입니다. 그러나 제가 창관(娼館)에 들어온 지 닷새가 지났으나 감히 천금을 갖고 오는 이가 없었더니, 이제 다행히 이 세상의 의기 있는 남자를 만나게 되었습니다. 그러나 공께서는 외국 사람인만큼 법적으로 보아 저를 데리고 고국으로 돌아가시기에는 어렵사옵고, 이 몸을 한번 더럽힌다면 다시 씻기는 어려운 일이겠습니다.' 하였다. 홍은 그를 몹시 불쌍히 여겨 창관에 들어온 경위를 물었더니, 여인이 답하기를, '저는 남경 호부시랑 아무개의 딸이옵니다. 아버지께서 장물에 얽매였으므로 이를 갚기 위하여 스스로 기생집에 몸을 팔아 아버지의 죽음을 속하고자 하옵니다.' 하였다. 홍은 크게 놀라 말하기를, '나는 실로 이런 줄은 몰랐소이다. 이제 내가 당신의 몸을 속해 줄테니, 그 액수는 얼마나 되는지요.' 했다. 여인은 말하기를, '이천 냥이랍니다.' 하였다. 홍은 곧 그 액수대로 그에게 치르고는 작별하기로 하였다. 여인은 곧 홍을 은부(恩父)라 일컬으면서 수없이 절하고는 서로 헤어졌다. 홍은 이에 대하여 괘념하지 않았다. 그 뒤에 또 중국을 들어갔는데, 길가에 사람들이 모두들 '홍순언이 들어오나요.' 하고 묻기에, 홍은 다만 괴이하게 여겼을 뿐이었더니, 연경에 이르자, 길 왼편에 장막을 성대하게 베풀고 홍을 맞이하면서, '병부 석노야(石老爺)께서 환영하옵니다.' 하고는, 곧 석씨 사저로 인도했다. 석상서가 맞이하여 절하며, '은장(恩丈)이시옵니까. 공의 따님이 아버지를 기다린 지 오래되었답니다.' 하고는, 곧 손을 이끌고 내실로 들었다. 그의 부인이 화려한 화장으로 마루 밑에서 절했다. 홍은 송구하여 어쩔 줄을 몰랐는데, 석상서가 웃으면서, '장인께서 벌써 따님을 잊으셨나요.' 했다. 홍은 그 제야 비로소 그 부인이 곧 지난날 기생집에서 구출했던 여인인 줄을 깨달았다. 그는 창관에서 나오게 되자 곧 석성의 계실이 되어 전보다 귀하게 되었으나, 오히려 손수 비단을 짜면서 군데군데 보은 두 글자를 무늬로 수놓았다. 홍이 고국으로 돌아올 때에 그녀는 보은단 외에도 각종 비단과 금은 등을 이루 헤아리지 못할 만큼 행장 속에 넣어 주었다. 그 뒤 임진왜란이 일어나자 석성이 병부에 있으면서 출병을 힘써 주장하였으니, 이는 석성이 애초부터 조선 사람을 의롭게 여겼던 까닭이다.

라는, 길고도 긴 이야기를 깨알같이 서술하고 있다.

연암과 동시대에 살았던 이긍익 선생 또한 《연려실기술》에서 홍순언 고사를 싣고 있는데, 여기에서는 이야기 갈래의 판을 더 키워, 위기에 처한 처녀를 구해 준 돈이 공금 횡령에 해당되어 홍순언이 하옥되었다가, 기사회생한 후 재차 중국으로 건너가 종계변무를 성사시켰다는 극적 요소들까지 추가하여,

순언은 환국한 뒤 공금의 빚을 갚지 못한 것 때문에 체포되어 여러 해 동안 갇혀 있었다. 이때 우리나라에서는 종계변무(宗系辨誣) 때문에 전후 10여 명의 사신이 갔다 왔으나, 아무도 허락받지 못하고 돌아왔다. 임금이 노하여 교지를 내리기를, '이것은 역관의 죄다. 이번에 가서 또 청을 허락 받지 못하고 오면 마땅히 수석 통역관 한 사람의 목을 베리라.' 하였다. 어떤 역관도 감히 가기를 지원하는 자가 없었다. 역관들은 서로 의논하여 말하기를, '홍순언은 살아서 옥문 밖으로 나올 희망이 없으니, 우리들이 마땅히 빚진 돈을 갚아주고 풀려 나오게 하여, 그를 보내기로 하자. 만일 그 일을 허락받고 돌아오면 그에게는

"강남의 홍순언, 조선을 구하다" 연극 공연 장면 (강남문화원)

행복이 될 것이고, 만약 죽는다 하더라도 진실로 한이 될 일은 없을 것이다.'라
고 입을 모은 후에 함께 가서 그 뜻을 알리니, 순언이 개연히 허락하였다.

라고 덧붙였으니, 가공된 전기적**傳奇的** 요소가 갈수록 보태졌음을 보여준다.

　홍순언 민담의 시작은 실로 류몽인1559~1623의 《어우야담》일 것으로 파악되
는데,

홍순언은 나와 같은 마을 사람이다. 사람됨이 영준하고 용모가 훌륭했다.

> 그가 중국에 갔을 때 옛날부터 알고 지내던 이를 만났는데, 병환에 걸려 패가 망신하고 처자까지 모두 팔아야 할 지경이었다. 홍순언이 즉시 백금 500냥을 써서 그의 처자와 전장을 돌려주니, 이로 말미암아 순언의 이름이 중국에 떨쳤고 중국 사람들도 반드시 그를 '홍노야(洪老爺)'라고 칭하였다.

라고 하였듯이, 500량으로 도와 준 이는 유곽 창녀로 팔려 온 처녀가 아니라 처자식 딸린 남자였다. 홍순언의 이런 행동에 중국사람들도 의기 있는 '홍노야'라고 칭송했던 사실을 자신의 야담집에 수록했다.

홍순언과 한양 명례방 한 동네에 살았던 류몽인이었다. 그리고 임진왜란을 극복하면서 함께 공을 세웠던 그는 중국 사신으로 파견되거나 중국 사신을 접대할 때에도 빠지지 않던 인물이었다.

이러한 류몽인이고 보면, 《어우야담》이 가장 원초적인 이야기임이 분명하다. 그렇다면 《어우야담》에 담은 내용이 윤색되거나 가필될 가능성은 매우 낮다. 이 원초적인 홍순언 스토리를 적어 내려간 시기를 1622년경으로 본다면 《성호사설》은 그로부터 약 100년 후의 일이고, 또 반세기 가까이 흘러 《열하일기》가 나왔으니, 갈수록 풍성하고도 세련된 내용으로 채워 갔음을 알 수 있다.

망나니 형님 임해군

선조가 죽자 광해군이 계승하였음을 알리기 위해 이호민 등이 명나라로 떠났다. 하지만, 명나라에서는 추대한 진상을 조사한 뒤에 승인할 것이라 미루었다. 선조의 큰아들이 임해군이었기 때문이다.

이 일로 정언 최현이 아뢰었다.

> 사신이 응대할 때에 실언하여 일을 그르친 것이 많았습니다. 맏이[임해군]는 중풍으로 여막을 지키고 있다고 하고, 또 왕위를 사양하였다고 했는데, 이 대답은 매우 잘못된 것입니다. 여막을 지키고 있다면 병중이 아닐 것이고, 다투지 아니하였으면 어찌 사양이 있으리오 라는 말까지 나오게 했으니, 전날에 잘못 대답한 것을 명백하게 변명하지 않으면 안 될 것입니다. ……

명나라가 사신을 보내 임해군 상태를 조사할 적에, 광해가 직접 사신을 찾아가 만났다. 교동으로 귀양 보낸 임해군을 배에 태우고 와서, 병으로 미친 척하는 모습을 보여 준 후 돌려보냈다.

그때 명나라 사신이 광해와 임해를 대면시키려 하자, 강경파였던 정인홍은 임해의 머리를 베어 그들에게 보일 것을 청했다. 이원익·이항복·이덕형이 나서서 겨우 제지시켰다. 광해군은 많은 은과 인삼 뇌물로 무사하게 넘겼다. 이런 관례가 한 번 생기게 되자, 사안이 생길 때마다 반복되는 괴로움을 당해야만 했다.

광해군일기 적상산본 ⓒ e뮤지엄 (국립중앙박물관)

임진왜란 때 세자로 책봉 받은 광해군은 분조를 이끌어 전장을 누볐다. 그런데 다른 왕자들은 거쳐 가는 고을마다 접대가 소홀하다며 채찍을 휘둘렀다. 왜군을 피해 강원도를 빠져 나온 임해군은 순화군과 합류한 뒤 경성으로 갔다가 회령부 아전 출신 국경인 일당에게 사로잡혀, 왜적 손아귀에 넘겨지는 신세가 되었다.

명나라와 일본의 화의 교섭이 진행되는 와중에 풀려났지만, 그는 수시로 백성들을 구타하고 노비를 빼앗았으며, 여염집을 부수고 약탈하여 원성이 자자했다. 선조 아들 중에 임해군 나이가 가장 많았지만, 그가 세자가 되지 못한 것은 방종한 사생

활 때문이었다.

선조가 승하한 후 명나라에서 광해군 책봉을 미루는 사이에, 임해군이 부랑배를 모으고 딴 뜻을 품는다고 의심하고 꺼려, 군사를 소집해서 궁궐을 에워싸고 지키라고 명하고, 달이 넘도록 낮에도 궁문을 열지 않았다. 며칠 뒤 삼사에서 비밀리 임해의 반역을 아뢰었다. 광해가 즉위한 지 열이틀 지난 2월 14일이었다. 이에 전교를 내리기를,

국가가 불행하여 이런 공론이 있으니 동기간에 어찌할 바를 모르겠다. 선왕의 유교(遺敎)가 쟁쟁하게 귓전에 남았는데, 나는 차마 그 말씀을 저버리지 못하겠다. 모든 대신은 서로 의논하고 잘 처결하여 임해를 살릴 계책을 힘써 하라.

하였다.

옷으로 머리를 싸매 부인네 같이 꾸민 임해군이 업혀서 빠져나가자, 병조 낭청이 붙들어 궐문 밖에 묶어 두었다. 부제학 송응순 등이 연달아 차자를 올리고, 양사에서도 두 번이나 귀양 보내기를 청하였다.

이산해는 진도로 귀양 보내라 주장했고, 이덕형·이항복은 교동 또한 절도이니 멀고 가까움은 관계없다 하였다. 진도로 귀양 가던 임해가 도중에 바뀌어 강화도 교동으로 이송되었다.

이산해 초상 ⓒ e뮤지엄 (국립중앙박물관)

임해군 묘 (경기 남양주) ⓒ 장득진

이듬해 결국 그는 살해되었다. 그 때까지 사형에 처해야 한다는 대북세력 상소가
매일같이 올라왔다. 신익성의 시문집인 《낙전집》에 따르면,

> 광해가 처음에 임해를 교동도에 가두었을 때, 이현영이 현감으로 있었다. 이
> 이첨이 현영의 인척이었는데, 임해를 죽여서 화근을 없애라는 뜻을 암시하니, 현
> 영은 노하여 낯빛이 변하면서 그 말을 따르지 않았다. 이에 이첨이 도당에게 지
> 시하여, 죄인 지키는 일을 게을리 했다는 죄로 현영을 탄핵하고 옥에 내려 일이
> 헤아릴 수 없게 되더니, 마침 대사령이 있어 석방되었다. 현영의 후임으로 이직
> 을 보내 마침내 임해를 죽였다.

라고 하였는데, 김시양 또한 《하담록》에서,

> 사람들이 모두 현감 이직이 죽인 것으로 의심하면서도 감히 말하지 못했다.

라는 세평을 덧붙였다. 혹자는 별장 이응표가 죽였다고 한다.

꾀주머니를 찬 김개시

광해군 때 정권이 외척에게 돌아가 류희분의 권세가 성했다. 뇌물이 만연하여 벌도 면할 수 있게 되고, 벼슬도 돈이 많고 적음에 따라 임명했으니, 곤수閫帥:兵使 水使 값이 천여 냥에 이르렀다. 인왕산 아래 민가 수천 채를 철거한 자리에 인경궁을 짓다가, 새문동에 왕기가 서렸다는 풍수에 빠져 경덕궁**경희궁**을 지었는데, 웅장하고 화려하여 국고를 텅 비게 했다.

임금 총애를 받던 상궁 김개시 권세가 하늘을 찔러, 궁중으로 흘러들어간 돈을 셀 수 없었으니, 사람들은 입을 두고도 내놓고 말을 할 수가 없었다.

《실록》에서 전하는 김 상궁을 보면,

이름이 개시(介屎)로 나이가 차서도 용모가 퇴지 않았는데, 흉악하고 약았으며 계교가 많았다. 춘궁의 옛 시녀로서 왕비를 통해 나아가 잠자리를 모실 수

경희궁 숭정전 ⓒ 문화재청

있었는데, 비방으로 갑자기 사랑을 얻었으므로 후궁들도 더불어 무리가 되는 이가 없었으며, 드디어 왕비와 틈이 생겼다.

하고 전하고 있다.

김개시가 상궁으로 머물면서 작호를 올려 후궁이 되지 않은 것은 궁 밖 출입을 자유롭게 하기 위함이었다.

당시 실권을 이이첨이 쥐고 있었으니, 외척 세력들이 그를 견제하는 반대편에 서게 되었다. 세자빈 박씨가 궁에 들어올 때엔 이이첨 도움을 받았으나, 빈의 조부 박승종이 총애받기 시작하자 임금 처남인 류희분과 힘을 합쳐 견제하려 하였다.

이이첨이 광창부원군, 박승종이 밀창부원군, 류희분이 문창부원군의 작호를 받았으니, 사람들을 이들을 삼창이라 불렀다. 북인 세력을 대표하던 이들이 폐모론을 밀어 붙일 적에 틈이 생겼다. 박승종이 온건론을 폈기 때문이다. 인조반정으로 박승종은 자결하고 말았지만, 반정군들 사이에서 살려주자는 사람들이 있었던 것도 이와 무관하지는 않다.

아무튼, 이이첨 혼자서 권력을 틀어쥘 수 있었던 것은 다름 아닌 김개시와 연합했기 때문이다. 몰래 김개시 아비에게 공을 들여 접근했던 연줄로 김개시를 자기 세력으로 끌어 들이는 데 성공했던 것이다.

김개시는 광해군이 세자로 있던 시절에 천한 신분으로 궁에 들어왔다. 그러다가 임금을 모시는 궁녀 자리로 옮기게 되었는데, 광해군과 선조 사이의 복잡한 문제들을 잘 중재할 수 있었던 것도 그런 이유 때문이다. 광해군을 은밀히 도운 김개시 인지라 이이첨과 쌍벽을 이룰 정도의 권력을 움켜쥐었다.

이이첨은 인사권을 틀어쥔 이조를 거들떠보지도 않은 채 예조판서 겸 대제학 직책으로만 돌았는데, 조정·이정원 같은 그의 앞잡이 무리를 이조에 심어 놓고 종과 같이 부렸기 때문이다. 위로는 감사로부터 아래로 찰방에 이르기까지 값에 따라 추천하면, 뇌물 액수를 보고 자리를 주었다.

이이첨의 인사추천이 올라오면 김개시가 붓을 들어 낙점하니, 임금도 마음대로 하질 못했다. 6명의 숙의**종2품**와 10명의 소원**정4품**들이 김 상궁 없는 틈을 타고 임

서궐도 속의 경희궁지 ⓒ 문화재청

금에게 낙점 해주기를 애걸하다가, 김개시가 오면 흩어졌다고 전한다.

《상촌집》에 따르면,

> 광해가 왕이 된 무신년(1608) 이후부터 해마다 옥사가 일어났다. 집안을 일으키고 벼슬길에 오른 사람들은 모두 고변을 하였거나 내통하였다. 크게는 피를 나눠 마시고 맹세를 하여 정승이나 판서가 되고, 작게는 청색이나 자주색 끈을 찬 고위 관원이 되어 의기양양하게 다녔다. 이런 길을 택하지 않는 자는 모두 곤궁한 지경에 떨어지고 심하면 죄 받거나 형벌에 빠져, 비록 죽음을 면하더라도 모두 추방되었기에 이익을 좋아하고 염치가 없는 자는 임금과 가까운 간사한 무리에게 달라붙어 아첨함이 한이 없었다. 잡채 상서·김치 정승이란 말까지 세상에 나돌았으니, 잡채와 김치를 임금에게 바쳐서 총애를 얻었기 때문이다.

천망단자(薦望單子) ⓒ e뮤지엄 (국립전주박물관)
통상 3배수 후보자를 올리면, 임금이 그 중에 한 사람을 낙점하여 임명한다.

라고 한 바가 있다.

김개시의 매관매직을 일삼는 비리가 날로 커지자, 윤선도와 이회 등이 여러 차례 상소했으나, 그들이 오히려 유배되고 말았다. 광해군 말기에 모반 징조가 여러 차례 감지되었으나, 김개시가 광해군 눈과 귀를 멀게 하여 발각되지 않았다.

광해군에게 반감을 품은 능양군인조이 세를 규합하여, 반정으로 광해군을 내쫓자 김개시 또한 그들에게 참수되고 말았다.

광해군은 항상 깊숙한 곳에 몸을 숨긴 후 사람에게 찾게 하여, 찾지 못하면 기뻐했는데, 아마도 변을 염려하여 연습한 것이란 의심을 받았다. 그리고 항상 은 수백 상자를 쌓아 놓고 살았는데, 왕위를 잃으면 중국에 뇌물을 쓰기 위한 준비였다고도 한다.

서인들은 이를 갈았고, 남인들은 원망을 품었으며, 소북들은 좋아하지 아니했다.

라는 당대의 세평을 다시금 곱씹어 볼 일이다.

브레이크 없던 대북의 독주체제가 결국 큰 사고를 내고야 말았다.

적통으로 태어난 어린 영창과 어머니

선조 말 세자 광해군을 지지하는 대북파와 어린 영창대군을 지지하는 소북파 간의 암투가 심했다. 선조가 갑자기 승하하자 광해군이 승계했고, 소북파 영수였던 영의정 류영경은 사약을 받았다.

광해 5년 계축년1613 봄에 조령에서 서자들이 강도짓을 하다 잡혀왔는데, 박응서전 영의정 박순 서자·서양갑목사 서익 서자·심우영심전의 서자·이경준병사 이제신 서자·박치인평난공신 박충간 서자 등이었다.

박응서가 자백하려 하자, 포도대장 한희길과 정항이 꾀여 죽음 면할 길을 알려줬다. 인목대비 아버지 김제남과 짜고, 영창대군을 임금으로 삼으려 했다고 실토하라는 것이었다. 이렇듯 갑자기 역모 사건으로 흘러갔던 것은 이이첨 꾀주머니에서 나온 것이었다.

이이첨은 영창대군이 항상 대비 곁에 붙어 있는 것을 미워하여 온갖 계략으로 죽이려 하다가 절호의 기회를 포착한 것이다. 서양갑·심우영·류인발·이경준·이경손과 허홍인은 잡혔고, 박치의는 도망쳤다.

도망간 박치의를 서매부였던 임장 형제에게 뒤를 밟아 잡으라고 책임 지웠다. 임장은 변장하고 사방으로 헤맸으나 끝내 찾지 못했다. 박치의를 잡는 자에게 선비는 호조판서를, 천인은 베 2백 동의 상을 준다고 방을 걸었으나 끝내 오리무중이었다. 치의 아들 나이가 겨우 8살이었는데, 광주 사람 이경남이 거두어 길렀다가 치의 장모가 관가에 고발하여 잡혀 왔다.

어머니가 잡혀 와서 심하게 고문당하는 것을 본 서양갑은 큰 소리로,

전하께서 세 가지 큰 죄악이 있기에 우리들이 의병을 일으켜 토벌하려고 하는데, 어째서 반역했다고 합니까. 아버지(선조)를 죽이고 형(임해군)을 죽이고, 친족의 윗 항렬 부인과도 간음했다.

라는 말을 서슴없이 내뱉으니, 사관들도 차마 받아 적지 못했다.

《일월록》에서 이르기를,

서양갑 등은 실로 뛰어난 재주를 가졌으므로 항상 말하기를, 선조의 대군으로는 영창만이 사랑받았고, 광해는 정치가 문란하니 마땅히 일을 도모하려라 하여, 이에 상인을 겁탈하여 재물을 모은 일이 있었다. 그러나 김제남은 실로 소식도 서로 통한 적이 없었음에도 함께 모의하고 대비도 참여했다는 내용

으로 꾸며댔기에, 혹독한 화를 당하고 마침내 대비가 폐위되어 서궁으로 옮겨지는 변이 일었지만, 혼군이 끝내 나라를 잃게 된 것은 서양갑의 꾀에 떨어졌기 때문이다.

라고 했다.

이때 영창대군 나이 겨우 8살이었는데, 양사에서도 김제남과 영창의 일을 날마다 아뢰고, 빈청과 종친·외척들 또한 아뢰어 청하니, 사형을 감하여 안치하라는 명이 떨어졌다. 대사헌 최유원이 존경하던 이항복을 찾아와 의견을 구했으니, 즉시 모후를 폐하지 않은 것은 백사 이항복의 공이었다.

이항복 초상 ⓒ e뮤지엄 (국립중앙박물관)

이이첨 등이 삼사를 사주하여 번갈아 글을 올려, 영창 죽이기를 청했지만, 삼정승이 버틴 의정부에서만 달가워하지 않았다. 두 재신이 야밤에 이항복 집으로 찾아가, 반대하면 화를 당할 것이라 위협 했으나, 항복은 마음을 움직이지 않았다. 아들과 조카가 가족을 생각하라며 울기까지 하였으나, 항복은 완강한 태도로,

내가 선왕의 후한 은혜를 입어 벼슬이 정승까지 이르렀는데, 지금 늙어서 죽

게 된 처지에 차마 내 뜻을 움직여 임금을 저버리고 스스로 명의(名義)를 떨어뜨릴 수 있으랴.

하였다.

잡혀 나가는 대비전 궁인들이 머리를 풀어헤치고 울며 하직하였는데, 궁문을 한 번 나가면 돌아오는 사람이 없었다. 대비 옆을 지켜주는 이가 없자, 어린 영창이 이를 알고 대비 곁을 떠나지 않으니, 억센 여자 10명을 시켜 영창을 강제로 빼앗아 갔다. 대비가 맨발로 대청에서 내려와 뒤쫓아 갔으나, 이내 땅바닥에 넘어져서 기절하니, 사람들이 모두 문을 닫고 얼굴을 가리고 울었다.

김제남을 외딴 섬에 위리안치 명했다가, 이어 서소문 밖에서 사약을 내렸다. 그런 후 영창대군을 폐하여 서인으로 만들었다. 영창대군을 정릉동 사가에 머물게 한 후 군사를 배치하여 지키다가, 이어 강화에 위리안치 시켰지만, 강화 부사 정항이 이이첨의 은밀한 지시를 받아 영창을 죽였으니, 밀실에 가두어 두고 그 아궁이에 불을 뜨겁게 때어 답답하게 만들어 죽였다.

김제남의 며느리 정씨 홀로 두 고아를 데리고 화를 면했으나 끝내 보전할

영창대군 묘지석 ⓒ e뮤지엄 (국립중앙박물관)

도리가 없었다. 어느 날 거짓으로 아들이 죽었다고 곡소리를 내면서 선산에 장사지냈다. 그런 후 누추한 옷으로 암자에 숨겨 11년이나 굴러다니다가, 인조반정 후에 돌아오니, 특명으로 관직을 내려주고 제남의 제사를 받들게 했다.

영의정 이덕형이 소를 올려 극력 논하고자 하였으나, 늙은 아버지에게 화가 미칠까 두려워 조복으로 얼굴을 가리고 울었다. 아버지가 이를 알고,

네가 벼슬이 영의정 자리에 있으니 죽고 살며 즐겁고 걱정됨을 마땅히 나라와 같이 할 것인데, 어찌 입을 다물고 잠자고 있어, 평일에 임금께 충성을 다하고 나라를 사랑하던 뜻을 저버릴 수 있느냐.

하는지라, 울면서 절하고 소를 올렸다가 관작을 삭탈 당했다. 조용히 물러가 집 천장만 쳐다보고 울면서 음식을 들지 않다가, 이내 병을 얻어 일어나지 못했다. 덕형이 한양을 떠나갈 때, 큰 범

기자헌 초상 ⓒ e뮤지엄 (국립중앙박물관)

이항복 집터 새김 글 (종로구 필운대)

이 말 앞에 엎드려 있다가 집까지 인도해 주고 가버렸다는 믿을 수 없는 사실도 전하고 있다.

이이첨 무리들이 인목왕후 폐모론을 앞장서서 주창했고, 이를 반대하던 기자헌과 이항복이 유배형을 당했다. 북청으로 유배 길에 오른 이항복이 철령 고갯길을 넘다가 복잡했던 심정을 담아 시 한 수를 남겼다.

철령 높은 재를 쉬어 넘는 저 구름아.
고신 원루를 비삼아 실어다가
임 계신 구중궁궐에 뿌려 준들 어떠리.

광해 재위 10년**1618**에 인목대비가 폐서인되어 경운궁에 유폐되었다. 하지만 명나라에서 고명을 내려주지 않아, 대비 신분이 그대로 유지되고 있었다. 유폐된 인목대비를 시해하려는 이이첨 계획도 실패로 끝났다.

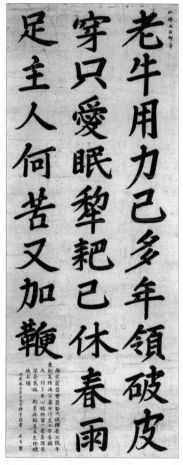

인목왕후 글씨 ⓒ e뮤지엄 (국립중앙박물관)

인조반정이 일어나던 날 밤에 반정 세력들이 인목대비에게로 먼저 달려갔으니, 인고의 세월을 끝맺음하는 순간이었다.

다시는 왕가의 며느리가 되지 않게 하소서

광해 재위 15년 3월 12일에 칼을 빼든 능양군 인조이 서인 세력 지원군 도움으로 광해군과 대북파를 내쫓는 반정을 성공시켰다. 선조와 인빈 김씨 사이에 태어난 정원군이 임진왜란 때 피난지에서 낳은 아들이었다.

반정이 성공하자 서궁에 유폐된 인목대비가 엄한 명을 내렸다.

역괴 혼(琿 : 광해군 이름)이 아직 대궐에 있으니, 하늘과 땅 사이에 한 시각도 용납 못 할 대역죄인을 어찌 편히 앉혀놓고 있는가. 경들은 위로 종묘사직을 위하여 빨리 안치시키도록 하라.

인조탄강구기비 (황해도 해주) ⓒ 국사편찬위원회 유리건판
임진왜란 피난지였던 황해도 해주에서 인조가 탄생한 것을 기념하여 세웠다.

그런 후에야 내가 대궐로 옮겨갈 것이니, 경들은 나를 위하여 소홀하게 처러하지 말 것이다. 내 경들에게 거듭 머리 숙여 청하노라.

광해군과 폐비 유씨 및 폐세자 질袟과 폐빈 박씨 등을 강화도에 안치하도록 하여, 판윤 이괄이 압송했다. 폐비를 다른 섬으로 보내라는 대비의 명이 있었지만, 김류는 한 때 군신의 의리로 섬겼으니 그럴 수 없다고 생각했다. 폐모 조치가 내렸을 적에 관직을 버린 정엽도 옛 주군에 대한 애도를 다하려 했다.

광해를 반드시 죽여야 한다는 대비 생각에 반색한 것은 공신들이었다. 하지만, 이를 반대하고 나선 사람이 이원익이었고, 이에 감동 받은 인조도 광해를 죽일 생각을 버렸다.

이중로를 불러 특별히 강화 부윤으로 임명하면서,

경의 조상이 우리 태조 섬기던 일을 아는가? 경은 마땅히 그 일을 생각하여 폐인을 잘 대우하라.

하고 명했으니, 그가 개국공신 이지란 후손이었기 때문이다.

강화로 부임한 이중로가 정성으로 대접하고 조금도 결례함이 없었다. 광해가 처음에는 의심하여 끼니조차 들지 못하다가, 한참 후에야 진정으로 믿었다. 후임 이성구와 김기종도 한결같았는데, 사람들이 임금의 사람 알아보는 밝음에 탄복하였다고 한다.

폐세자와 세자빈 박씨는 유폐 생활에 적응하지 못했다. 도망칠 궁리 끝에 인두로

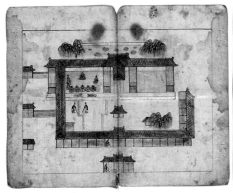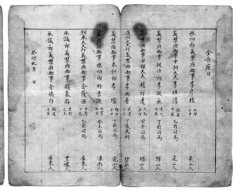

금오계회도 ⓒ e뮤지엄 (국립중앙박물관)
금오는 의금부 별칭이며, 금부도사들의 계모임 모습을 그린 것인데, 의금부 관아 모습을 잘 보여 주고 있다.

나인들이 여러 날 땅을 파내고 폐세자를 밀어 넣었는데, 나온 뒤에 방향을 몰라 방황하다 잡히고 말았다. 나무에 올라가 망을 보던 박씨가 이에 놀라 땅에 떨어져, 3일간 음식을 전폐하다 목매어 죽으니, 이때 나이가 26세였다.

폐세자를 처단하여 종묘사직을 안정시켜야 한다는 소가 연이어 올라 왔다. 은혜를 베풀어야 한다고 했던 이준을 철원 부사로, 윤황을 삭녕 군수로, 김상을 은계 찰방으로 쫓아 버렸다. 의금부에서 폐세자 문제를 재차 아뢰자, 대신들에게 의논케 했다. 영의정 이원익과 원임 대신 기자헌·정창연은 병을 핑계로 의견을 내지 않았다.

우의정 윤방이 스스로 목숨을 끊도록 하되 또한 이것도 임금의 명에서 나와야 할 것이라 아뢰었다. 이에 금부도사 이유형을 보내 폐세자에게 죽음을 내리니, 스스로 목을 매었다.

광해가 즉위하여 여러 후궁을 두고 많은 아들을 바랐는데, 중년에 꿈속에서 비단

도포를 입은 대관이 하늘에서 내려와,

임금이 남의 아들을 많이 죽였으니 한 아들도 보전하지 못할 것인데, 어찌 많은 아들을 원하느냐.

광해군 중치막 ⓒ 문화재청 국가문화유산포털(해인사 소장품)

하였다는 이야기도 전한다.

폐비 류씨가 평소 불도를 숭상하였는데, 대궐 안에 금부처를 모셔두고 친히 기도하여 섬기며 복을 구하였다. 또 궁중에 나무로 새기고 흙으로 빚어 만든 불상이 매우 많았는데, 여러 군데 사찰에 내려주었다. 항상 하늘에 빌기를,

후생에서 다시는 왕가의 며느리가 되지 않게 하소서.

하였다. 인조 재위 1년 계해1623에 폐비 류씨가 죽으니, 나이 48세였다.

구굉·신경원·신경인·홍진도 등이 연명으로 경기 수사 신경진에게 글을 보내, 잘 처리하라 하였으니, 이는 적소에 있던 광해를 몰래 없애라는 암시였다. 하지만 신경진은 모르는 채 따르질 않았다.

정축년1637 광해군 유배지를 교동에서 제주로 옮길 때, 호송 별장 되기를 청하는 무사가 있었다. 은근히 공을 세울 계책이 뜻대로 되지 않았으니, 이 또한 신경진이 가로막은 것이었다.

광해 유배지를 옮겨 안치할 때 모질고 삼가지 않은 궁비가 있어, 광해가 꾸짖자 그 계집종이 소리를 질렀다.

영감이 일찍이 지극히 높은 자리에 있을 때는 온갖 관청이 다달이 올려 바쳤는데, 무엇이 부족하여 염치없는 더러운 자들에게 반찬을 요구하여 심지어 김치 판서[沈菜判書]·잡채 참판(雜菜參判)이란 말까지 있게 하였소? 철에 따라 비단 용포와 털옷을 올렸는데, 무엇이 부족하여 사사로 올리는 길을 크게 열어 심지어는 장사치·통역관으로 하여금 벼슬길에 통할 수 있게 하였소? 후궁의 의복과 음식은 또 각각 그 맡은 관청에서 올려 바쳤는데, 무엇이 부족하여 벼슬 구하고 송사하는 자들에게 뇌물을 요구하여 민심을 크게 무너지게 하였소? 영감께서 사직을 받들지 못하여 국가를 이 지경까지 이르게 해놓고, 이 섬에 들어와서는 도리어 나에게 모시지 않는다고 책망하니 속으로 부끄럽지 않소? 영감께서 왕위를 잃은 것은 스스로 취한 것이지마는, 우리는 무슨 죄로 이 가시덩굴 속에 갇혀 있단 말이오?

이 소리에 한마디 말도 못한 광해는 탄식만 할 뿐이었다.

정축1637 6월 16일에 제주 어등포에 도착한 광해는 눈물이 핑 돌았다. 광해에게 핍박받던 이시방이 제주 목사로 있으면서 고을 사람을 단속한 후 정갈한 밥상을 올리니, 광해가 고개를 떨구었다.

인조 재위 19년에 유배지 제주에서 죽으니, 광해 나이 67세였다.

꿈으로 알려 준 반정 기미

후궁 몸에서 태어난 광해군은 정통성이 미약한지라, 불안 심리로 동복형 임해군은 물론 이복동생 영창대군까지 죽음으로 몰아넣었다. 새문안에 왕기가 서렸다는 설이 입에 오르내리자, 그곳에 살던 정원군의 아들 능창군을 사사시킨 후 집을 몰수하여 경희궁을 지었다.

정원군 장남이던 능양군**인조**이 평소 칼을 갈았던 이유가 여기에 있다. 계모인 인목대비 존호를 폐하여 경운궁**현 덕수궁**에 유폐시켰을 뿐 아니라 어린 동생 영창대군까지 죽인 폐모살제**廢母殺弟**가 반정 구실이 되었다.

귀양살이 하던 김시양은 정원군**인조 아버지**이 반정하는 꿈을 꾸었는데, 이를 이상히 여겨 일기에다,

옥부(玉孚)가 불을 들었으니, 범해[虎年]의 일이로다[玉孚擧火虎年事].

경희궁 숭정전 전경 ⓒ 문화재청

라고 적어 두었다. 정원군 이름이 부珘였고, 중종반정이 병해에 일어났기에 이런 은
어를 쓴 것이다.

북청에 귀양살이 하던 이항복의 꿈에 선조가 나타나,

**혼(琿:광해 이름)이 무도하여 동기를 해치고 어머니를 가두니, 폐하지 않을
수 없다.**

하는 소리에 꿈에서 깬 후 자제들을 불러 오래 살지 못할 것 같다 하더니, 이틀 뒤

에 죽었다.

이항복이 유배 길에 오를 적에 김류에게 은밀히 얼굴을 가리어 흐느껴 우는지라, 김류가 그 뜻을 알아차렸다. 주로 이항복 문하생들이 반정에 참여한 것도 실로 우연은 아닐 것이다. 김류를 비롯하여 신경진 구

이항복 선생 묘역 신도비 (경기도 포천) ⓒ 장득진

굉·구인후·정충신·신흠·이정귀·김상헌·최명길·장유·조익·이시백 등 쟁쟁한 인물들이 그 문하에 출입하던 사람이었다.

반정하던 날 김류·이귀 두 사람 꿈에 이항복이 나타나, 오늘 거사는 종묘사직을 위한 것이나, 다음에는 이보다 더 큰 일이 있을 것이라 하였는데, 이는 남한산성 일을 가리킨 것이었다.

이귀가 세상을 바로잡을 뜻을 지니고 명망 있던 훈련대장 이흥립을 설득한 이후 여러 사람을 끌어들였다. 김류는 천성이 비범하고 기국이 엄숙 단정하며, 문장을 잘하고 지략이 있었다. 능양군**인조**이 그 집을 세 번이나 찾아가 일을 의논했다.

당시 평산과 송경 사이에 범이 출몰하여 사람을 해치는 일이 잦았다. 이귀가 큰 범을 잡아 올리니, 광해가 매우 기뻐하였다. 범을 쫓는다는 구실로 경기·황해 두 도의 경계를 허물어 군사를 움직일 수 있도록 광해가 허락했으니, 그 칼이 자기를 향하는지조차 몰랐다.

이귀의 딸이 김자점 아우 자겸의 아내였는데, 일찍이 과부가 된 후 아미타불을 섬기다가, 궁중에 들어가 김 상궁과 사귀어 모녀간을 맺게 되었다. 반정을 미리 예측한 한유상이 다급함을 아뢰어도, 광해는 김 상궁 말만 믿고 고개를 끄덕일 뿐이었다.

이귀 초상 ⓒ e뮤지엄 (국립중앙박물관)

모의 소식을 감지한 박승종이 크게 놀라 대신들과 금부 당상들을 모이게 했다. 이 날 술과 안주를 푸짐하게 준비한 김자점이 김 상궁에게 보내 즐기던 판에 고변이 올라왔으므로, 버려두고 보지도 않았다.

북병사로 떠나려던 이괄에게 신경진 아우가 찾아가 함께 할 것을 요청하니, 따르게 되었다. 밤이 되어 이괄이 군관 20여 명을 거느리고 약속한 곳에 갔지만, 사람 형적이 없었다. 근심할 즈음에 홀연히 한 점의 불빛이 서북 산 아래 켜졌다 꺼졌다 하는 것을 보고 달려가니, 이귀·김자점·송영중·한교 등이 모집한 군사 수백 명을 거느리고 있었다. 비밀이 샌 탓에 약속했던 군사 태반도 오지 않았다.

이귀가 이괄 손을 잡고 귀에다 입을 대고 말하기를,

대장 김류가 오지 않았는데 일이 이뜸 되었으니, 그대가 대장이 되어야만 여러 사람 마음을 진정시킬 수 있을 것이오. 나도 평소에 군사 일에 등한하지 않았으나, 창졸간에 힘을 얻기 어렵소.

하였다. 그리고는 이귀가 규율을 어기면 자신부터 목을 베라고 소리쳤다.

김류 일파가 다른 곳에 모여 이괄을 부르니, 가지 않으려 했으나 이귀가 권하여 마지못해 따라갔다. 이괄이 김류에게 대장을 사양하니, 당초 약속을 따르기 위함이었다. 김자점·심기원·최명길·송영망·신경유 등이 군사를 이끌고 선봉이 되어 창의문으로 들이쳤다. 북소리를 울리면서 창덕궁 밖에 이르렀을 때 선봉대가 인정전으로 들어가자, 안에서 내응한 이흥립이 능양군**인조**을 맞아 절을 했다.

불빛을 본 광해가 내시에게 이르기를,

역성(易姓)이라면 반드시 종묘에 불지를 것이고, 폐립(廢立)이라면 종묘는 무사할 것이니, 높은 데 올라가 보고 오너라.

하였다.

내시가 돌아와 종묘에 불길이 있다고 알리자, 광해는 이씨의 종묘사직이 망했음을 크게 탄식했다. 함춘원에서 난 불을 잘못 알고 종묘에 불이 났다고 알린 것이었다.

북문 담을 넘어 도망친 광해는 갈 곳을 잃어 자수궁 승방으로 가다 정몽필을 만났다. 몽필이 건네 준 말을 타고 총희 변씨와 함께 안국신 집으로 도망쳤다. 안국신이 상중에 입던 흰 개가죽 남바위를 쓰고 짚신 차림으로 다른 곳에 옮기려 하다가, 정남수 밀고로 광해군은 잡히고 말았다.

왕이 된 남자 능양군

능양군 인조이 군사를 데리고 서궁으로 가서 문안 드렸다. 모두가 허둥지둥 엎드려 절하여 축하드리는데, 도승지 이덕형 혼자서 절하지 않았다. 군사들이 덕형을 에워싸니, 신하로서 어찌 된 영문도 모르고서 갑자기 절을 하느냐고 소리쳤다.

좌우에서 능양군이 대비를 받들어 반정하였다고 하니, 이덕형이 사례하며 광해군을 보전해 달라며 눈물을 흘렸다. 칼을 빼려는 장수가 있었으나 능양군이 중지시켰다. 이덕형이 스스로 전 임금을 바르게 인도하지 못한 죄를 청하니, 사양하지 말라고 일렀다.

광해를 찾지 못한 군사들이 불빛 속에 중전 류씨가 있는 곳으로 달려가 칼로 치려 하자, 이귀가 급히 말렸다. 능양군 앞으로 끌고 갔더니, 꼿꼿이 서서 절하지도 않은 채,

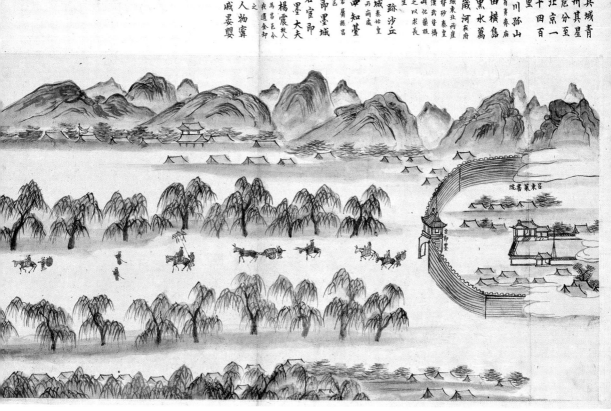

이덕형 사신행렬도 ⓒ e뮤지엄 (국립중앙박물관)
인조 2년(1624) 명나라 사은겸주청사로 파견된 이덕형 일행의 행로 그림이다.

밤중에 군사를 일으킨 사람이 누구이기에 내가 가벼이 무릎을 꿇겠소.

하였다. 능양군이 부득이 종묘사직을 위하여 일을 일으킨 것이라 하자, 그러면 어찌하여 궁실을 태웠냐고 책망했다. 실화로 인한 것이라고 대답하자, 전 임금을 어떻게 처우할 것이냐고 김류에게 물었다.

이렇듯 류씨 부인은 끝까지 당찬 중전의 모습을 잃지 않았다.

대비의 명을 받들어, 계해년1623 3월 13일에 창덕궁에서 능양군이 즉위하니, 그가 인조였다.

광해에게 추방되어 여주에 살던 이원익이 변란 소식이 궁금하여 종도 없이 단신으로 배를 타고 내려가다 어떤 사람을 만났다. 반정 사실을 듣고는 눈물을 뚝뚝 흘리며 즉시 배를 돌렸다. 얼마 뒤에 부르는 명이 있어 다시 영의정에 임명되니, 이때 나이 77세였다. 서인 중심의 조정을 다 채우기가 민망하여, 남인을 이끌던 온건한 인물이 필요했던 것이다.

이원익 초상 ⓒ e뮤지엄 (국립중앙박물관)

반정 초기 훈신들이 지난날의 모든 것을 개혁하려고, 폐지해서는 안 될 것도 광해 조 일이라면 무조건 고치고 바꾸려 하였다. 김상용이 임금에게 아뢰기를,

> 사람이 머리에 빗질을 부지런히 하여 하루 백 번 또는 천 번을 하여도, 오히려 때와 비듬을 다 없애지 못합니다. 대저 하루 부지런히 천 번을 빗질하여 머리의 때를 다 벗기지 못하는데, 어찌 한 사람의 힘으로 한 나라의 일을 하루아침에 다 바꿀 수 있겠습니까. 따라서 나라를 다스리는 데는 그 심한 것만을 고치는 것이 옳습니다. 일의 옳고 그름을 살피지 않고 변함없이 지난날의 것이라 하여 고치려 한다면, 백성이 그 시끄러움을 견디지 못할 것입니다.

하니, 이 의견을 임금이 기꺼이 받아들였다.

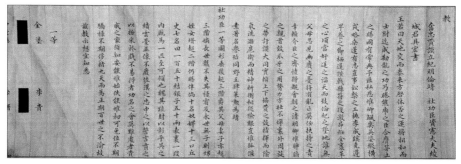

정사공신 녹권 ⓒ e뮤지엄 (국립중앙박물관)

김류 등 54명에게 정사공신으로 책봉했다.

병조의 늙은 관리 김준이 말하기를,

> 폐주가 강화로 귀양 갈 때 형색이 처참하여 비록 무지한 천민이라도 그것을 보고는 마음이 아파 눈물이 나지 않을 수 없었는데, 훈신 중에는 마음 아파하는 사람이 별로 없고 통쾌하게 여기는 자가 오히려 더 많았다. 마음 아파하던 사람은 후에 모두 어진 사대부가 되었지만, 좋아하던 사람은 모두 좋게 죽은 자를 보지 못했다.

라고 했던 의미심장한 평가도 있고, 정태화 또한 일찍이,

> 반정 훈신 중에 인망 있는 이가 많았으나 그 후의 처신과 마음가짐을 보면, 당초에 털끝만큼도 부귀에 마음을 두지 않고 순전히 종묘사직을 위하는 마음으로 거사를 한 사람 또한 몇에 불과하니, 지천 최명길·계곡 장유·함릉 이해 등 몇 사람이 그러한 이들이다.

최명길 신도비각 (충북 청주) ⓒ 문화재청

라고 했을 정도로 반정공신에 대한 세평이 그리 밝지는 못한 것 같다.

훗날 최명길은 남한산성 주화파의 거두로 우뚝 선 인물이고, 4대 문장가로 이름을 올린 장유는 명실 공히 학과 덕을 겸비한 선비로 추앙받고 있다. 함릉 이해는 공신들에게 으레 주는 저택이나 전답과 종들을 하나도 받지 않았다. 중요한 벼슬자리를 한사코 피하는 대신 한산한 자리에 이럭저럭 있다가, 마침내 벼슬에서 물러나 세상을 떴다.

반정을 성공시킨 기분에 취한 어느 훈신이, 중종반정 때에 공신들에게 궁인들을 나누어 준 사례를 본받아 시행하자고 요청했다. 이에 오윤겸이 나아가 말하기를,

광해 때의 궁인은 거의 다 광해와 동침한 자이며, 오늘의 훈신은 모두 그때 신하로 있던 사람입니다. 위로부터 나누어 주라는 명이 있다 하여도 죽음으로 사양하는 것이 마땅하거늘, 어찌 아래에서 스스로 먼저 청할 수 있겠습니까. 윤리가 끊어지고 기강이 허물어진 것이 이보다 더한 것이 없습니다.

하는지라, 임금이 옳게 여겼다.

조씨 성을 가진 상궁을 불러다 궁중에 두었는데, 세손**현종** 보모를 맡겼다. 세손 5~6세 때에 불을 가지고 장난치자,

저의 조부가 불로써 나라를 얻었으니 저도 배우려 하는 것인가?

라고 했으니, 궁중에 불을 질러 반정한 인조를 가리킨 말이라, 이를 기억하고 있던 세손이 왕위에 올라 조 상궁을 내쫓았다.

이토록 왕이 되고 싶어 했던 능양군이 임금 자리에 올라 재위 26년 동안 한양 도성을 버리고 도망간 것이 3차례였으니, 이괄이 한양을 손에 넣었을 때 공주로 도망 갔고, 정묘호란 때에는 강화도로, 병자호란이 일어났을 때는 남한산성으로 도망갔다가 치욕을 씻지 못한 임금으로 기억되고 있다.

홍시 전쟁 병자호란

후금을 세운 여진족들이 남만주의 비옥한 토지를 탐냈다. 다급한 명나라가 조선에게 출병을 요청했지만, 광해군은 선뜻 받아들일 수 없었다. 쇠퇴기에 접어든 명나라에 비해 후금은 신흥 강국으로 떠올랐기 때문이다.

광해군 중립 외교 노선이 성공하는 듯했지만, 오히려 서인들에게 반정 빌미를 제공하고 말았다. 인조의 서인 정권은 명나라를 지원했고, 이것이 후금을 자극했다. 그런데다 이괄의 난 잔당들의 이적행위 또한 빌미가 되었다.

《일월록》에 따르면,

청나라 군사와 지휘관 ⓒ e뮤지엄 (국립중앙박물관)

기익헌이 이괄과 한명련 목을 베었다. 이때 명련의 아들 한윤이 탈출하여 귀
성에 숨었는데, 한 해가 지난 후 이를 들은 부사 조시준이 잡으려고 하니, 기미
를 알아채고 후금으로 망명해 들어가 강홍립 등에게, 본국에서 변란이 일어나
당신들 처자식을 모두 죽였으니, 나와 함께 만주 군사를 빌려 복수하자고 종
용했다. 이에 홍립과 난영이 그 말을 믿고 계획을 세웠다. 홍립이 한윤과 여러
차례 오랑캐 추장에게 조선에 쳐들어갈 것을 청하였으나, 제 나라 배반한 것
을 미워한 누르하치가 꾸짖어 물리쳤다. 누르하치가 죽고 홍타시(弘他時, 홍
타이지)가 왕위에 오르자, 드디어 이런 화가 이루어졌다.

라고 하였다.

인조 재위 5년1627 겨울에 후금 기병 3만여 명이 압록강을 건넜다. 의주와 용천·
선천을 거쳐 안주성 쪽으로 밀고 들어왔다. 다급했던 인조가 장만을 도체찰사로 삼
았다. 그러는 사이 후금군은 평양을 거쳐 황주까지 내려왔다. 개성까지 적의 수중
에 들어가자, 소현세자를 전주로 피신시키고, 인조는 강화도로 들어갔다. 평산에서
더 내려오지 않은 후금군에게 형제 나라로 칭한다는 수모를 당하고 화의를 맺었으
니, 이를 정묘호란이라 불렀다.

국경 근처에서 크고 작은 일들이 자주 벌어졌다. 인조 12년에 국경 쪽에 살던 우
리 백성들을 마구 잡아 갔으니, 포로의 숫자가 600명을 넘기고 있었다. 포로가 된
우리 백성들을 갖고 조선을 압박하자, 맞교환 수단으로 동원 된 것이 홍시였다. 달
콤한 홍시 맛을 본 호족들이 최고로 귀하게 여긴 탓이다. 특히 청 태종으로 잘 알려
진 홍타이지는 홍시 애호가였다.

의주를 비롯한 국경지역에 개시가 열릴 때면, 은으로 홍시를 무더기로 사가곤 했다. 사신을 파견하여 은과 홍시를 맞교환하자는 요구 또한 잦았다. 이 모두 홍타이지가 벌인 짓이었다고 《인조실록》은 기록하고 있다.

병자호란 직전에는 해마다 홍시 3만 개를 요구했고, 조선 정부에서는 들어주지 않을 수 없었다. 이렇듯이, 청나라 홍시 요구는 2대 황제로 등극한 청 태종 집권기에 극성을 부렸다. 골육끼리 피를 보고서야 권력을 손에 쥔 청 태종 홍타이지는 이방원과 닮은꼴이기도 하고, 병자호란을 일으켜 남한산성의 치욕을 일으킨 자라, 우

평양성도 ⓒ e뮤지엄 (국립중앙박물관)

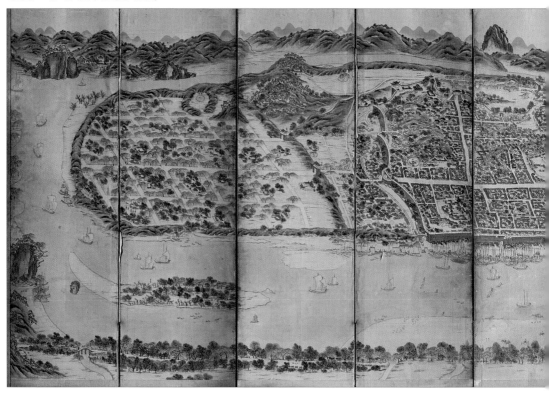

리에게 잘 알려진 인물이기도 하다.

병자호란 직전에 과도하게 홍시를 요구한 것이나, 그 후에도 줄기차게 홍시를 요구했으니, 이를 조금 과장한다면, 홍시를 먹기 위해 전쟁을 일으켰다고 할 수도 있겠다. 청나라의 이런 홍시 요구는 홍타이지 집권기인 인조 후반에 극성을 부렸고, 그 후 효종 때까지도 이어지다가 점차 보이질 않는다.

인조 14년경 금나라 족장이던 홍타이지가 청나라를 세워 스스로 황제에 올랐다.

조선에 사신을 보내 협박하자, 조정 신하들은 현실을 망각한 채 척화론만 부르짖을 뿐이었다.《병자록》에서는 이들 두고,

> 영의정 김류가 바야흐로 척화론을 주장하니, 나이 젊고 준열한 논의를 하는 자들이 모두 좋았다. 벼슬아치 가운데 간혹, '금나라 스스로 황제 노릇을 하는 것이고, 우리는 다만 정묘년 형제의 맹약만을 지킬 뿐이니, 저들이 황제로 참칭하는 것이 우리와 무슨 관계가 있다 하는가. 그런데도 우리 병력을 헤아리지도 않고 먼저 우호 맹약을 저버려 원망을 돋구고 화를 부르기에 이르는 것인가.' 라고 생각하는 이들도 있었다. 비록 소견이 이와 같다 하더라도 감히 입을 열지는 못하였다.

라고 한탄한 바가 있다.

남한산성 지화문 (남문) 전경 ⓒ 문화재청

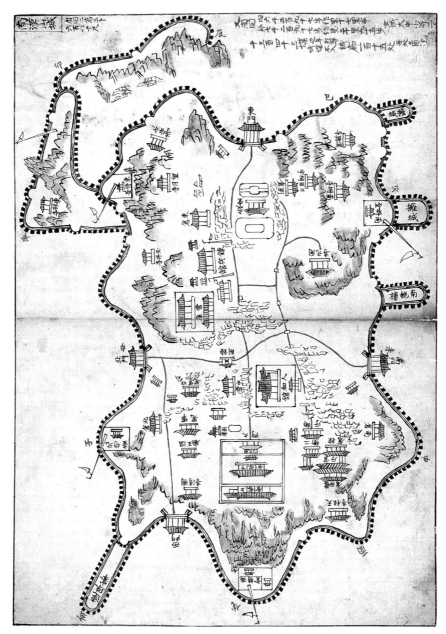

남한산성도 (고지도첩) ⓒ 영남대학교박물관

남한산성에 갇혔던 인조는 결국 삼전도에 꿇어앉았다. 청나라 황제에게 세 번 절하고 머리를 아홉 번 조아리는 항복 의식을 치르느라 이마엔 피가 흘렀다. 이를 지켜보던 세자와 봉림은 치욕을 가슴에 새겼다. 청 군사들이 세자와 빈궁 그리고 봉림대군을 볼모로 삼아, 척화론 주모자 오달제·윤집·홍익한을 묶어 심양으로 돌아갔다.

임진왜란을 도자기 전쟁이라 하듯이, 호란은 홍시 전쟁이었던 셈이다.

전쟁 후에도 청나라 사신들마다 홍시를 과도하게 요구했지만, 칙사 대접을 소홀히 할 수 없었다. 홍시에 대한 청나라 황실 수요가 그만큼 많았던 것이고, 이는 청 태종 홍타이지가 홍시를 즐겼기 때문이었다.

팔도 안에서도 홍시가 생산되던 곳은 주로 삼남지방이었다. 《세종실록지리지》에서, 홍시 특산지로 콕 집어 말한 데가 두 군데이니, 청도와 인동**오늘날 칠곡**이다. 청도 특산인 '씨 없는 납작 감'으로 불리는 반시**盤柿**는 명종 때 보급되었지만, 그 이전부터 청도 진상품이었음을 알려준다.

아무튼 조선에서 생산되었던 홍시들이 청 태종 홍타이지 애용식이 되었고, 이 때문에 조선의 통제도 약간 느슨했다고 주장한다면 비약일까.

뭣이 중한디? 죽은 자와 살아남은 자

인조 14년**1634** 겨울, 청 태종 홍타이지가 팔기병 10만을 거느리고 압록강을 넘었다. 다급했던 인조는 종묘의 신주 피난시킬 책임을 국가 원로 윤방과 김상용에게 맡겼다. 역대 제왕 신주를 앞세우고, 왕실과 대신들 가족들이 곧바로 강화도로 향했다. 뒤따르고자 했던 어가는 발 빠르게 서쪽 교외까지 치고 들어오는 오랑캐 기병들로 인해 방향을 바꿨다.

병자호란 당시 강화도와 남한산성 전선으로 나눠진 것은 이런 이유 때문이었다.

비변사 분사**分司**가 설치되어 있던 강화도 책임을 맡은 윤방과 김상용은 오랑캐들이 임진강을 건너 강화도로 들어오지 못할 거라 판단했다. 하지만, 전쟁에 이력이 난 청 태종 홍타이지는 동생 구왕에게 3만 명의 군사로 강화도 진격을 명했다. 청나라 군사들이 강을 건너자, 지레 겁먹은 강화 유수 장신과 충청도 수사 강진흔은 배를 타고 도망치기에 바빴다.

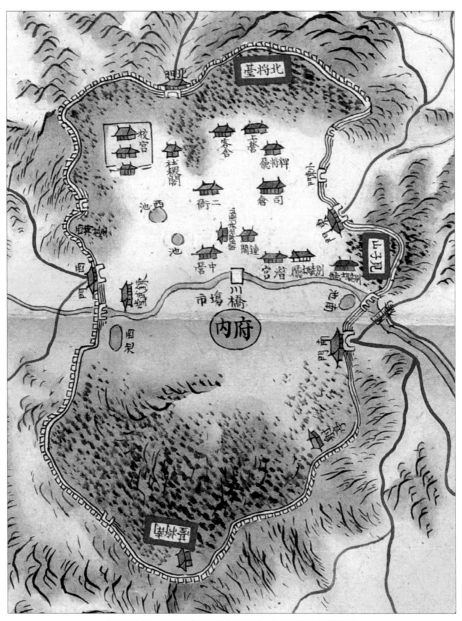

강화지도 중 성곽부분 (1872년 지방지도) ⓒ 규장각한국학연구원

해를 넘긴 1월 22일, 구왕 군사들이 강화성 남문 코앞으로 들이닥치자, 원손을 업은 환관은 주문도로 피했다. 남문을 지키던 김상용은 화약고를 터뜨렸다. 하늘로 치솟은 불기둥이 문루까지 날려버린 대폭발이었으니, 김상용 이하 많은 이들의 시신조차 찾을 수 없도록 처참했다.

남문에 불기둥이 솟아올랐던 시각은 해가 중천에 있던 오시 경이었다. 그리고 사방을 포위한 적들이 성을 함락시킨 것은 해가 질 무렵이었다. 나흘 후 강도 함락을 보고한 장계가 인조 손에 당도했고, 김상헌 장례비용을 보내주라는 조치는 40일이 지났을 무렵이었다. 관례와 법 규정에 따른 것일 뿐 특별한 의미가 있는 것은 아니었다.

그 후 강도江都 함몰 당시 폭발로 인해 죽은 자들에 대한 국가적 조치가 있어야 한다는 목소리가 나오더니, 급기야 예조에서 김상용 치제致祭를 요구했다. 개인의 제사를 나라 차원으로 격상시키는 치제가 곧 국가 포장 절차의 첫 관문인 셈인데, 제문을 받아 든 인조는 사실과 맞지 않다고 여겨 돌려보냈다. 살신殺身으로 인의仁義을 이루었다는 내용이었지만, 잘못 던진 담뱃불 폭발 사고로 본 것이다. 사건 초기에 올라온 장계나 전언傳言을 토대로 내린 판단이었다.

전쟁에 대비코자 이곳으로 옮겨놓은 군기시軍器寺 화약 4,000근의 대폭발이었으니, 전략상의 용도와 쓰임새도 찾지 못하고 날려버린 것은 분명하다. 의도된 자결이라 할지라도 이 결과가 바뀔 수는 없는 노릇이다.

김상용에 대한 인조의 의혹은 10년 전 정묘호란 당시와의 오버랩 가능성도 없지 않다. 그때 강화도로 피난 가던 인조는 김상용에게 유도대장을 맡겼다. 궁궐을 비운 임금을 대신하여 도성을 책임지는 막중한 자리다. 적병이 임진강을 건넜다는 소식이 전해지자, 도성을 버리고 달아난 김상용으로 인해 많은 관청이 불탔고, 노량나루 양곡 1000여 석까지 잃어버린 것이다.

인조가 김상용 치제**致祭** 요구를 거부하자 상소가 빗발쳤다. 사고사가 아니라, 노 대신의 의지로 감행된 자결이었다는 것이었다. 사절**死節**이었음을 강조하는 요구가 워낙 거세어, 국왕의 권력 기반조차 흔들릴 위세였다. 반정으로 왕이 된 허약한 정통성을 가진 인조는 버틸 힘이 없었다.

공방도 아닌 약간의 밀당 결과로 김상용은 순절인**殉節人**이 되었다.

아우 김상헌과 사위 장유가 주도하여 만고의 충신임을 천명했고, 강도에서 함께 죽지 못한 강석기도 거들었다. 김상용을 추모하는 신도비에서 청음 김상헌은,

장유 초상 ⓒ e뮤지엄 (국립중앙박물관)
우의정 김상용의 사위이자 효종 비 인선왕후 아버지이다.

아아! 공이 품고 있던 충성과 절개여, 만고토록 길이 해와 별이 되리라.

라고 칭송했고, 순절인들을 배향하기 위해 세운 강화도 충렬사에 국가적 차원의 사액이 내려졌다.

김상용 순절비 (강화읍) ⓒ 장득진
숙종 때 김상용의 종증손 김창집이 건립한 것과 정조 때 7대손 김매순이 건립한 비가 나란히 있다.

　　숙종 때 후손 김창협이 《강도충
렬록》을 편찬함으로써, 강도순절인
을 세상 널리 알렸다. 화약을 안고
불로 뛰어들었던 김상용을 비롯한
11명의 순절인 사적을 정리한 것인
데, 이것이 집권 노론의 집단기억
방식이었고, 서슬 퍼런 대원군 서원
철폐 속에서도 충렬사는 건재했다.

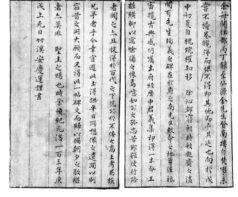

김상용 순의비 발문 ⓒ e뮤지엄 (국립중앙박물관)
영조 6년(1730) 안경운이 쓴 발문이다.

김상용 순의비도 세워졌다. 강화부를 찾는 선비마다 남문이 어디냐고 찾아 흐느끼고 감탄하며 떠날 줄 모르기 때문에, 이 비를 세운다고 새겼다.

강도순절인江都殉節人이 불가역성 지식 체계로 굳어 가는 동안, 살아서 빠져나온 사람은 지탄받는 세상이 되었다.

강화성을 함락시킨 청나라 구왕이 화의를 요구하자, 봉림대군 명을 받든 윤방은 견여肩輿를 타고 적 진중으로 향했다. 오랑캐 군사들이 큰소리로 야단치며 내릴 것을 강요했지만, 아프다는 핑계로 허리도 구부리지 않았다. 좌우에 시립하고 있던 오랑캐 장수들이 칼을 빼 들었으나, 끝내 꼿꼿한 자세를 잃지 않았다.

화의 물꼬가 터진 결과, 더 이상의 살육을 금하게 한 것은 물론 대군과 비빈 및 조정 관리 가족들이 무사히 환도할 수 있도록 약속을 받아냈다. 구왕이 청나라 본진으로 돌아가자, 남아있던 팔기병들이 살인과 약탈을 자행했다. 절개를 지키려 소복 입고 죽은 여인들이 하얀 목화송이처럼 나뒹굴었다.

종묘사직은 오로지 윤방 손에 달린 셈이 되었다. 하리들을 붙잡고 하소연하여 40여 개 신주를 베주머니로 싸맨 후 땅속에 묻었다. 묘우가 불타고 파헤쳐졌으나 다행히 신주를 비켜 갔다. 45일간 버티던 남한산성 빗장도 결국 헐렸다. 굴욕과 치욕을 감수한 화의가 이루어지자, 땅에 묻었던 신주를 한양으로 무사히 옮긴 이는 윤방이었다.

한양에 도착하자 인순왕후명종 비 신주가 보이질 않았다. 대간들은 죄를 따지기 시작했다. 남한산성에 계신 임금을 두고 먼저 협상하여 나라를 팔아먹었다는 죄도

종묘 정전 신실 ⓒ 문화재청

함께 물어야 한다고 목소리를 높였다. 죽는 것이 직분인데 구차하게 살아 남았다는
극언까지 마다하지 않았다.

> 윤방이 위란 중에 명을 받아 종묘사직의 신주를 받들고 갔으니 종묘사직에
> 죽는 것이 그의 직분인데, 더럽히고 산실되게 하고는 명을 어기고 구차하게 살
> 아남았습니다.　　　　　　　　　　　　　　– 《인조실록》 34권, 인조 15년 4월 3일 –

참으로 어처구니없는 일이었다.

윤선거 선생을 모신 노강서원 (충남 논산) ⓒ 장득진

종묘사직 신주를 둘러매고 환도한 윤방을 부둥켜 안고 울었던 인조는 그를 지켜줄 힘이 없었다. 윤방을 파직시켰다. 후일 돈녕부 영사로 복귀시켰으나 아무 권한 없는 직책이었다.

강화도가 함몰된 후 순절한 아내를 뒤로 한 윤선거는 어머니와 함께 빠져나왔다. 항복을 권유하러 남한산성으로 보낸 진원군 이세완 몸종이라 속이고 탈출한 것이다. 남한산성에 있던 아버지를 만나기 위해 선택한 길이었지만 순탄할 리가 없었다.

낙향한 윤선거는 도학과 예학에 정진하여 호서 산림오현으로 명성을 높여갔다. 수차례 임금님 부름에도 끝까지 징사徵士로 남았다. 새 부인도 맞지 않았다. 살아 있는 동안 강화도 일로 비난하는 사람은 없었다. 박세채가 지은 행장이나 송시열이 지은 묘갈명 표현대로, 끝까지 벼슬자리를 탐하지 않은 산림 한가운데 우뚝 선 큰 산, 즉 교악喬嶽이었다.

그런 그가 죽고 난 후 강도순절 시비가 일었다. 죽어야 할 곳에서 죽지 않고 종놈 옷을 갈아입은 비루한 사람으로 낙인찍으려 했다. 윤휴를 두둔하여 송시열 뜻을 거스린 죄값이었다. 하지만 아들 윤증은,

그곳에서 죽을 이유가 없었다.

라고 당당하게 맞섰다.

소현세자와 강빈의 억울한 죽음

인조 장남 이왕은 12살에 입궁하여, 3년 후에 세자로 책봉되었다. 정묘호란 때 어린 세자에게 분조를 이끌라 명하여 전주로 내려갔다. 전란이 수습된 후 강석기 딸과 가례를 올려 빈을 맞았으니, 민회빈憨懷嬪이다.

그 후 병자호란으로 아우 **봉림대군**와 함께 심양에 볼모로 잡혀갈 때 300여 명이 동행했다. 소현세자는 청나라 고급 정보들을 고국으로 알렸고, 포로로 잡혀 온 조선인들을 구하여 자신이 일군 농장에서 일하게 했다. 속국이 된 조선을 향해 무리한 요구를 할 때면 몸소 막아 냈다. 청나라에선 인조가 병이 깊어 담판할 수 없다는 이유로 세자 재량권을 강요했다. 인조 권위를 찍어 누를 청의 태도를 간파한 소현세자는 당당하게 맞섰지만, 청나라 이간질로 인조는 아들을 의심하기 시작했다.

청나라에서 소현세자는 서양식 천문대를 찾아가 새로운 학문과 신문물을 익히기에 여념이 없었다. 반청 의식을 키워 가던 조선 관료들 눈에는 마뜩치 않았다. 인

심양일기 ⓒ e뮤지엄 (국립고궁박물관)
소현세자 일행이 청나라 심양에 볼모로 있을 때 세자시강
원에서 정리한 일기 9책이다. 국외 반출되었다가 2011년
환수된 유물이다.

신법지평일구 ⓒ e뮤지엄 (국립고궁박물관)
중국에서 서양 선교사들이 제작한 평면 해시계를 모방한
것으로 시각선과 절후선이 그려져 있다.

조가 총애하던 조소용의 베개머리 송사는 날이 갈수록 익어, 심양관에서 벌어지는
세자의 행위들이 잠도역위**潛圖易位:자리를 바꾸려고 몰래 도모하는 공작**라고 속삭였다.

그런 가운데 심기원의 모반 사건이 터졌다.

회은군 이덕인을 추대하려 했다는 일로 잡혀 온 심기원을 국문하자, 엉뚱하게 소
현세자를 옹립하려 했다는 걸로 번졌다. 9년간의 인질 생활을 끝내고 돌아온 세자
에게 보낸 인조의 첫인사는 영접이 아닌 냉대였다. 세자가 가져온 진기한 서양 서
적과 물건들을 보는 순간 인조 노여움은 극에 달했다. 청나라에서 가져 온 벼루를
던진 상처로 인해 소현세자가 죽었다는 이야기가 전하는 것도 그런 이유 때문이다.

예기치 못한 부왕과의 갈등으로 몸겨누운 소현세자는 4일 만에 급서했다. 침의
이형익을 두고 말이 많았던 것은, 그가 조소용 측 사람이었기 때문이다. 서둘러 입
관하고 장례 절차를 마쳐버린 것도 화를 키웠다.

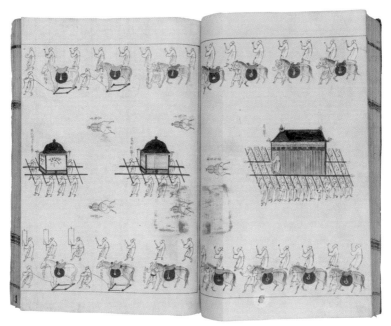

소현세자예장도감의궤 ⓒ 규장각한국학연구원

《인조실록》에 따르면,

시체는 온몸이 새까맣고 뱃속에서는 피가 쏟아졌다. 검은 천으로 얼굴의 반을 덮어서 옆에서 모시던 사람도 알아보지 못했다. 낯빛은 중독된 사람과 같았는데 외부인은 아무도 몰랐다. 임금도 이를 알지 못했다. 다만 그때 종실인 진원군 이세완 아내가 인열왕후의 동생인 관계로 내척(內戚)으로 염습에 참여하여 그 광경을 보고 나와서 남들에게 말한 것이다.

라고 표현하고 있을 정도이다.

어의본궁 기회(於義本宮 紀懷) ⓒ e뮤지엄 (국립고궁박물관)

영조가 효종 잠저 어의본궁(於義本宮)에 들러 감회를 새긴 현판인데, 소현세자는 상대적으로 조선왕실에서 잊혀져야 할 인물이었다.

소현세자 다음의 왕위 계승권자는 10살 난 원손이었지만, 인조는 둘째 아들 봉림대군을 세우는 일에 급급했다. 성호 이익이 남긴《성호사설》에서도, 인조가 일방적으로 밀어붙였다고 기록으로 남겼다. 하지만, 청나라에서도 봉림대군 승습을 인정하여 형식적인 절차가 마무리 되었다.

대사헌 김광현이 침을 놓은 이형익을 치죄해야 한다고 주장했다. 인조는 강빈 집안에서 사주한 것이라 생각했다. 강빈 오라비 강문명이 김광현 사위였기 때문이다. 강빈 동생 강문성이 지관 최남에게 불길한 장사 날짜를 잡았다고 항의했다. 이를 들은 인조가 발끈하여 그 형제들을 유배시켜 버렸다.

이것이 강빈 옥사의 시작이었다.

본격적인 사건은 이듬해에 벌어졌다.

궁중 나인 하나를 내수사 옥에 가두었는데, 수라상 음식에 독약을 넣었다는 소문만 무성했다. 그 정도 큰 사건이라면 내수사에서 처리할 문제는 아니었다. 잡혀 온 죄인들이 입을 열지도 않고 죽어 나갔으니, 세자빈 강씨 처소의 나인들이었다. 인조 총애를 받던 조 소용이 세자와 강빈을 모함했던 것이라 알려져 있다.

강빈에게 죄를 씌울 수 없다는 신하들의 요청들이 이어지자, 겨우 뜻을 꺾은 인조가 의금부에서 조사하도록 하였다. 그러나 쉬이 풀릴 매듭이 아니었다. 실체가 없는 사건이었기 때문이다.

달을 넘기더니, 강빈이 심양에 있을 적에 홍금적의**용포**를 만들고 내전**內殿** 호칭을 함부로 썼으니, 사형에 처해야 한다고 했다. 인조의 녹을 먹던 이시백은 물론 김류나 이경석도 임금 주장에 선뜻 동의할 수가 없었다. 인조는 군상을 모욕한다고 질책했다. 우승지 정치화가 온당치 않음을 변명하자, 화가 머리끝까지 치오른 인조가,

개새끼 같은 놈을 억지로 임금 자식이라고 칭하니, 이것이 모욕이 아니고 무엇인가?

라는 말로 공포 분위기를 조성했다.

민회빈 묘소 영회원(경기도 광명) ⓒ 문화재청
숙종 때 신원되어 민회묘로 불리다가 고종 때 영회원으로 격상시켰다.

심야에 김자점을 비롯한 몇 명의 신하들과 만난 인조 태도가 심상치 않았다. 소현세자 상을 치르는 동안 강빈이 아무것도 먹지 않았다 했지만, 남몰래 아랫 것들 밥을 가져다 먹어치웠다는 말이 돌기 시작하더니, 강빈 오라비 강문성과 강문명은 곧장 맞아 죽고, 강빈은 친정으로 쫓겨났다가 사사되었다. 세자의 장남 석철을 비롯한 세 아들을 제주로 귀양 보냈다.

훗날 송시열이 효종을 독대하여 강빈 일을 아뢰니, 이를 듣고 있던 효종이 다소 강경하게,

이는 우리 집안일이므로 내가 상세히 알고 있으니, 경은 모름지기 내 말을 믿으오.

라고 잘라 버렸다.

그러하니 감히 다시 아뢰질 못했다.

강빈은 숙종 무술년1718에 가서 명예 회복이 되었다. 민회빈愍懷嬪으로 올린 것이다. 제주도로 귀양 갔던 아들 삼형제 중에 막내 석견 혼자 살아남았다. 하지만, 석견의 손자 밀풍군도 영조 때 결국 역모 죄를 뒤집어쓰고 죽임을 당했다.

영조 무신년에 난을 일으킨 이인좌가 그를 추대하려 했다는 죄목이었다.

김자점 몰락과 친청파의 종말

조선 500년 두고 최고의 역신으로 꼽히는 자는 단연 김자점일 것이다. 사육신 모의를 밀고했던 김질의 5대손이기도 하다.

전라도 낙안 고을에서 해마다 처녀 제물로 제사를 지내야 했는데, 새로 부임한 사또가 요물로 밝혀진 지네를 죽일 때 눈으로 튀긴 핏자국이 지워지질 않았다. 그 후 낳은 아들 얼굴에 똑 같은 핏자국이 나타나자, 저절로 생긴 점이란 뜻으로 이름을 자점自點이라 하였다 라는 이야기도 전한다.

문음으로 출사 길에 오른 김자점은 인조반정 공신으로 권부 핵심에 진입했으며, 두 차례 호란을 거친 후 정적이던 심기원 모반사건을 일으켜 권력 정점에 올라섰다.

자점이 1등 공신에 오르게 된 것은 광해군 총기를 흐려 놓은 대가였다. 자기편으로 끌어들인 김개시의 도움 때문이었다. 반정을 주도한 이귀 딸이 자점의 동생과

강화부 행궁도 ⓒ 국립중앙도서관

혼인했지만, 남편이 요절하자 입궐하여 김개시 시중을 들고 있었기에 손쉽게 선이 닿았던 것이다.

이괄의 난 때 충청도 공주로 인조를 모셨고, 정묘호란 때엔 강화도로 호종한 공으로 승승장구했다. 하지만 도원수 김자점은 병자호란 때 청나라 군사의 빠른 이동을 예측하지 못해 낭패를 안겼고, 토산 전투 패장이라는 멍에를 안아야 했다. 삼전도 굴욕으로 호란이 마무리되고 나서, 삼사 탄핵을 받은 김자점은 충남 서산의 절도로 유배되었다.

인조 집권 초반기 정국을 뜯어보면, 김류나 이귀 같은 공서파가 주류였지만, 최명길이나 김집·안방준 같은 명망 있는 선비들 주축의 청서파도 있었다. 이들을 견제할 인조 욕심이 김자점을 키운 결과가 되었다.

김자점에 맞서는 원두표를 축으로 하는 세력으로 갈라졌으니, 낙흥부원군 김자점 세력이 낙당이요, 원성부원군 원두표 세력이 원당이었다. 낙당이 원당을 가혹하게 다루자, 수세에 몰린 원당은 산림과 손잡게 되었다. 정승 반열에 오른 김자점은 청나라를 등에 업기 위해 친청파를 자처했다.

소현세자와 세자빈이 심양에서 잠시 돌아온 시기에 회은군을 추대하려는 반역 사건이 터졌다. 심기원이 모반 주인공으로 능지처참 되었고, 청나라 볼모로 가 있던 임경업도 소환되어 목숨을 잃었다. 김자점이 역모를 조작했다는 풍문이 돌았다.

김자점은 청나라 역관들과 결탁하여 권력을 다지는 한편 손자 김세룡을 효명옹주**조소용 소생**와 혼인시켜 왕실 인척이 되었다. 영의정에 오른 김자점 권세는 오래 가지 않았다.

형정도(刑政圖) 죄인에게 주리를 트는 장면
ⓒ e뮤지엄 (국립중앙박물관)

인조가 죽고 효종이 즉위하자, 산림에 묻혀 지내던 김집 이하 송시열·송준길·권시·김상헌·이유태 등을 조정으로 불러들였다. 이는 조 소용과 연결된 김자점 세력을 견제하기 위한 것이었다. 다급했던 김자점은 역관 이형장을 청으로 급파하여 효종의 북벌정책을 밀고했다.

청나라는 즉각 조사관들을 파견하여 국왕과 백관들을 협박했다. 백헌 이경석이 목숨 걸고 막으려 애를 썼다. 효종 부름을 받은 산당 세력들이 원당과 낙당을 함께 몰아내려 하였다. 대사헌 이후원과 대사간 조석윤 등이 김자점의 죄를 논박하니, 임금이 광양으로 귀양 보낼 것을 명했다.

이후원 초상 ⓒ e뮤지엄 (국립중앙박물관)

이어 김자점 반역 음모 고변이 있었다. 임금이 국문하니 김익**자점의 아들**이 자복했다. 김자점이 귀양 갈 적에 청을 끌어들여 사류들을 제거할 계책을 낸 것이었다. 김자점 유배지를 수색하여 찾아낸 흔적들을 불태웠다. 옥사가 너무 커질 것이 두려웠기 때문이다.

《공사견문》에 따르면,

효종대왕의 글씨 ⓒ e뮤지엄 (국립중앙박물관) 봉림대군 시절에 초서체로 쓴 글이다. '임오(林梧)', '봉림대군지장(鳳林大君之章)', '상천설목(霜天雪目)'이라는 도장이 찍혀 있다.

김자점이 부귀가 융성하여도 오히려 부족하게 여겨 시골 선비로서 글 잘하는 사람에게 후한 뇌물을 주고, 그 아들 김익의 글을 대신 짓게 하여 과거에 뽑히게 했다. 또 손자 세룡을 옹주에게 장가들이려고 점쟁이를 협박하여, 거짓으로 사주가 좋다고 임금을 속여 왕가와 혼인을 맺으니, 그 기세 앞에는 억누르면 꺾어지지 않는 것이 없었다. 임금이 동궁에 있을 때에도 그에게 거슬림을 당할까 두려워하였으니, 김자점은 이를 깨닫지 못하고 마침내 죽임을 당하고 종족이 남지 않게 되었다.

라고 했다.

인조반정으로 함께 공신에 올랐던 심기원이 김자점과 권력을 다투어 서로 원수가 되었는데, 심기원이 역적으로 몰려 주벌될 때 김자점이 수상으로 있었다. 이때 심기원을 산 채로 능지처참하는 법을 만들어 집행하자, 그대 역시 꼭 같은 형벌로 당할 것이라 저주한 적이 있었는데, 김자점은 자기가 만든 법으로 자기가 당하고 말았다.

이후 조선 땅에서의 친청파는 자취를 감추었다. 효종이 군사력을 키우면서 북벌 의지를 다져갔고, 시간이 흐를수록 노론의 대명의리론이 확대되었기 때문이다.

경기도 이천 백족산에 있던 자점의 아버지 김함 묘까지 파헤쳐 부관참시 했다. 묘를 파헤치자 시체가 용의 모습으로 변하여 인근 자점보를 향해 뚫고 나갈 형세였는데, 형리들이 겨우 용의 목을 잘랐다. 백족산 기슭 비룡상천 명당자리의 용은 결국 승천하지 못했다.

그 일가 후손들은 뿔뿔이 흩어졌고, 해주로 흘러 들어간 일파가 오랜 기간 숨죽여 살아갔는데, 김구 선생이 태어나 새로운 빛을 보게 되었다.

이경석 신도비가 나란히 선 이유

병자호란 이후 난세를 살아간 백헌 이경석은 나라의 큰 어른이었다. 재야의 젊은 선비 송시열을 중앙 정치무대로 이끈 이도 이경석이었다.

이경석은 인조에게 송시열을 여러 번 천거했다. 송시열과 송준길이 도성에 들어오면 베옷과 짚신 차림으로 이경석 집을 찾았고, 이경석은 예를 다해 맞았다. 효종에게도 송시열을 천거했고, 송시열이 사퇴한다는 말을 들으면 제일 먼저 만류하고 나섰다. 서로 공경을 다하고 존중하며 살았다.

현종이 온양 온천으로 행차할 적에 영부사 이경석에게 한양 도성 일을 맡겼고, 판부사 송시열은 병을 핑계로 고향으로 내려가 있었다. 신하된 도리로 보자면, 임금이 머무는 행재소로 달려가 배알해야 하나, 송시열은 그러지 않았다.

이경석이 행재소에 글을 올려, 신하의 도리를 다하지 않은 사례가 있음을 지적했다. 이 소식을 접한 송시열은 "손적 같은 부류에게 비난 받았으니, 참으로 억울하다"고 항변했다.

이경석에 내려진 급제 교지 ⓒ 경기도박물관

송시열이 심하다는 것을 그 누구도 입 밖으로는 내지 못했지만, 사태가 불리하게 돌아간다는 것을 간파한 그는 심기가 뒤틀렸다. 이경석을 향해 일생을 청나라에 빌붙어 행세하며 살았다고 비난했고, 경인년 일이 아니라면 그의 똥을 개도 쳐다보지 않을 것이란 극언도 마다 않았다. 하지만 이경석은 의연하게 대처했다.

청나라에 빌붙어 잘 살았다는 것과 경인년 일을 살펴 볼 양이면,

병자호란이 끝나고 청나라에서 요구한 대청황제공덕비**삼전도비**는 뜨거운 감자였다. 항복한 치욕도 모자라 오랑캐를 찬양하는 글을 지어야 했기 때문이다. 예조 판서나 대제학이 나서야 했지만, 이 핑계 저 핑계로 모두 발을 뺐다.

이경전은 병을 핑계로 칩거에 들어갔고, 조희일은 거친 문장으로 탈락을 자청했다. 결국 장유와 이경석 글만 남게 되었는데, 이를 검토한 청나라에서 장유 글은 인용이 온당치 않다 했고, 이경석 글이 소략하여 수정하라 요구했다. 그런 가운데 장유가 죽었으니, 남은 이는 이경석뿐이었다.

인조는 이경석에게 매달렸다. 청나라 협박에 안절부절 하던 인조를 보고서,

군주의 육탈이 이렇게까지 되다니요. 이 한 몸을 돌보지 않고, 참고 또 참으면서 명을 받들겠나이다.

라고 승낙할 수밖에 없었지만, 차라리 강에 몸을 던지고 싶다고 고백했을 정도다.

그를 비난한 또 하나 경인년의 일을 살펴 볼 양이면,

청나라 인질로 잡힌 소현세자를 심양에서 보필할 적에, 명나라 배가 평안도로 왕래한 사실이 적발되어 곤욕을 치렀다. 이때 등용 금지 조치까지 받았던 이경석이었지만, 타고난 천품으로 영의정까지 올랐다. 새로 즉위한 효종이 내건 반청 정책을 김자점이 밀고했고, 이에 발끈한 청나라에서 조사관을 파견했다. 이때 책임을 자청한 이가 이경석이었다. 처형을 간신히 면했지만, 한동안 의주 백마산성에서 구금되었다가 겨우 풀려났다.

이것이 경인년의 일이었다.

송시열 정계 입문을 이끌어 준 이가 이경석이었는데, 느닷없이 갈라서게 된 것이 언제부터였는지 알 수 없다. 송시열 쪽에서 제안한 혼사를 이경석 쪽에서 거절한 것이 원인이었다고도 하고, 윤선도 처벌을 놓고 엇갈린 의견 탓이라 하는 주장도 있다.

두 사람의 감정싸움이 극에 달한 것이 '수이강壽而康' 사건이었다.

현종 임금 온양온천 행차 1년 전에 이경석은 궤장을 하사받았다. 궤장이란 나라

고지도 용만(龍灣) 중에서 백마산성 부분 ⓒ 국립중앙도서관
압록강 위화도가 보이고, 우측 하단에 백사산성이 보인다.

에 공이 많은 70세 이상의 대신에게 하사하던 궤几:의자와 지팡이를 말하는데, 그 명예롭기가 예사와는 달랐다. 잔치가 벌어지는 축하연에 축하 시가 빠질 수 없었으니, 병을 핑계로 불참했던 송시열도 마지못해 축하 글을 보냈다.

하지만 그 속에는 비난하는 칼날이 숨겨져 있었다. "오래도록 강녕하여[壽而康] 마침내 큰 은혜를 받았다."라는 글귀가 문제였다. 금나라로 끌려 간 송나라 손적이 항복 문서를 지어 바칠 적에, 온갖 미사여구로 금을 찬양하고 송을 깎아내렸다. 손적의 이런 행적을 두고 '수이강'이란 글자로 평가한 고사가 있었으니, 권력에 아부

이경석사궤장연회도 ⓒ 경기도박물관

하여 잘 먹고 잘 살았다는 뜻을 숨긴 의도된 용어 선택이었다.

　이경석은 그의 문집에도 그대로 실어라 했을 정도로 의연하게 대처했고, 원로로
대접받다 2년 후에 죽었다. 송시열 또한 저세상 사람이 되었으니, 모든 것이 잊혀
가던 중이었다.

　이경석의 손자 이하성이 할아버지 신도비 비문을 서계 박세당에게 부탁했다. 박
세당은 이경석을 봉황, 송시열을 올빼미로 묘사하는 글을 썼다. 발끈한 노론들이
박세당을 사문난적으로 몰아세웠다. 좌표가 찍히면 그길로 끝이었다. 한성판윤 이
인엽의 노력 덕분에 삭탈관작으로 무마되었다. 그로부터 60년 세월이 흘러 이경석

나란히 서 있는 이경석 신도비 (경기 성남 판교) ⓒ 장득진

무덤에 비를 세우자, 득달같이 달려든 노론들이 정으로 쪼고 글자를 깎아내린 후 땅속에 묻어 버렸다.

　이경석이 만년에 은거했던 곳이 경기도 광주 낙생**현 판교**이다. 그곳 묘 입구엔 두 개의 신도비가 나란히 서 있다. 200년 만에 발굴된 상처 흔적이 뚜렷한 비도 함께 세워졌기 때문이다.

영조의 청계천 준설 그림첩 (이건희 기증품) ⓒ 국립중앙박물관

반복되는 치세와 난세

홍수(紅袖)와 삼복(三福)

궁녀들의 저고리 깃이 붉다 하여, 이들을 홍수**紅袖**라 불렀다.

궁궐 안에는 홍수를 입은 여인들이 많은지라 바람 잘 날 없었으니, 숙종 5촌 당숙인 복창군과 복평군이 궁녀와 간통했다고 고발한 이가 있었다. 숙종 외조부이자 명성왕후 친정아버지인 김우명이었다.

2대 독자 숙종이 즉위할 즈음에 주위에 가까운 종친들이 별로 없었으니, 소현세자 아들들은 귀양살이에 일찍 죽었고, 봉림대군의 유일한 아들이 현종이었다. 그러하니 인조 막내 인평대군이 낳은 자식들만 궁중에 드나드는 피붙이였을 뿐이다.

인평의 장남 복녕군이 일찍 죽어, 그 아래 복창군과 복선군·복평군 삼형제를 흔히 삼복三福이라 일컬었다. 효종에게는 조카요 현종에게는 종형제, 숙종에게는 5촌 당숙인 골육지친들이었다.

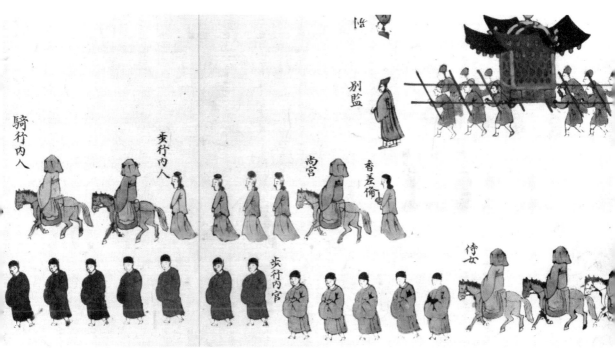

궁녀들의 모습을 담은 영조정순후가례도감청의궤 ⓒ 규장각한국학연구원

문제는 삼복의 외가가 남인 핵심이란 데 있었다.

그들 외조부 동복 오씨 집안의 오단이 제2차 갑인예송을 승리로 이끌어 남인 정권이 들어서게 한 실세였고, 그의 아들 오정위를 비롯한 5형제들이 건재한 상황에서 현종이 급서하고 숙종이 즉위하자 불안을 느낀 것이다.

숙종 외척 청풍 김씨들의 고민은 이전부터 있었다.

현종 12년**1671** 대기근이 발생하자, 조선의 자존심을 지키면서도 대규모 구휼 물품을 싣고 온 복선군이 버티고 있었고, 남인들의 통제도 필요했다. 이런 상황에서 14살에 불과한 숙종이 단독으로 정사를 처리하게 되었으니, 이를 미덥지 못하게 여겼던 대비전**명성왕후**의 까칠한 성격 또한 무슨 일이든 덮어두질 못했다.

하지만, 김우명이 제기한 궁중 간통 사건은 물증이나 증언들이 없었다. 수세에 몰릴 뻔한 남인들은 그냥 넘길 사안이 아니었다. 윤휴와 허목이 즉각 차자를 올려 무고죄와 반좌율로 다스려야 한다고 주장했다. 명성왕후와 김우명은 낭패를 맛봤고 서인들은 수세에 몰렸다.

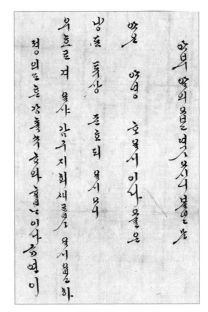

궁녀 금연이 아무개에게 보낸 한글 편지 ⓒ e뮤지엄 (국립한글박물관)
수취자의 안부를 묻고 선대 왕의 추상존호(追上尊號)를 올리는 일에 대하여 축하하는 심정을 전함

현종비 명성왕후 왕세자빈책봉 죽책 ⓒ e뮤지엄 (국립고궁박물관)

뒤집기 쇼를 위해 큰 소리로 우는 연기까지 했던 명성왕후였다. 위기 모면용 꾀병 치료를 거부하던 명성왕후의 압박 작전이 상황을 더 꼬이게 했다. 수치심과 분노를 견디지 못한 김우명은 낙향했다. 술로 세월을 보내던 그는 그해 여름에 사망했다. 홧병이었다고 하고 자살이라고도 했다.

계절이 바뀌어 귀양 갔던 삼복 형제가 한양으로 돌아왔다. 하지만, 남인들도 반겨줄 처지가 되지 못했다. 명성왕후에 대한 과격한 발언들이 발목을 잡았기 때문이다. 문정왕후를 닮았다고 한 방 날린 조사기는 형장의 이슬로 사라졌다. 이후 벌어진 경신대출척과 갑술환국에서 남인들이 처형될 때, 과격한 발언들 모두 죄안**罪案**으로 올랐을 정도다.

끈질긴 살바싸움 끝에 서인들은 삼복 형제를 역모로 처단했다. 이를 삼복의 변이라 부른다. 숙종 재위 6년 차에 남인들을 숙청한 경신년의 대출척과 맞물려 일어난 역모 사건이었다.

이 해에 숙종은 인경왕후를 잃었다. 천연두를 앓은 지 8일만이었다. 명성왕후가 팔을 걷어붙여 궁녀 장씨를 내쫓았다. 그리고는 인현왕후 민씨를 간택했으니 송준길 외손녀였다. 정권 잡은 세력들을 일거에 교체해 버리는 숙종의 환국 정치는 이 여인들과 바로 연결되었으니, 훗날 기사환국을 비롯한 갑술환국과 무고의 옥, 그리고 신임사화 비극의 주인공이자 불씨였다.

자신을 포함한 3대째 정비 소생이라는 정통성을 확보한 임금이 숙종이었다.

하지만 출생 당시 유독 송시열에게는 축하받지 못했다. 현종 2년에 태어났다는 것을 뒤집어 보면, 효종 상중에 잉태된 것이고, 이를 트집 잡은 송시열이 의도적으로 외면했다는 것이다. 명성왕후 또한 아들 숙종에게 그 사실을 알려 주었다.

숙종이 왕위에 오르자 부왕 **현종** 묘지문을 송시열에게 맡겼다. 반대 상소를 핑계삼아 송시열은 수원으로 내려가 버렸다. 현종 장례 절차가 마무리되자 송시열 관직을 삭탈시키고, 이듬해 덕원으로 귀양 보냈다.

남인과 손잡은 서인 비주류 외척인 김석주가 득세하는 순간이었다. 남인을 이끌던 허적과 권대운은 탁월한 행정력과 원만한 처신으로 서인 정권 하에서도 자리를 지켰다. 그런데 비해 허목과 윤휴는 임금님 부름으로 상경했던 정치 신인

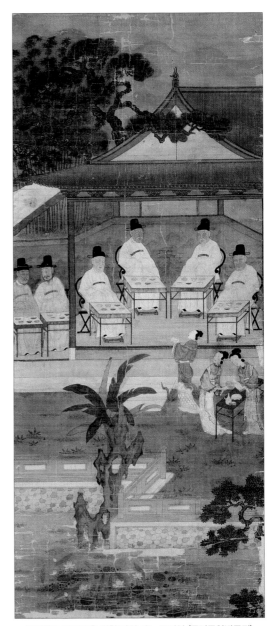

권대운과 기로들을 위한 잔치 ⓒ e뮤지엄 (국립중앙박물관)

이었다. 같은 남인이라 할지라도
성향이나 현실 의식이 다를 수밖
에 없어, 청남과 탁남으로 분열
되고 말았다.

　삼복의 외가 오씨 문중 사람
들은 청남의 허목이나 윤휴와
가까웠다. 김석주는 대대로 서인
이었던 숙종 외가 쪽 청풍 김씨
였지만, 송시열과 사이가 틀어져
일시적으로 탁남과 손을 맞잡았다.

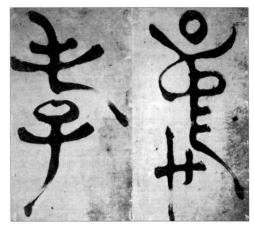

허목의 글씨 '忠孝' ⓒ 국사편찬위원회 유리건판

　숙종 재위 초반의 이 같은 정국 흐름으로 궁궐을 뒤집어 놓은 것이었다.

잔칫상에 불어 닥친 피바람

영의정 허적의 조부 허잠에게 시호가 내려진 것이 숙종 6년이었으니, 이런 경사에 벌어진 잔치를 연시연延諡宴이라 한다. 많은 대신들이 초대받았건만, 이 기회에 서인들을 독살하려 한다는 소문이 나돌았다.

김석주와 김만기는 남인 정권하에서도 권력을 놓지 않았던 외척들이었다. 청풍 김씨 김석주는 숙종 어머니 명성왕후의 4촌이었고, 광산 김씨 김만기는 숙종 비 인경왕후 아버지였으니, 이 시절 서인을 대표하는 세력이었다.

이들을 초청하기 위해 허적은 아들 허견을 다섯 번이나 보냈다. 하지만, 석주는 병을 핑계로 끝내 모습을 나타내지 않았고, 늦게 도착한 만기는 자리에 앉자마자 남의 잔을 빼앗아 마시거나 나물만 집어 먹었다. 혹시 독이 들었을까 염려한 때문이었다.

잔치가 열리던 날 마침 비가 내렸다. 이를 염려한 숙종이 궐내에서 쓰는 장막과 차일을 찾아주라 하였더니, 이미 가져갔다는 대답이 돌아왔다. 한명회도 하지 못할 짓거리라며 노한 숙종은 궐문을 닫지 말라고 명한 후, 류혁연·신여철·김만기를 불러들였다. 뻘쭘해 진 허적이 주위 강권에 못 이겨 좌의정 민희와 함께 궐문 앞에 나아가니, 장수들의 병부兵符를 바꾼 뒤였다. 황망하게 물러나 대죄했다.

숙종대왕 계시(啓示) ⓒ e뮤지엄 (국립중앙박물관)
우부승지에게 물러나 있는 우의정 허목을 불러서 조정으로 데려오라고 한 내용을 수록하고 있는 첩이다.

닷새가 지났을 무렵 역모 고변이 날아들었다. 고발한 이는 정원로였지만, 그 뒤에는 김석주가 있었다. 복선군이 뼈에 사무치게 서인들을 원망하니, 허견이 그를 꼬드겨 흉악한 꾀를 부렸다는 것이었다.

이 시기 정국 주도권을 움켜쥐려는 숙종의 계산된 의도가 경신년의 환국으로 나타난 것이다. 갑인예송으로 집권한 남인들이 숙종 즉위 후에도 여당으로 정국을 운영했지만, 청남과 탁남으로 갈려 혼란을 자초했기 때문이다. 철원에 귀양 가 있던 김수항이 정계로 복귀했고, 온 조정이 서인들로 채워졌다.

서인들은 역모에 연루된 삼복의 처리를 줄기차게 요구했다. 복창군은 거제, 복선군은 진도, 북평군은 교동도에 각각 안치시켰다. 삼복의 외숙 오정창도 유배되었다.

이에 만족할 서인들이 아니었다. 허견은 군기시 앞길에서 처형되고, 복선군은 당고개에서 교살형을 당했다. 복선군의 형 복창군과 아우 복평군 또한 국문 끝에 사사되었다. 복선군 형제의 후원자를 자처했던 윤휴

청화백자로 된 福平君의 묘지 합(盒) ⓒ e뮤지엄 (국립중앙박물관, 이건희 기증품)

도 삼수로 유배되었다가 두 달 만에 사사되었다. 홍수의 변 때 명성왕후의 지나친 처사를 놓고, '대비를 조심시켜야 한다.'라고 했던 말이 빌미가 되었다.

허견과 김석주는 앙숙이었다. 허견이 수하로 있던 이입신을 보내 김석주를 해치고자 했지만, 이입신이 찾아왔을 때 미리 준비해 둔 횃불을 밝히니, 감춘 비수를 숨길 데가 없었다. 1000냥을 던져 주며 그냥 보낸 이입신이 또 들켜 1000냥을 받아 갔던 일들이 몇 차례 반복되자, 김석주 편으로 돌아서서 허견을 향해 칼을 겨눴다.

복선군·허견의 옥사는 김석주가 짜놓은 각본에 따라 움직인 측면이 강하다. 갑인년 예송에서 남인과 손잡았던 김석주가 이번에는 숙종과 손잡고 남인들을 제거한 사건이었다. 정권 제조기라 불리는 이유가 여기에 있다. 서인들의 집요한 공격은 이듬해 5월까지 이어져, 100여 명이 넘는 남인들이 처벌되었다.

이를 두고 경신대출척이라 부른다.

일찍이 허적이 사당에 고유제를 올릴 적에, 갑자기 제상에 암탉이 날아들어 제기를 엎더니, 찬을 나눌 적에 또다시 뛰어든 닭의 발길질로 그릇들이 나뒹굴었다. 이

를 본 허적이 닭을 잡으라고 소리치며,

이것은 유인(酉人: 서인)이 스스로 망할 징조이다.

라고 했다는데, 훗날 사람들이 이를 두고,

오히려 허적의 당파가 유인에게 패할 징조이다.

라고 했다는 말도 전해진다.

허적의 입에서 뱉은 유인酉人이란 말은, '서인을 지칭하는 닭대가리' 정도로 쓰인 은어가 아닐까 싶다. 유酉는 12간지의 열 번째인 닭을 의미하는 동시에, 방위 개념으로는 서쪽에 해당하기 때문이다. 남인들을 오인午人이라 지칭한 것도 마찬가지였다.

정실부인에게서 아들을 보지 못한 허적은 서자 허견을 애지중지했다. 허견이 남의 부인이 된 여자를 납치하여 강음한 사건이 궁중에까지 알려졌는데, 이때는 영의정이란 권세로 넘길 수 있었다. 하지만 이를 집요하게 제기한 서인들에 의해 허적도 끝내 사사되고 말았다.

허적 초상 ⓒ 한국학중앙연구원 한국민족문화대백과사전

장희빈과 송시열

송시열 이나 김수항 입장에서는 경신년에 남인들을 몰아낸 김석주가 은인이었다. 정권 제조기란 별명을 얻은 김석주가 죽자, 서인 내부의 골이 깊어갔다.

숙종 비 인경왕후가 두 딸만 낳은 채 천연두로 죽었으니, 외척 광산 김씨는 작아 보였다. 계비 인현왕후 또한 자녀가 없어, 여흥 민씨도 내일을 보장받지 못한 처지가 되었다. 궁녀 출신 장씨에게 마음을 빼앗긴 숙종에게 대비 명성왕후가 기어이 갈라놓고 말았다. 명성왕후가 죽자 장씨는 궁으로 되돌아 왔다. 후사 걱정을 앞세워 인현왕후 스스로 청한 일이었지만, 장씨의 방자함도 늘어갔다.

송시열의 글씨 ⓒ e뮤지엄 (국립중앙박물관)

부교리 이징명이 소를 올리자, 이에 발끈한 숙종은 장씨를 종4품 숙원으로 봉했다. 정언 한성우가 부당하다며 또 상소를 올리니 파직해 버리고는 비망기를 내려,

궁인으로 궁가(宮家)와 짜고 비방하는 말을 만드는 자는 바로 목을 베어 달 것이다.

라는 엄명을 내렸다. 그리고는 장씨 거처 숙의궁에다 노비 1백 구를 내려주었다. 숙종 재위 12년**1686**의 일이었다.

송시열의 초상 ⓒ e뮤지엄 (국립중앙박물관)

장씨는 원래 인조 계비 장렬왕후 처소 궁녀로 입궁했다가 숙종 눈에 띄어 승은을 입은 여인이었다. 장렬왕후 사촌이던 조사석이 장씨 어미 윤씨와 은밀한 관계라 하여 말들이 많았는데, 노론을 이끌던 외척 김만중이 이를 발설하여 벌집을 쑤셔 놓았다. 김만중은 선천으로 귀양 갔다.

남인들과 연결된 장씨의 싹을 자르려다 화를 키우고 있었다. 숙종 14년**1688**에 이조판서 박세채가 소매 속에서 차자를 꺼내 장씨를 견제하려 했다. 영의정 남구만이 경흥에, 우의정 여성제가 경원에 위리안치

남구만의 초상 ⓒ e뮤지엄 (국립중앙박물관)

되었다.

　장씨가 왕자를 낳자 장씨 어미가 뚜껑 있는 가마로 대궐을 드나들었는데, 지평 이익수가 가마를 때려 부수고 불태워버렸다. 그는 혹독한 죄를 입었다. 왕자를 낳은 지 4개월째로 접어든 기사년**1689** 1월에 원자로 정한다는 결정을 내렸다. 이는 세자 책봉의 전 단계였다. 인현왕후가 아직 젊다는 핑계로 서인의 반대가 만만치 않았다.

　반대가 심할수록 장씨 품계는 높아 갔다. 드디어 장 희빈이 된 것이다.

　자신이 나서면 상황이 악화된다는 것을 알면서도 송시열은 상소를 올렸다. 영의정 김수흥이 파직되고, 승정원과 삼사의 신하를 모두 남인으로 채워졌다. 기사환국의 시작이었으니, 숙종 15년**1689년**의 일이다.

송시열 묘역 입구 신도비각 (충북 괴산) ⓒ 장득진

풍랑이 심한 제주도 유배 길에서 단정하게 앉은 송시열이 시구를 읊는 동안, 허목과 윤휴 윤선도는 복작되었다. 제주에서 도로 끌려오던 송시열은 정읍에서 사약을 받았다. 한 사발로는 부족해 반을 더 비우고서야 죽었다.

송시열이 아끼던 김수항은 진도에서 사약을 받았다. 근처에서 벼슬하던 남두병이 옛 인연으로 염을 해주었다 하여 처벌하자는 자들이 있었으나, 이의징이 만류했다. 우리가 패망했을 때 누가 염을 해 주리오 하는 소리에 모두가 입을 닫았다. 노론을 대표하던 안동 김씨가의 영욕을 예언이나 한 듯하다.

인현왕후 생일 하례 단자들을 모두 내보내고 장만한 음식도 후원에 묻어 버렸다. 음식 받든 승전들을 잡아 가두고, 폐출하라는 전교가 내려졌다. 투기한다는 죄목이었다. 폐출된 인현왕후는 감고당에서 기거하면서 스스로 죄인이라 하여 잡곡밥으로 연명했다.

희빈 장씨가 드디어 중전 자리에 올랐다.
송시열이 사약 받기 이틀 전의 일이었다.

궁중 여인들 암투와 갑술년의 환국

인경왕후 아버지이자 과격파 노론으로 군림한 광성부원군 김만기. 그는 기사환국 이전에 생을 마감했지만 삭직되는 수모를 겪었다. 아우 김만중은 조사석을 공격하다 유배되는 신세가 되었다. 광산 김씨 만이 아니라 여흥 민씨를 비롯한 서인들이 절멸한 상황이라, 노·소론을 막론하고 절치부심 반격의 기회를 노렸다.

서인들이 퍼뜨린 것으로 보이는,

장다리(장씨)는 한철이고 미나리(민씨)는 사철이다.

라는 동요가 여항을 떠돌았고, 김만중은 《사씨남정기》라는 한글 소설로 폐비 민씨를 응원하는 염원을 담았다.

사씨남정기 필사본 ⓒ e뮤지엄
(국립한글박물관)

숙종 20년**1694** 우의정 민암이 숙종에게 아뢰었다. 서인들이 불법 자금으로 환국을 도모한다는 것이었다. 그 와중에 또 하나의 고변이 등장했다. 민암 등 남인의 역모를 고발하는 맞불 작전이었다.

이 고변이 다소 충격적이었던 것은 중전 오라비 장희재가 숙빈 최씨를 독살하려고 김해성을 매수했다는 내용이었다. 김해성의 장모가 숙빈 최씨 숙모였기 때문에 이를 통한 독살 계획이라 했지만, 곧 무고죄로 밝혀져 서인들은 위기에 몰렸다.

그런데 갑자기 전세가 뒤집혔다. 국청에 참여한 남인 대신들을 모두 내쫓는 숙종의 심경 변화였다. 이를 갑술환국**숙종 20년** 시작으로 봐야 하는데, 이런 소용돌이를 몰고 온 것이 숙빈 최씨였다.

숙빈방 인장 ⓒ e뮤지엄 (국립고궁박물관)
숙종 후궁 숙빈 최씨의 인장으로 보인다. 손잡이는 방울이 달린 목걸이를 한 동물(사자, 해태 추정)이 정면을 바라보고 앉아 있는 모습이며, 인면에 '淑嬪房' 세 글자가 새겨져 있다.

무수리 출신이라 알려져 있으나 근거를 찾기 어려우며, 침방나인이었다는 설도 있다. 최씨가 침방 시절 세누비가 가장 힘들었다고 했던 말을 기억한 영조가 평생 누비옷을 입지 않았다는 이야기도 이와 연관된 것이다. 천애 고아가 된 아이를 산신령 계시를 받고 나주 목사가 거두었는데, 목사 부인이 인현왕후 친척인지라 입궁했다고도 하고, 인현왕후 부친 민유중이 영광 군수로 있을 적에 거둬 인현왕후 나인으로 입궁시켰다고도 한다.

노론 측 기록인 《농수수문록》에 따르면, 왕후가 된 장씨가 숙빈 최씨를 묶어 매

숙종계비 인현왕후 왕비복위 교명 ⓒe뮤지엄 (국립고궁박물관)

질한 후에 거꾸로 세운 독 안에 가두었다고 하듯이, 두 사람은 앙숙이었다. 인현왕후 처소의 나인이었기 때문일 것이다.

숙종계비 인현왕후 上諡號 玉冊函
ⓒe뮤지엄 (국립고궁박물관)

숙빈이 낳은 첫아들은 두 달 만에 죽었고, 그 후 태어난 왕자가 연잉군**영조**이었다. 그녀가 숙종을 만났던 시기를 23살로 추정해 보면, 숙종 8년**1692**경이었다. 깊어진 야밤에 임금이 산책하다 나인들 방을 지나가게 되었는데, 성찬을 차려 놓고 빌고 있는 나인이 있어 그 연유를 물었더니 중전 탄신일이었다.

인현왕후를 생각하게 된 숙종은 서인으로 조정을 채운 다음 중전 장씨가 거처하던 대조전을 비우라는 명했다. 저주 섞인 투기를 했다 하여 폐비를 명할 당시 반대를 외치던 신하들을 몰아세우던 기세는 그 어디에도 찾을 수 없었다.

《인현왕후전》이나 《사씨남정기》에서 인현왕후는 언제나 현숙한 여인으로 묘사되었지만, 장 희빈 견제를 위해 영빈 김씨를 들이도록 주선했고, 버릇없이 군다는 이유로 장씨 종아리를 칠 정도였으니, 심약하고 온화한 성격은 아니었다.

후사를 생각한 소론 중신들이 장씨가 중전 자리를 지켜야 한다는 의견을 모으자, 노론들이 눈살을 찌푸렸다. 그때 세자 생년월일이 적혀 있던 나무 인형이 발견되었고, 노론들이 의심 받았지만 장씨 쪽 자작극임이 밝혀졌다.

세자 안위까지 걱정해야 할 처지가 된 남구만을 비롯한 소론에게는 다소 위안거리가 생겼다. 노론 쪽에서 처벌받는 경우가 더 많았기 때문이다. 하지만, 숙종은 장씨 처소를 거들떠보지 않았다. 장씨 또한 국왕이나 왕비에게 문안해야 하는 후궁의 예를 한 차례도 행하지 않았다.

아슬아슬한 정국 속에서 인현왕후는 까닭 모를 병마에 시달리고 있었다. 후궁 나인들이 중전 처소 앞을 얼쩡거리지 못하는 것이 엄연한 궁중 법도이거늘, 창문을 뚫고 엿보거나, 측간에 갈 적에도 미행이 따른다고 소리치며 불안에 떨었다. 1년 5개월간 병마에 시달리던 인현왕후가 창경궁 경춘전에서 생을 마감하니, 35세의 젊은 나이였다.

희빈 장씨 묘 (고양시 서오릉 내) ⓒ 문화재청

노론으로서는 타격이었고, 남인들에게는 또 한 번의 기회가 왔다. 장씨 상복이 다른 후궁과 같아서는 안 된다는 논리를 폈다. 한 나라에 두 지존이 있을 수 없다는 명분으로 본다면, 당연히 1년 복이어야만 했다. 속셈을 간파한 숙종은 소를 올린 이봉징을 외딴 섬에 위리안치 시키는 중죄를 내렸다.

그리고는 희빈 장씨에게 사약을 내렸다.

취선당으로 내몰린 희빈 장씨가 인현왕후 인형을 만들어 놓고 송곳으로 찌르는가 하면, 좌시左矢:왼손으로 쏘는 화살를 쏘아 저주했던 것이 발각된 것이다. 이를 고해 바친 이가 숙빈 최씨였다.

겨우 명맥을 유지하던 남인은 완전히 재기불능 상태가 되었다. 세자경종 보호를 자처하며 자리 보존하던 소론 역시 노론에게 판정승을 안겼다. 설 곳이 없었던 남인과 소론들은 민가에 소문을 퍼뜨리는 것 외에는 할 일이 없었다.

숙빈 최씨가 김춘택과 관계하여 낳은 아들이 영조라는 설이 유포되기 시작했고, 소론 강경파 김일경은 영조에게 끝까지 '나으리'라는 호칭으로 맞섰다.

두 통의 편지와 회니시비

조선 후기 정치사를 이해하는 중요 키워드 중의 하나가 산림山林이니, 산림지사山林之士를 줄인 말이다.

은거는 하였으되 은둔한 것이 아니었으니, 과거에 응하지 않았을 뿐이지 정치에 무관심했던 것이 아니다. 임금으로부터 징소徵召 받아 갖은 대우를 향유했으니, 단순한 재야학자들과는 구분된다. 이들이 정치세력화 되었을 때엔 산당으로도 불렸다.

선조 때 성혼과 정인홍이 임금 부름을 받은 이래, 본격적으로 징소 선비가 생긴 것은 인조부터였다. 성균관에 종4품 사업이란 별도 관직을 두었고, 이후 세자시강원에도 정3품 찬선과 종5품 익선 등을 두어 대우했다. 효종 때에는 성균관에 정3품 좨주祭酒를 두어 이들에게 맡겼다. 적임자를 찾지 못하면, 차라리 비워 두는 것이 관례였다.

금란계첩 ⓒ e뮤지엄 (국립고궁박물관)
조선 후기 문인들의 계회 모임이 매우 성행하였는데, 후일 중인들에까지 유행하는 모임으로 변했다.

사계 김장생을 비롯하여 장현광·김집·송시열·송준길·윤선거·권시·허목·윤휴·박세채·윤증·이현일·권상하 등이 특별히 징소 받은 인물들이었다.

인조반정으로 정권을 잡은 서인들이,

국혼물실(國婚勿失) 숭용산림(崇用山林)

이란 모토를 내 걸었듯이, 왕비 배출 가문을 놓치지 않는다는 것과 산림을 우대한다는 목표는 지속되고 있었다. 하지만 동문수학하던 동료들끼리도 모든 사안을 같이 할 수가 없었으니, 굳건하던 서인 세력들도 분열되지 않을 수 없었다.

갑인 예송으로 득세한 남인들이 경신환국**숙종 6年**으로 서인들에게 성권을 넘겼다. 이듬해 출처를 알 수 없는 과거 시험 답안지 하나가 제출되었는데, 남인들의 역모를 고발하는 익명서였다. 이를 계기로 모반 고변이 3차례나 올라왔다.

2건은 무고로 밝혀졌고 1건만 사실로 인정되었으나, 그마저도 함정 수사에 의한 것이었다. 기찰을 주관했던 김석주와 김익훈은 서인들에게도 비난받았다. 낙향하여 징소에도 응하지 않던 송시열이 입장을 밝혔다. 함정 수사에 대해 그럴 수도 있다는 것이었다.

서인 내부의 소장층 반발이 만만치 않자, 인사권을 쥔 김석주가 내쫓아 버렸다. 이를 구원하기 위해 박세채가 상소를 올리자, 자연스레 소론 영수가 되어 버렸다. 노론과 소론 분열의 직접적인 계기였지만, 그 조짐은 이전부터 나타났다.

송시열과 윤휴의 학문적 견해가 출발점이었다.

윤휴 명성은 그의 나이 19살 무렵부터 널리 알려졌다. 13살 연상인 송시열이 속리산 복천사에서 그와의 3일간 만남 끝에,

삼십년 나의 독서가 참으로 가소롭다.

라고 자탄했을 정도로 윤휴는 이미 높은 경지에 이른 학자였다.

송시열은 주자를 신앙적 차원으로 숭상했지만, 윤휴는 주자가 해석한 성전을 놓고 재해석 한 학문적 자유주의자였다. 주자와 다르게 해석하는 윤휴를 두고 송시열은 사문난적으로 규정했다.

송시열과 친분이 두터웠던 윤선거는 윤휴의 의견을 존중했다. 송시열로부터 갖은 수모를 당하면서도 굳건한 선비의 마지막 자존심까지 지킨 윤선거는 60세 일기로 생을 마감했다. 죽음을 앞둔 윤선거는 옛 우정을 생각한 송시열에게 장문의 편지를 썼다. 진심어린 충고를 담았지만 부치지는 못했다.

아버지 윤선거의 묘갈을 준비하던 윤증은 스승 송시열에게 부탁하면서, 박세채에게 받았던 행장과 아버지 편지를 묶어 송시열에게 보냈다. 뒤늦게 전달된 편지가 큰 사단을 일으켰다. 윤휴를 두둔하려 했던 편지가 포함되어 있었기 때문이다.

갑을록 ⓒ 한국학중앙연구원 한국민족문화대백과사전
윤선거가 송시열·박세채·윤휴·이유태 등에게 보낸 편지 및 답서가 수록된 책이다.

윤선거는 신선이 타는 고니요 자기는 땅을 기는 벌레라고 비아냥거리기도 했고, 운문 형태의 **명銘**에 엉뚱한 공자 말씀을 인용하며 사람들을 갸우뚱하게 만들었다. 허탈했던 윤증은 수년에 걸쳐 묘갈 수정을 정중하게 요청했다. 하지만, 몇 개의 자구만 수정했을 뿐 끝내 들어주지 않았다.

송시열의 윤선거에 대한 비난 수위는 날로 높아갔다. 병자호란 때 강화도에서 순절하지 않고, 몰래 빠져나왔다는 강도순절江都殉節 시비였다. 의리를 배반하고 절개 잃은 처사라는 것이었다. 병자호란 이후 윤선거는 임금의 부름에도 끝까지 징사로 남았다. 그리고 새 부인도

윤선거 선생 묘 (경기 파주) ⓒ 장득진

맞지 않았다. 살아 있는 동안에 강화도 일로 비난하는 사람은 없었다. 벼슬을 탐하지 않은 산림 한가운데 우뚝 선 큰 산, 즉 교악喬嶽이었다.

스승을 따를 것인가, 아버지를 따를 것인가?

윤증의 고민은 깊어만 갔다. 며칠을 두고 장문의 편지를 써 내려갔다. 〈신유의서〉라 불리는 편지였다. 이를 초한 까닭은 존명벌청尊明伐淸을 내건 대의를 이용하여 자기 정치하려는 스승의 의리쌍행 행태를 침묵으로 버틸 수 없었기 때문이다.

마무리된 편지는 끝내 부칠 수 없었다. 박세채와 의논 끝에 깊이 감추어 자손들도 볼 수 없게 했다. 그런

윤증 초상 ⓒ e뮤지엄 (국립중앙박물관)

명재 윤증 선생의 고택(충남 논산) ⓒ 장득진

데 3년이 지났을 무렵 송시열이 편지를 보고 말았다. 박세채의 사위 송순석이 몰래 베껴 조부인 송시열에게 넘긴 것이다. 윤선거의 편지는 당사자들끼리 해결할 감정 문제였지만, 윤증 편지는 정치 논쟁으로 치닫게 되었다. 송시열을 따르던 이들의 공격 수위가 높아져 갔다.

이를 두고 회니시비懷尼是非라 일컫는다.

송시열 살던 곳이 회덕, 윤증 고향이 니산논산이었으니, 이 두 지역이 노론과 소론을 상징하는 곳으로 되어 버렸다.

임금님 위에 만동묘지기

충청도 괴산 화양동을 가로지르는 계곡을 일러 화양구곡이라 부른다. 송나라 주자 선생의 무이구곡을 본뜬 구곡 중에 하나다. 그곳 제4곡에 해당하는 금사담 바위벽에 '창오운단蒼梧雲斷 무이산공武夷山空'이라 새겨진 글귀가 선명한데, 창오란 임금을 상징하는 산이요, 무이산은 주자가 살던 곳이다.

창오산은 구름이 끊어지고 무이산은 비었구나.

라고 새겼던 의미로 추정컨대, 명나라 패망으로 존주대의尊周大義가 흔들리고 있음에 대한 불편한 심기를 각자한 것이라 보인다. 벼슬을 뿌리친 송시열이 회갑을 맞은 현종 7년1666 무렵 이곳에 정착하였으니, 하늘이 아껴두고 땅이 숨겨 놓은 화양동을 세상에 드러나게 한 것이다.

예송 문제로 치열한 논쟁을 벌이던 시기에 남인 거두 허목이 화양동을 찾았으나,

화양구곡 금사담의 송시열 암서재 ⓒ장득진

결국 송시열을 만나지 못하고 돌아서면서 남겼다는 시가 사람들 입으로 전해지고
있다.

> **보지화양동(步之華陽洞) / 화양동을 찾았건만**
> **불알송선생(不謁宋先生) / 끝내 송선생을 만나지 못했구나**

서운함을 한자음으로 기막히게 표현한 이 시를 보면, 막강한 권력을 휘두르던 화
양동서원을 풍자한 것임에는 틀림없다. 하지만 지은 이가 정말 미수 허목인지 확
인되질 않는다. 훗날 김 삿갓이 화양동서원을 찾았다가 문전박대 당하자, 분풀이로
이 시를 대문에 붙이고 도망갔다는 이야기도 전한다.

사약 받은 송시열이 복권되자, 배향 서원들이 우후죽순처럼 생겨 44개소에 이른

다. 그 중에서도 숙종 22년1696에 세워
진 화양동서원은 노론 서원의 구심점이
었다. 서원마다 주향과 배향, 그리고 추
향追享이 있기 마련이지만, 오로지 송시
열 전향지원專享之院이었으니, 그의 적
전 제자 권상하조차도 배향이 거부될
정도다.

수암 권상하 초상 ⓒ e뮤지엄 (국립중앙박물관)

화양동 서원 존재가 이토록 두드러졌
던 것은 만동묘를 품었기 때문이다.

서원의 위세가 가히 하늘을 찔러, 제
수전 봉납을 강요하는 화양묵패華陽墨牌
까지 생겨났다. 제수에 필요한 돈과 물
품이 얼마이니, 아무 달 아무 날까지 봉
납하라는 묵패에 응하지 않으면 끌려가
사형私刑 당하기 일쑤였다. 참배객들이
몰려드는 서원 인근 마을엔 복주촌福酒
村이란 지정음식점까지 생겼다. 온갖 특
혜로 요역 기피자들까지 모여들어 나라
살림을 축나게 했으니. 서원 철폐라는
큰 원인을 제공한 곳도 이곳이었다.

萬折必東 새김 글(화양구곡)

서원과 함께 우뚝 선 만동묘는 존주대의를 상징한다.

만동이란 만절필동萬折必東의 줄임말인데, 굽이굽이 굴곡이 심한 강물이지만 반드시 동쪽으로 흘러간다는 뜻이다. 만동묘를 이곳에 세운 것은 명나라 신종과 의종을 모시기 위한 것이었다. 신종은 임진왜란 때 조선을 도왔고, 의종은 명나라 마지막 황제였다.

이미 망해버린 먼 나라 황제를 추모하는 만동묘를 왜 이곳에 세웠을까?
조선말 이유원이 쓴《임하필기》에서,

> 가평군 조종면은 모든 강물은 반드시 동쪽으로 흘러든다[萬折必東]라는 의미를 지니고 있다. 우암 송 공이 처음 만동묘를 설치하고자 하였다가, 뒤에 화양곡 화양동을 얻고는 마침내 조종면의 터를 버렸다. 뒤에 조진관이 냇가 석벽에 비를 세우고 '재조번방(再造藩邦)'이라는 네 자를 새겼는데, 이는 신종황제 어필이다.

라고 하였듯이, 조종암에 만동묘를 세우려다 화양동으로 옮겨간 것이다. 조종암은 원래 봉림대군효종을 따라 조선으로 왔던 명나라 아홉 명의 의사 후손들이 단을 쌓아 명나라 황제 제사를 지내던 곳이었다.

화양구곡에다 만동묘를 옮겨 신종과 의종에 대한 첫 제사를 올린 것이 숙종 30년이었다. 명나라가 망한 지 60년 되던 해였다. 남인들은 제사 지낼 귀신이 아니란 이유로 비난했고, 소론들은 의도적으로 회피했다. 청나라에서 알게 되면 국가 안위까지 걱정해야 할 문제이기도 했다.

숭정황제의 〈비례부동非禮不動〉이란 친필을 얻어 보관하는 장소가 화양동에 있

만동묘중수기 현판 ⓒ e뮤지엄 (국립청주박물관)
1914년부터 1918년까지 만동묘 중수와 관련된 내용을 담고 있다.

던 환장암이었다. 만동묘 옆에 환장사煥章寺란 절이 있었던 것도 그 때문이다. 부처님 도량과 존주대의를 외치던 노론 성지가 절묘한 조화를 이루는 그 곳엔 뭇 선비들 발걸음도 잦다. 그러하니 할 일 없던 중들은 지나가는 선비들 행동만으로 당색을 알아 맞혔다.

구수훈이 기술한 《이순록》에 따르면,

동구에 들어설 때 산천을 두루 돌아보면서 좋다! 좋다! 하고, 동洞 안에 들어와서는 반드시 암자의 중을 부르며, 서원을 지날 때에는 눈을 부릅뜨고 손을 휘저으며 기침하고 침 뱉기를 함부로 하거나, 만동묘를 지날 때 공경하고 근신을 하지 않는 자는 남인이요.

동에 들어올 때 산수는 자세히 보지 않고, 서원과 만동묘에 이르러서는 반드시 중들의 허물 있는 것을 자세히 살펴서 잔소리를 하며 성가시게 구는 것은 노론이요.

동에 들어와서 산수만을 보고, 서원과 만동묘를 지날 때 존경하는 뜻이 없지만 거만한 태도도 짓지 않고, 바쁘게 지나가는 자는 소북이요.

동에 들어올 적에 좌우로 산천을 돌아보며 혹 냇가에 앉거나 바위에 기대었다가, 서원에 이르러서는 조심스럽게 뜰에서 절하고, 자세히 서적을 보며 감탄하기를 마지아니하고, 만동묘에 이르러서는 처마만 쳐다보아도 이미 깊은 감회가 생기고, 전殿 안을 봉심奉審하고 몸을 굽혀 뜰을 지나 암자에 이르러서는 중들의 생활을 자세히 묻고, 밤에 늙은 중을 불러 담화하면서 산중의 소회를 묻는 자는 소론이었다.

화양동 만동묘 계단과 입구 ⓒ 장득진

만동묘 오르는 계단이 엄청 가파른 것은 참배객들이 꼿꼿하게 서지 말고 엉금엉금 기어 올라가라는 의미다. 이곳에 들른 흥선대원군이 가파른 계단을 오르면서 하인들 부축 받다가, 황제 배알 예의에 어긋난다며 구박했던 만동묘지기가 있었다. 이런 묘지기 위세를 두고 이 곳 아이들이 부르던 동요를 보면 참으로 재미가 있다.

원님 위에 감사
감사 위에 참판
참판 위에 판서
판서 위에 정승
정승 위에 승지
승지 위에 임금
임금 위에 만동묘지기

임금과 왕세제

죄인의 아들 경종.

그런 의미에선 연산군과 닮았다.

하지만, 연산군은 정비 소생이었던 반면에 경종은 장희빈이란 후궁 아들이었다.

후궁 소생이란 점에서 경종은 광해군과 닮았다.

뿐만 아니라, 세자 자리를 놓고 신하들과 흥정하려 했던 부왕의 통치 스타일까

경종 왕세자 책봉 죽책 ⓒ e뮤지엄 (국립고궁박물관)

지 닮았다. 태생적 약점으로 피 말리는 세자 시절을 보내야 했으니, 안쓰럽기까지 하다.

16년간 세자로 있던 광해군은 온갖 풍상을 다 겪다 간신히 왕위에 올랐고, 31년 간 세자로 있던 경종 역시 무수한 굴곡을 겪었다. 부왕의 46년간 통치와 이복동생 영조의 52년이란 통치기간 사이에 끼인 경종은 겨우 4년 남짓 재위했을 뿐이다. 우 리 역사상 가장 치열한 당쟁이 전개된 시기이기도 하다.

일진일퇴를 거듭하던 치열한 공방전 속에 노론을 이끌던 좌의정 이이명에게 입 시하라 명이 떨어졌다. 담당 승지와 사관을 들이지 말라는 전례 없던 독대가 숙종 43년**1717**에 일어났으니, 이를 정유독대라 부른다.

무슨 말이 오고 갔는지 알 수야 없지만 후일 흘러나온 이야기에 의하면, 숙종이 **연잉군영조, 숙빈 최씨 소생**과 연령군**명빈 박씨 소생**을 부탁했다는 것이었다. 예민한 시기 의 독대일수록 큰 파장을 몰고 오기 마련인데, 세자**경종** 교체를 놓고 정치적 타협을

연령군 태지석 및 태항아리 ⓒ e뮤지엄 (국립고궁박물관)

경종 계비 선의왕후 왕세자빈 책봉 교명 ⓒ e뮤지엄 (국립고궁박물관)

시도한 것이란 해석 때문이다.

　다음 날 숙종은 세자에게 대리청정을 명했다.

　"아니 되옵니다"라고 외쳐야 할 노론들이 입을 다물고 있으니, 소론들 의심이 더커질 수밖에 없었다. 낙향해 있던 90세 고령의 영부사 윤지완이 관을 끌고 입성했다. 하지만 대리청정의 명을 거두지 않았다.

　숙빈 최씨가 낳은 연잉군**영조**을 세자로 옹립하려는 노론 공작은 멈추질 않았다. 세자의 대리청정은 독이 든 성배였다. 어떤 사안이 올라와도 세자의 대답은 한결같았다. 아뢴대로 시행하란 말만 되풀이했다. 의견을 내달라며 신하들이 간청해도유의하겠다는 말만 할 뿐이었다.

　3년의 대리청정이 이어지는 동안, 재위 46년에 접어 든 숙종이 승하했다. 경종이즉위하자, 소론계 유생 조중우가 기다렸다는 듯이 상소를 올렸다. 억울하게 죽은

희빈을 복위해야 한다는 것이었다. 일제히 포문을 연 노론 등쌀에 경종은 그를 지켜 줄 힘이 없었다. 연잉군을 후사로 책봉하라는 압박까지 시작되었다.

34세가 되도록 아들이 없었지만 선의왕후 어씨가 17살에 불과했으니, 시간적 여유는 충분했다. 조급함에 밀풍군 아들 이관석에게로 눈길을 보냈다. 소현세자 아들 중에 살아남은 이가 경안군이었고, 경안군 손자가 밀풍군이었다. 9촌으로까지 멀어진 사이였음에도 연잉군을 견제하기 위한 몸부림이었다.

이를 알아차린 노론 쪽에서는 다급했다.
경종의 후사 문제는 왕실 어른인 자전에게 넘어갔다. 숙종 계비로 들어온 인원왕후 친정의 경주 김씨들은 소론에서 노론으로 돌아선 터라, 판세가 불을 보듯 뻔했다.

합문 밖에서 기다리던 신하들에게 연잉군을 왕위 계승자로 한다는 뜻이 내려지자, 노론 신하들은 감격의 눈물을 흘렸다. 세자가 아니라 세제로 칭하도록 요구한 입김도 반영되었다. 노론 횡포에 소론은 경악했다. 반대 소를 올린 류봉휘는 유배당했고, 이를 구하려던 우의정 조태구 또한 탄핵 당했다. 차제에 노론들은 왕세제 대리청정까지 주창했다. 왕세제 책봉문서 글씨가 마르기 전에 대리청정이 결정되었다.

김재로 초상 ⓒ e뮤지엄 (국립고궁박물관)

하지만, 노련한 좌참찬 최석항이 나서서 비망기를 거둬들이게 했다. 이런 일을 예견한 노론계 이건명과 김재로가 뒤따라 입궐했지만, 때는 이미 환수 명령이 떨어진 뒤였다. 노론과 소론 정쟁이 불꽃 튀는 가운데, 경종은 또 다시 대리청정을 허락하려 했다. 노론들은 하루빨리 매듭지으려 했고, 소론들은 다시 환수시켜야만 했다.

소론을 이끌던 우의정 조태구가 도승지 방해를 뚫고 경종을 알현했다. 노론을 이끌던 김창집도 마지못해 동의하는 시늉을 할 수밖에 없었다. 소론은 들썩였고, 노론 어깨는 무겁게 처져갔다.

왕세제 대리청정을 주창한 조성복과 노론 4대신이라 불리는 이이명·이건명·김창집·조태채가 사흉四凶으로 지목되었다. 강경 소론 김일경의 반격이 거세게 일자 연잉군에게도 위기였다.

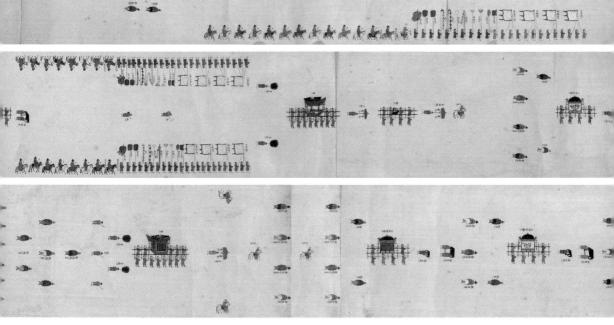

연잉군 왕세제 책례 반차도 ⓒ e뮤지엄 (국립고궁박물관)

불안한 나날을 보내던 연잉군을 또 다시 옥죄게 만든 대형 사건이 터졌다. 경종 임금을 살해하려는 세 가지 수단과 방법까지 노출된 고변으로 노론 4대신들이 사약 받고, 170여 명이 처벌되었다.

연잉군(후일 영조) 초상 ⓒ e뮤지엄 (국립고궁박물관)

훈련대장 이홍술 시신이 수문 밖으로 나가자, 그를 따르던 김주서가 몰래 염을 해주고 부대로 복귀했다.

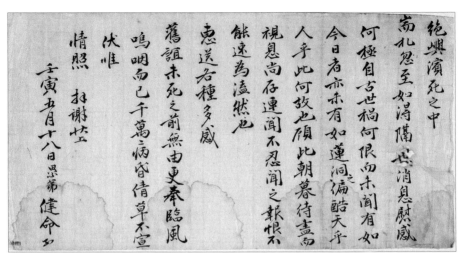

이건명 간찰 ⓒ e뮤지엄 (국립민속박물관)
멀리 떨어진 섬에서의 귀양살이 도중에 받은 편지로 기뻐하며 황하신(黃夏臣)에게 보낸 편지

새로 훈련대장이 된 윤취상이 진영 장교들을 모아놓고 염을 해 준 자를 찾아내려 했다. 모두가 떨고 있을 때, 병조 판서 이광좌가 김주서를 선주 첨사로 파견한다고 큰 소리로 알렸으니, 그의 아량이 이러했다.

강경파와 온건파는 어디에나 있기 마련이라, 이광좌를 비롯한 조태구나 최석항은 완소緩少라 불렸지만, 강경한 입장을 고수한 김일경은 준소峻少 혹은 급소急少라 불렸다. 권력이 준소 쪽으로 기울자, 소론 내부에서도 걱정하는 이들이 늘어갔다.

권력의 정점에 섰다가 동요에 오르내린 자들이 패망하지 않은 경우가 없었으니,

김자점이 권세를 부릴 적에 동요에,

"자점이 점점(點點)이다."

하였더니, 김자점이 멸문지화를 당했고,

> 허적이 권력을 잡았을 때 동요에,
> "허적은 산적(散炙)이다."

라고 하는지라, 허적이 멸망하였으며,

> 김일경(金一鏡)이 한창 성할 때 동요에,
> "일경은 파경(破鏡)이다."

라고 하였더니, 김일경이 끝내 능지처참 형을 받아 삼족까지 살아남지 못했다.

경종이 의문의 죽음을 당하고 영조가 왕위에 오르자, 신임옥사가 잘못이라 하여 김일경을 친히 국문했다. 이때 김일경은 선왕의 충신이라는 이유로 영조를 향해 단 한 차례도 신臣이라 하지 않았으니, 뼈 속까지 경종 신하였다.

그러하니 영조가 친국하는 자리에서도,

> 시원하게 나를 죽여라.

라고 맞서는 기개를 보인 것이다.

건달로 살 것인가, 선비로 죽을 것인가?

노론을 이끌던 김창집은 평소 무인 기질이 있던 자를 눈여겨보던 버릇이 있었다.

호협으로 알려진 보성 사람 양익 표가 무과에 급제하고선 제멋대로 한양을 휘젓고 다녔으니, 기생을 끼고 술을 퍼마시며 방탕한 생활로 일관했다. 이를 안타깝게 바라보던 김창집이 가만히 우홍규를 불러,

내 들으니 양익표라는 자의 재주 와 기개가 쓸 만하다는데, 무절제 한 행실로 등용되지 못하고 있다 하니, 그대가 잘 타일러 보게. 스

김창집 초상 ⓒ e뮤지엄 (국립고궁박물관)

스로 조심할 수 있게 되면, 내가 써 볼 작정이네.

라고 넌지시 일렀다.

김창집의 제의가 있은 얼마 후 우홍규는 기방에서 양익표를 만났다. 그날도 예외 없이 패악을 부리던 양익표를 저지하자, 노기충천하여 칼을 뽑으면서 큰 소리로,

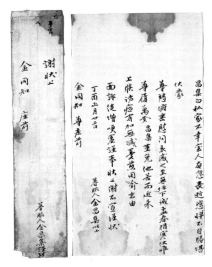

김창집 간찰 ⓒ e뮤지엄 (국립고궁박물관)

나의 낙이 이것밖에 더 있겠나. 너희는 귀하고 높은 몸이면서 또 나를 얽어매려 하느냐.

라고 소리쳤다.

이에 김창집의 말을 전하며 타이르자, 양익표가 즉시 흥분을 가라앉히고 고분고분하였다. 이를 전해들은 김창집은 때 맞춰 중국 사신으로 가게 된 이이명에게 양익표를 부탁하면서, 처신을 잘한다면 미리 알려 달라 부탁했다. 사신 행렬을 따라간 양익표가 몸가짐을 바르게 하였더니, 이이명 서한이 곧장 김창집에게 전달되었다.

김창집이 당시 태복시 제조를 맡아 있어 양익표를 내승**內乘**으로 정해 놓고, 그가 돌아올 때 태복시 말에다 법안**法鞍:궁중 관리들이 타던 말 안장**을 갖추어 홍제원에서 맞이하니, 그 영화로움이 일행을 압도하였다.

이에 감복한 양익표는 김창집에게 죽음으로 보답할 것이라 다짐했다.

노론 쪽에서 경종을 암살하려 했다는 신임옥사가 일어났을 때, 양익표는 가담한 사실이 전혀 없었다. 그런데도 김씨 문객이라 하여 무수한 고문을 당해도 언사를 바꾸지 않고 끝내 형장의 이슬로 사라졌으니, 김창집을 위해 죽음까지 마다하지 않았다.

활쏘기《단원풍속도첩》ⓒe뮤지엄 (국립중앙박물관)

양익표가 수레에 실려 성문 밖으로 나갈 적에 아들이 따라오며 곡을 하자 웃으며 이르기를,

> 나는 남도의 천한 놈으로 요행히 과거에 급제하여 한양에서 놀았으나, 그저 한 명의 건달에 불과했다. 지금 사화士禍로 죽으니 가문의 영광이요, 너는 사대부가 될 것인데 무엇 때문에 곡을 하느냐.

하고는, 술을 들이키는 기개를 보였다.

훗날 노론이 득세한 세상에서 복권되고 병조참판에 추증되었다가 철종 때 병조판서로 더해졌으니, 과연 그의 말대로 귀하게 되었다. 양익표는 참으로 호쾌한 장부였다.

이 고사를 남긴 성대중은 정조에게 총애 받던 타고난 글쟁이였으니, 그의 야사집 《청성잡기》에서.

옛날 대신들이 인재를 쓰는 데 이처럼 관심을 두었으니, 어찌 죽음으로써 보답 받지 않겠는가. 과연 인재는 스스로 만들어 가는 것인가. 오로지 남이 써 주느냐, 써 주지 않느냐에 달려 있을 뿐이다. 양익표가 건달로 끝나지 않은 것은 진실로 다행스러운 일이지만, 더욱 다행스러운 것은 김씨에게 발탁되어 사화로 죽을 수 있었던 것이다. 그렇지 않았다면 흉악한 무리에게 이용당하다가 헛되이 죽었을지도 모르는 일 아닌가.

양익표 묘비 (전남 보성 박곡리)

라고 하였듯이, 사화를 바라보는 관점이 오늘날과 다르다는 것을 알 수 있다.

목 없는 귀신이 되리라

택군^{擇君}.

　　신하가 임금을 선택하는 일
이니 왕조 국가에서는 있을 수 없지만, 후
계자를 논할 때 가끔 오르내리던 단어였
다. 노론 후원으로 임금 자리에 오른 영조
가 반세기 넘는 치세 동안의 아킬레스건
이 정통성이었으니, 이에 맞서기 위해 효
종 현종 숙종의 피를 이은 자손이란 뜻의
삼종혈맥^{三宗血脈}을 강조했다.

　　인조 맏아들 소현세자가 승계했으면,
훗날 비극들은 없었을 것이다. 둘째인 효
종의 왕위 계승을 놓고 예송 논쟁을 벌였

영조 어진 ⓒ e뮤지엄 (국립중앙박물관)

기 때문이다. 효종의 유일한 아들이 현종이었고, 현종의 아들 또한 숙종 뿐이었다. 숙종은 장희빈이 낳은 경종과 숙빈이 낳은 영조 등을 두긴 했으나, 귀하디 귀한 혈손을 이어갔다.

하지만 영조 즉위 배경에는 경종을 게장과 홍시로 독살했다는 설과 맞물려 있어, 조마조마한 정국이 이어지곤 했는데, 나주 괘서사건 연루자를 잡아와 친국했을 때, 신치운이 고개를 꼿꼿하게 든 채 영조에게,

나는 갑진년(1724년 경종 사망) 이후로 게장을 먹지 않았다.

고 응수하자, 눈물까지 흘린 예민한 반응으로 잡아 죽인 자만 무려 41명에 달했다.

괘서에 담긴 내용을 알 길이 없지만, 영조 집권기 내내 이런 괘서들이 나붙는 일들이 잦아, 그때마다 사관들에게도 기록하지 못하게 엄명을 내렸다. 그렇기에 현존하는 문헌마다 '말로 표현할 수 없다'라는 사실만 전하고 있을 뿐이다.

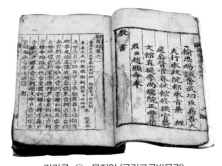

감란록 ⓒ e뮤지엄 (국립고궁박물관)
영조의 명으로 무신란의 상황을 정리한 책이다.

영조 즉위로 노론 정국이 되자, 소론들이 벌인 신임옥사를 무옥이라 하여 김일경과 목호룡을 극형으로 처단했다. 이를 '을사환국'이라 부른다. 위기에 처한 소론과 남인 급진파들이 세상을 뒤엎으려 했으니, 이를 무신란戊申亂 혹은 이인좌의 난이라 부른다.

고지도 (청주) 청주성 부분도 ⓒ 국립중앙도서관(古2702-2-4-8)

　　호서에서 일어난 이인좌를 비롯하여 한양 경기와 경상도는 물론 호남과 강원 함경 평안도에 이르기까지, 가히 8도에 걸친 대규모 반란이었다. 소현세자 증손 밀풍군을 추대하려 한 무장봉기 바탕에는 혈연과 학맥 또는 지연으로 연결돼 있었다. 지리산과 덕유산 일대의 승려와 농민군은 물론 서얼·중소상인과 화전민·노비·백정까지 가담했으니, 그 규모를 짐작할 수 있겠다.

　　주모자 3인방 **박필현·이인좌·정희량**이 각각 호남과 호서 그리고 영남을 맡았다. 박필현은 당대 소론을 이끌던 장안의 갑족 양반 반남 박씨 가문의 한양 출신이지만, 전라도 태인으로 부임한 까닭에 호남지역을 맡는데, 귀양살이를 밥 먹듯 하던 집안

사정이라 이인좌를 끌어들인 것도 그였다. 할머니가 남인의 영수 권대운 딸이었던 이인좌는 송시열과 다투던 윤휴의 손자사위이기도 하여, 남인들과는 거미줄 같은 혼맥으로 얽힌 과갈瓜葛이었다.

이인좌와 세교로 사귀던 정희량은 경상도 안음 지역에 세거해 왔던 초계 정씨 출신이니, 김상헌과 함께 척화론으로 이름 높은 동계 정온의 현손이었다. 동계 정온은 동문수학 한 정인홍과는 결을 달리 하는 대북이었지만, 그 후예들이 대대로 영남우도를 지켜오던 대가세족으로 살아, 저 멀리 나주의 나씨들이 무신란에 선뜻 동참한 것도 이들과의 혼맥으로 얽힌 사연이 있기 때문이다.

이들은 경종이 독살되었다거나, 영조가 숙종의 씨가 아니란 소문들을 퍼뜨리는 심리전으로 시작했다. 이인좌는 위장한 상여로 청주성을 급습하여 경종을 위한 복수의 깃발을 세웠고, 경종 위패를 모셔 아침저녁으로 곡을 했다. 하지만, 안성과 죽산에서 패하여 압송되었다. 묘소를 천장한다는 구실로 군사를 모은 정희량은 경상도 안음과 거창, 합천과 함양을 점령하여 기세를 올렸다.

소론인 오명항을 영남지역 토벌군 대장으로 보낼 적에 노론들의 반대가 심했다. 역도들과 연관되지 않았음을

오명항 초상 ⓒ e뮤지엄 (국립중앙박물관)

증명해야 할 오명항은 반군을 궤멸시
키는 승전보를 영조에게 안겨 주었다.

전라도의 박필현은 전라감사 정사효
가 대군으로 맞서자 경상도 상주로 도
주하는 길을 택했다. 일찍이 박필현이
상주에 머문 적이 있는데, 노복처럼 따
라다니던 박동형을 귀하게 될 상이라
여겨, 거둔 세금 절반을 그에게 보내
만일에 대비했다. 이를 믿고 달려간 박
필현을 깊이 숨겨 준 박동형은 그 길로
관가에 고발해 버렸다. 숨겨 놓은 재물
이 몽땅 박동형에게로 넘어갔으니, 자
기 때문에 귀한 몸이 될 줄은 꿈에도
몰랐을 것이다.

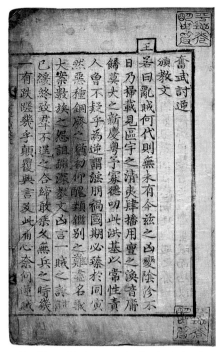

분무원종공신녹권 ⓒ e뮤지엄 (국립중앙박물관)
무신란 진압에 공을 세운 이들을 분무공신과 분무
원종공신으로 각각 봉했다.

일찍이 안음 땅 초계 정씨의 선산을 이장할 적에, 주역에 밝은 시집간 딸이 쌀 서
말을 묘 터에 묻어 놓고 기다리면 갓 쓴 여자가 지나갈 터이니, 그 두 시각 지날 즈
음에 하관하라 부탁했다. 하관을 기다리던 중에 갑자기 먹구름이 몰려들어 기다릴
틈이 없었다. 하관이 끝났을 무렵 웬 아낙이 이고 가던 새참에 비를 맞히지 않으려
고 얹은 솥뚜껑이 흡사 갓 쓴 여자였다.

이를 전해들은 딸이 탄식하여 가로되,

잘 썩은 한 톨 한 톨의 쌀이 모두 군사가 되어 도울 것인데, 생쌀을 묻었으니 뒷날 우리 집에 누군가가 군사를 쓸 적에, 죽어서 썩기 싫어하는 부하로 인해 화를 입을까 걱정이다.

라고 했다 전한다. 배신한 부하로 죽게 된 정희량을 놓고 보면, 꼭 들어맞는 예언이 아닐 수가 없다. 무신란에 연루된 억울한 영혼을 달래는 동일한 서사구조는 합천의 조성좌에게도 예외가 없다. '석가산의 쇠 갓'이란 전설이 바로 그것이다.

승자의 행적은 햇볕을 받아 역사가 되지만, 패자의 행적은 달빛 속으로 숨어들어 전설이 된다 하였던가!

안음 초계 정씨가의 딸들에겐 주역을 공부하는 내력이 있었는데, 정희량 누이의 점괘에 나락이 익을 가을 거사가 길하다고 나왔다. 하지만 미룰 수 없는 사정으로 정희량이 춘삼월에 칼을 잡았을 때,

이것 역시 우리 집 가운에다가 너의 운명이라 어쩔 수가 없다, 너는 틀림없이 똑 없는 귀신이 될 팔자다.

라고 했다는 이야기도 함께 전해오고 있다.

대탕평이 답이다

영조 4년 무신년에 일어난 반란 후유증은 참으로 컸다.

의문의 죽음이었던 경종을 다시 소환하고, 밀풍군을 추대하여 새 왕조를 꿈꾸던 자들은 역도로 처단되었다.

난신적자 이인좌의 근거지로 지목받은 청주목은 서원현으로 강등되었

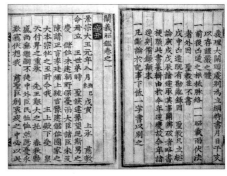

천의소감 목판본 ⓒ e뮤지엄 (국립한글박물관)
영조의 왕세제 책봉부터 1755년 나주벽서사건까지의 사건 및 과정 등을 수록하여, 왕위 계승 정통성을 천명하기 위해 만든 책

고, 전라도는 전광도로 개편되었다. 나주의 나씨들이 큰 반기를 든 탓이다. 용인·이천·진위·남원·장흥·담양·예천·풍기 등의 읍호도 강등됐다가 후일 복구되었다. 정희량이 태어난 안음현은 폐현되어 거창과 함양으로 찢어 갈겨졌다가, 영조 43년

1767년에야 의로운 지역이 되라는 뜻을 담은 안의현으로 고쳐 부를 수 있었다.

난을 최초로 보고한 이가 소론 최규서요, 도순무사를 자청하여 진압한 이도 소론 오명항이었으니, 소론이 소론을 소탕한 모양새가 되었다. 연대책임을 피하려는 소론의 방편이었고, 노론 또한 원인 제공자였다는 것을 임금 영조는 간과하지 않았다.

대탕평(大蕩平)이 답이다.

라는 교훈을 뼈저리게 느끼게 해 준 사건이었기에, 오랜 통치 기간을 채웠던 영조의 손익계산서로 따진다면 이문이 없었

최석정 초상 ⓒ e뮤지엄 (국립중앙박물관)

던 것도 아니다. 한때 소론 재상 최석정이 남인을 등용하기 위한 포석으로 탕평을 표방하자 숙종 또한 관심을 보이긴 했으나, 무용지물이 된 것을 거울삼았다.

성대중의 《청성잡기》에 따르면,

조성좌가 합천에서 거사했을 적에 합천군 사람들이 그를 죽였지만, 그와 연루된 자들이 더 많았다. 몇 년 뒤에 사사로운 원한으로 그 일을 들추어내어, 요행으로 법망을 피했던 사람들을 고발한 자가 있었는데, 고발당한 사람들이 거

의 군민 전체에 이를 정도였다. 이들 모두 옥에 가두어 놓고 조정에서 내려오는 명령만 기다리고 있었으니, 옥에 갇힌 자들은 살아남을 수 없을 것이라 여겼다. 얼마 후 선전관이 내려와 체포된 자들을 뜰에 세운 뒤에 성상의 명으로 훈계한 뒤 풀어 주고, 오히려 고발한 자를 참형에 처했으니, 이 사건 하나로 영남 인심을 크게 진정시켰다.

라는 사실을 전하고 있다.

참으로 정치 9단 영조의 면모가 아닐 수 없다.

하지만, 탕평을 외친 영조조차 자신의 정치기반인 노론 세를 외면할 수 없었으니, 조선이 망할 때까지 영남 인사들은 주류에서 밀려났고, 영남 내륙에서 신노론 가문들이 생겨난 것도 그런 영향이었다.

영조의 탕평비와 비각 ⓒ 주암역사연구실
영조는 시비를 논하는 상소를 금하고 인재를 고루 등용하는 불편부당의 탕평책을 수립하면서 성균관 입구에 비를 세웠다.

영남 유생들은 과거 응시 기회조차 빼앗겨 버린 정거停擧 피해자로 전락했으며, 중앙 정부에서는 무신란 원인을 남명 조식과 정인홍에게로 돌려 노골적으로 경상좌우도 분리정책을 펼쳤다. 함께 거사하기를 뿌리친 안동은 포용하고 껴안았지만, 진주를 비롯한 영남우도 인사를 끝까지 등용하지 않으려는 차별 정책으로 일관했다.

무신란 일주갑을 맞은 정조 4년1780에 대구의 경상감영 남문 앞 대로변에 평영남비平嶺南碑를 세운 것을 보노라면, 노론 정권의 영남에 대한 감정의 골이 얼마나 깊었던가를 여실히 보여주고 있다.

　이 비에서 노론들은 당시 경상감사였던 황선의 치적을 드높이고, 도순무사 오명항을 깎아내리는 내용을 담았다. 황선이 노론이었고 오명항은 소론이었으니, 정조 임금이 혹시나 남인과 소론으로 기울지나 않을까 염려한 노론 대신들이 대못을 박기 위한 조치였다.

　황희 정승 후손이기도 한 경상감사 황선이 영남 반군들을 진압하던 과정에서 죽었을 때, 도승지 박사수가 녹훈을 청했으나 영조는 윤허하지 않았다. 정희량과 조성좌가 기병했을 당시 우왕좌왕하여 초기 대응에 실패했고, 상주에 숨어 든 박필현을 의금부 국청으로 보내지도 않고 서둘러 목을 벴다 하여 추고 당한 그였다. 하지만 영조 재위 24년1748

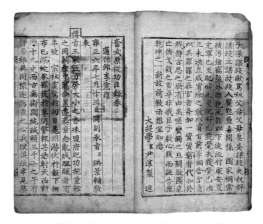

분무원종공신녹권 ⓒ e뮤지엄 (국립중앙박물관)
무신년의 이인좌 난을 진압하는 데 공을 세운 이헌복에게 내려진 공신녹권이다.

무렵에 9,700여 명에 이르는 분무원종공신록엔 이름을 올릴 수 있었다.

　북학파로 이름 높인 홍대용이 그의 저서 《담헌서》에서,

> 남인들 중 무신란에 연루되지 않는 자는 일천 명에 한두 명도 되지 않을 것
> 이며, 남인들이 금수로 변했으니 이들을 배척해야 한다.

라고 했으니, 선각자로 알려진 담헌마저도 노론들 주류 시선에서 벗어나지 못했음을 알 수 있다.

　무신란 이후 조선 양반 사회는 오로지 충역忠逆을 가리는 시비에 매몰되어, 이때 쏟아져 나온 인물 행장이나 묘갈을 검토하다 보면, 충으로 위장하고 합리화시킨 일들이 너무나 많다. 이를 놓고 오늘날까지 티격태격하는 일들이 다반사라, 이 해묵은 숙제를 어떻게 풀어야 할지 난감할 때가 한 두 번이 아니다.

지워버린 사도세자의 죽음

임오화변^{壬午禍變}. 임오년1762, 영조 38에 일어난 화변이란 뜻인데, 영조가 그의 아들 사도세자를 뒤주 속에 넣어 죽인 사건을 지칭하는 역사 용어다.

정성왕후에겐 자식을 보지 못한 영조였지만, 왕이 되기 전부터 정빈 이씨가 낳은 아들이 있었다. 그를 세자로 세웠지만 일찍 죽고, 9년 만에 영빈 이씨 몸에서 아들이 태어났다. 2살배기에 불과한 후궁 아들을 세자로 책봉할 정도로 축복받은 행운아였다.

하지만 제왕 수업받던 27살에 아버

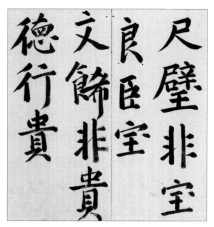

사도세자 글씨 ⓒ e뮤지엄 (국립중앙박물관)

御製 書示春坊官 ⓒ e뮤지엄 (국립고궁박물관)

사도세자에 대한 각별한 마음과 세자를 바르게 보필할 것을 당부하는 내용으로 영조가 직접 강규(講規)를
지어 현판으로 만들었다.

지에게 죽임을 당했으니, 비운 중에서도 비운아로 기억되는 사도세자였다. 영조 재
위 38년1762년 윤오월에 뒤주에 가둔 사건을 야사가 아닌 《영조실록》을 통해서 보
면 다음과 같다.

> 임금이 창덕궁에 나아가 세자를 폐하여 서인으로 삼고, 안에다 엄히 가두
> 었다. 처음에 효장세자가 이미 죽어, 임금에게는 오랫동안 후사 없다가 세자가
> 탄생하기에 이르렀다. 타고난 자품이 탁월하여 임금이 매우 사랑하였는데, 10여
> 세 이후부터 글공부를 태만하게 했고, 대리청정 한 후부터 질병이 생겨 천성을
> 잃었으니, 처음에는 대단치 않게 여겨 신민들이 낫기를 바랐었다. 정축(영조 33
> 년)·무인(영조 34년) 이후부터 병의 증세가 더욱 심해, 병이 발작할 때에는 궁
> 녀와 환관들을 죽이고, 죽인 후에는 문득 후회하곤 하였다.

임금이 매양 엄한 하교를 내려 절실하게 책망하니, 세자가 의구심에서 질병이 더하게 되었다. 임금이 경희궁으로 이어하자 두 궁 사이가 서로 막히게 되고, 또 환관·기녀들과 어울려 절제 없는 유희에 빠져, 하루 세 차례 해야 하는 문안도 모두 폐하였으니, 임금의 뜻에 맞지 않았으나 다른 후사가 없었으므로, 매양 나라를 위해 근심하였다.

나경언이 고변한 일로 폐세자 하기로 결심하였으나 차마 말을 꺼내지 못하였는데, 갑자기 유언비어가 안에서부터 일어나 임금이 크게 놀랐다. 이에 창덕궁에 나아가 선원전에 전배하고, 이어서 동궁의 대명(待命)을 풀어주고 동행하여 휘령전(당시 영조 비 정성왕후 신위가 모셔져 있던 곳이며, 세자로 책봉되면서 정성왕후 아들로 입적 됨)에 예를 행하도록 하였으나, 세자가 병을 핑계 삼아 가지 않으니, 임금이 도승지 조영진을 특별히 파직하고 다시 세자에게 예를 갖추기를 재촉하였다.

세자가 뜰 가운데서 사배례(四拜禮)를 마치자, 임금이 갑자기 죽은 정성왕후가 변란이 고알에 있다는 사실을 알려 주었다고 소리쳤다. 맨발로 머리를 땅에 조아린 세자에게 자결할 것을 재촉하니, 조아린 이마에서 피가 났다. 어린 세손[정조]이 들어와 관과 포를 벗고 세자 뒤에 엎드리니, 임금이 안아다가 다시는 들어오지 못하게 명했다. 임금이 칼을 들고 자결을 재촉하니, 여러 신하들이 말렸다.

세자를 폐하여 서인으로 삼는다는 명을 내렸고, 영빈이 고한 바를 대략 설명했다. 세자를 낳은 영빈 이씨는 임금에게 세자 비리를 알려 준 여자였다. 도승지 이이장이 죽음을 무릅쓰고 아뢰었지만, 사관들도 꺼려 감히 아무것도 쓰지 못했다. 영조에게 대든 이이장은 평소 손익룡과 허물없이 지냈는데, 나라에 어려움이 있을 때 구차하게 모면하려 해서는 안 된다는 언약을 굳게 지켜 칭송 받았다.

뒤주 속에 세자를 가둔 영조는 세자궁에 보관했던 물건들을 모두 불태우라 명했다. 세자를 보필하던 시강원 및 익위사 관원들도 모두 파직되었다. 윤오월 뙤약볕 아래 물 한 모금 마시지도 못한 세자는 아흐레만인 스무하룻날 훙서(薨逝)하였다. 그러자 영조가 전교를 내려 시호를 사도(思悼)라 하였다.

생각할 사思, 슬퍼 할 도悼.

처음부터 죽일 생각이었는지 아니면 겁을 준 후 용서하려 했는지, 감시하는 군사들조차 알지를 못했다. 느슨한 구금 상태를 알아차린 영조가 격노하여 뒤주를 꽁꽁 묶어 그 위에 풀을 덮었는데, 이를 두고 《대천록》에서는 홍인한이 한 짓이라 비난했고, 《임오일기》에서는 뒤주 위에 큰 돌을 올렸다고 기술하기도 했다.

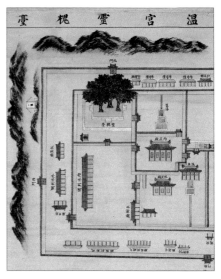

온양행궁 영괴대 ⓒ e뮤지엄 (국립중앙박물관)
영조가 온양 온궁에 행차했을 때 수행한 사도세자가 무술을 연마하던 곳인데, 이를 기념하기 위해 심었던 세 그루 느티나무를 잘 나타내고 있다.

엄명으로 포도대장 구선복에게 지키게 했더니, 뒤주 옆에서 맛난 음식 냄새를 풍기며 세자를 희롱했다는 이야기도 전해 온다.

세자 비위 10조목을 고변한 나경언은 형조판서 윤급의 청지기였으니, 노론의 하수인에 불과했다. 세자의 장인 홍봉한은 비위를 감춰 보호하려 했으나, 김상로와 홍계희 등이 세자를 끌어내리려 했다.

일제강점기 온양 영괴정 모습 ⓒ e뮤지엄 (국립민속박물관)
정조가 아버지를 추모하여 온양행궁 영괴대에 비와 정자를 세웠다.

세자가 죽어가는 동안 소극적으로 일관했던 홍봉한은 자신의 입장을 정당화시켜야 했다. 사건 성격에 대한 입장 정리가 필요한 시점이 오자, 종묘와 사직을 위해 임오화변이 부득이했음을 천명했다. 자신의 의리도 훼손되지 않았음을 차자로 올렸다. 영조가 짊어져야 할 짐을 그가 받아 멨다.

사도세자가 죽은 지 9년째 되던 해에 청주 유생 한유가 도끼를 메고 상경하여,

사도세자 묘지명 ⓒ e뮤지엄 (국립중앙박물관)

홍봉한의 권력 농단으로 어린 아이
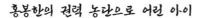

들 동요에, '망국동(亡國洞) 망정승(亡政丞)'이라 부르고 있으니, 이 도끼로 신을 먼저 쳐 죽인 후에 홍봉한을 처단하십시오.

라고 홍봉한을 저격했다.

불에 달군 수저로 '죽음으로 나라에 보답한다以死報國'라는 글자를 팔뚝에 새긴 그가 안국동에 살던 홍봉한을 저격한 것이다. 그 뒷배는 다름 아닌 홍봉한을 공격하는 파들이었다. 이들은 정조 즉위를 막으려다가 뜻대로 되지 않자 후일 벽파가 되었고, 사도세자를 억울하게 여기던 시파와 극한 대립을 하게 되었다.

홍봉한 초상 ⓒ 경기도박물관

영조가 사약이나 다른 방법이 아닌 자결을 요구했다. 그러다가 뒤주에 넣은 이유가 분명 있을 터인데, 어린 세손을 죄인 아들로 만들 수 없다는 논리가 작동했을 가능성이 크다. 삼종혈맥을 주장해야 할 만큼 자신의 치명적 결함이 정통성 문제인지라, 이런 결함을 세손에게 물려주지 싶지는 않았을 것이다.

정조 문집인《홍재전서》에 따르면, 영조가 죽음을 앞둔 재위 52년 병신**1776** 봄에 《승정원일기》의 정축년부터 임오년 사이 기록들은 모두 지워라 명했다. 공문서도 마찬가지였다. 이때 영조는

세손의 상소를 듣고 그의 청원을
특별히 들어준 것인데, 지금 내 마음
은 슬퍼 견딜 수가 없다.

하면서 눈물을 흘렸다. 그리고 전교를
내려,

홍재전서 ⓒ e뮤지엄 (국립고궁박물관)

　지금 나는 낮이나 밤이나 오직 종
묘사직에 마음이 있을 뿐이다. 지금
이 일도 사실은 저 어린 것을 위해서이다. 아! 임오년 윤5월 《일기》를 보고 사
도가 만약 지각이 있다면, 틀림없이 눈물을 삼키면서 여한이 없을 것이라 할 것
이다. 당시 《일기》도 《실록》의 전례대로 승지와 주서가 차일암으로 갖고 가
서 세초하도록 하라. … 이후부터 만약 임오년 사건을 언급하는 자가 있을 때
는 가차 없이 역률로 논할 것이니, 모두 이 말을 듣고 법을 범함이 없도록 하
라. 저 어린 것이 직접 내가 한 말을 들었으니, 내가 이제는 편한 잠을 잘 수 있
겠다.

하였으니, 현존하는 《승정원일기》 해당 부분을 찾아보면, 작은 부분은 붓으로 지우
고, 중간 정도는 예리한 칼로 오려내고, 큰 규모의 기사 내용은 통째로 드러냈던 흔
적들이 고스란히 남아 있다.

정성왕후와 정순왕후

영조가 10살이 되었을 때에 2살 많은 달성부원군 서종제 딸과 혼인했다. 그리고 20대 후반에 왕세제로 책봉됨에 따라 부인 서씨 또한 세제빈이 되었고, 왕비에 올라 66세로 사망할 때까지 무려 33년간 곤전 자리를 지켰다. 그러하니 정성왕후는 역대 왕비 중에서 가장 오랜 기간 궁궐 안주인 노릇을 한 셈이 된다.

하지만, 자식이 없었던 정성왕후를 창덕궁으로 내보내고 영조 자신은 경희궁에 거처하는 동안 찾는 일이 없었다. 50대에 접어든 정성왕후가 시름시름 앓아 통증을 호소했으나, 엄살 부린다고 핀잔을 주기 일쑤였으니, 진찰한 의관들도 영조 눈치를 살펴야 했다.

회갑을 맞은 왕후는 하례식도 치르질 않았고, 그녀가 죽었을 적에 빈소를 지키기는커녕 궁궐 밖의 일성위**정치달, 화완옹주 남편** 문상을 가버렸을 정도로 영조는 예법에 어긋난 행동을 보였다.

정성왕후가 시집온 첫날부터 소박맞았다는 이야기는 그래서 나온 것일 것이다. 첫날밤 신부 손이 곱다 하여 관심을 표하자 무심코,

손에 물 묻히지 않고 귀하게 자라 그렇사옵니다.

영조비 정성왕후 상시호 금보(上諡號 金寶) 자물쇠 ⓒ e뮤지엄 (국립고궁박물관)

라는 대답으로 눈 밖에 났다는 것인데, 무수리 출신 어머니를 둔 영조가 이 말에 발끈했다는 것이다. 영조 눈 밖에 난 또 다른 설 하나는, 경종 재위 시절 소론과 노론들이 치열하게 다툴 적에, 경종을 살해하려는 모반 사건에 연루되어 혐의를 벗기 어려웠다. 정성왕후 조카 서덕수가 영조에게 접근한 것으로 알려졌기 때문이다.

영조비 정성왕후 왕비책봉 금보 보록
ⓒ e뮤지엄 (국립고궁박물관)
왕세자빈이었던 정성왕후를 왕후로 책봉하면서 제작한 금보(金寶)와 보통(寶筒)을 넣었던 보록(寶盝)이다.

그런데 후자의 경우 설득력이 좀 떨어진다. 결혼한 지 거의 20년 가까이 지난 상황이기 때문이다. 궁궐 안주인 최장수 기록을 가진 정성왕후이지만, 알려진 게 별로 없다는 것은 존재감이 그만큼 떨어진다는 것과 같다.

영조계비 정순왕후 왕비책봉 교명함
ⓒ e뮤지엄 (국립고궁박물관)

정성왕후의 유일한 낙은 아들로 입적된 사도세자가 잘 따랐다는 점이다. 하지만, 사도의 비행을 지켜줄 생각이 없었던 영조는 죽은 정성왕후 힘을 빌려 아들을 처단했다. 서씨 신위가 있던 휘령전으로 사도를 끌고 간 영조는 정성왕후가 변란이 코

앞에 닥쳤음을 알려주었다고 소리쳤다. 영조의 이런 행위는 정성왕후와 세자 관계를 의식해서 나온 것일 것이다.

정순왕후가 묻힌 곳이 홍릉이니, 부왕 숙종이 묻힌 서삼릉**고양시**의 명릉 근처이다. 이곳에 터를 잡을 적에 훗날 영조 자신도 그 옆에 묻히길 바라면서 능을 조성했다. 오른쪽을 비워두는 우허제**右虛制**로 조성한데다, 석물들도 쌍릉 형식으로 갖췄기 때문이다.

하지만, 영조가 승하하자 그가 생전에 마련했던 홍릉에 묻히질 못했다. 신하들의 반대를 물리치고 정조가 내린 결정이었다. 살아생전에 옆구리가 시리던 정성왕후는 죽어서도 같은 운명이 되고 말았다. 영조 곁에 나란히 묻히는 행운을 얻은 여인은 계비 정순왕후였다. 동구릉의 원릉이 쌍릉이 된 것은 그런 이유 때문이다.

죽어서도 옆구리가 시린 정성왕후의 홍릉 모습 (고양 서오릉 경내) ⓒ 문화재청

영조가 66세 되던 해에 15살의 어린 신부를 맞았다. 강효석의 야사집 《대동기문》에 따르면, 김한구 딸이 홀로 간택 지정석을 피하여 앉으니, 영조가 그 이유를 물었다. 이에,

아비 이름이 적혀 있는데 어찌 감히 그 자리에 앉겠습니까.

라고 대답했다. 영조가 여러 처녀들에게 묻기를,

세상에서 무엇이 가장 깊은고?

하였더니, 어떤 처녀는 산이 깊다 말하고, 어떤 처녀는 물이 깊다고 하여 중론이 일치하지 않았는데, 김한구 딸 홀로 말하기를,

사람의 마음이 가장 깊습니다.

라고 하는지라, 주상이 그 까닭을 물으니,

사물의 길이는 헤아릴 수 있거니와 사람의 마음은 헤아릴 수 없기 때문입니다.

라고 대답했다. 영조가 또 묻기를,

무슨 꽃이 가장 좋은가?

하매, 어떤 처녀는 복숭아꽃이 좋다 하고, 어떤 처녀는 모란꽃이 좋다고 말하고, 어

떤 처녀는 해당화가 좋다고 말하여, 대답하는 바가 각기 달랐다. 그때 김한구 여식
홀로,

목화(면화)가 가장 좋습니다.

라고 하는지라, 주상이 그 까닭을 물으니,

다른 꽃들은 한때의 좋은 것에 지나지 않고, 오직 목화는 천하 사람에게 옷을
지어 입혀 따뜻하게 해주는 이로움이 있습니다.

라고 대답했다. 이때 마침 비가 주룩주룩 내려 주상이 묻기를,

월랑의 기왓골이 모두 몇 줄인지 세어 보아라.

정순왕후 국장도감의궤 ⓒ 규장각한국학연구원

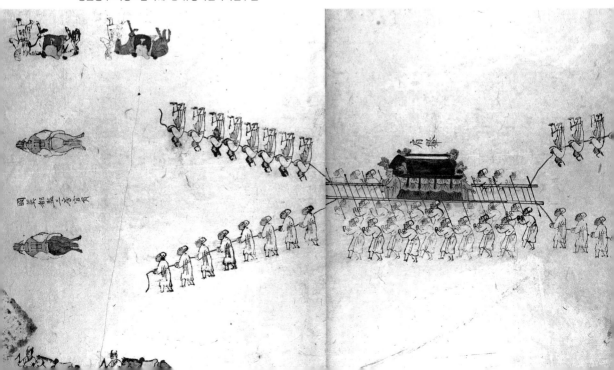

하였더니, 처녀들 모두 손가락으로 하나 둘 셋 넷 하며 세고 있었다. 이때 머리 숙인 채 조용히 앉아 있던 김한구 딸이 맞히자, 이를 수상히 여긴 주상이 연유를 물으니,

처마에 떨어지는 낙숫물을 세어 보았으므로 맞힐 수 있었습니다.

하므로, 가상히 여겼다.

정순왕후 생가 (충남 서산 유계리) ⓒ 주암역사연구실

이튿날 아침에 영롱한 무지개 가 김한구 딸의 세수 그릇에 꽂히 니, 후비 덕이 있다 하여 특별히 정궁으로 간택했다. 그 후 입궁 준 비할 적에 상궁이 옷 치수를 재기 위해 정순왕후에게 돌아앉기를 청하니, 네가 돌아앉으면 되지 않느냐고 호통 치는지라, 상궁이 황공하게 여겼다.

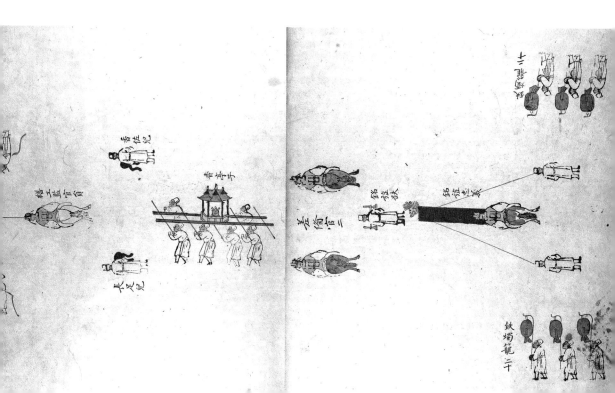

정순황후가 어릴 적에 서산에 살았는데, 가난으로 친척 집에 있을 적에 돌림병이 성하여 온 마을이 야외 초막으로 피했다. 3살 난 정순왕후가 어머니와 겨우 연명하고 있던 어느 날 도깨비들이 몰려와,

곤전(왕비)이 임어하셨으니, 시끄럽게 떠들어서는 안 된다.

하고는 흩어지므로, 모부인이 이상하다 여겼다.

어린 딸과 가족을 데리고 서울로 돌아오던 김한구가 지방 수령으로 부임하는 이사관을 만났는데, 서로 아는 처지였다. 눈바람이 휘몰아치는 매우 추운 날씨인지라, 떨고 있는 딸에게 입히라며 이사관은 돈피갖옷을 벗어 주었다.

정순왕후에게 이를 전해들은 영조는 이사관을 높이 등용하여 정승에 이르게 하였다. 하지만, 그가 죽은 후 어느 사관이 내린 인물평을 보면,

학식은 있으나 지망(地望)이 가벼우므로, 전후 이력은 모두 중비(中批)에서 나왔다. 상부(相府)에 오르게 되어서는 부침(浮沈)하여, 남의 뜻을 맞추고 건백(建白)하는 것이 없었으니, 참으로 이른바 반식재상(伴食宰相)이었다.

라고 하였듯이, '중비中批'란 전형을 거치지 않은 임금 특지特旨로 임명된 것을 말하고, '반식재상'이란 어울려 밥만 먹고 다니는 무능한 재상을 뜻하니, 보는 각도에 따라 사람 보는 눈이 이렇게 달랐다.

허점을 쉽게 노출해 버린 홍국영

아버지가 죄인이라, 효장세자 아들로 입적한 후 왕위에 오른 정조였다. 하지만, 왕위에 오르던 날 즉각 사도세자 아들임을 천명했다. 사도를 죽음으로 몰아넣었던 세력들이 여전히 포진하고 있어, 정조는 가히 살얼음판을 걸

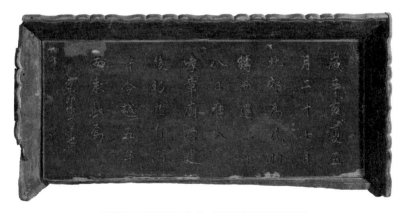

어제어필 歷孝章廟有感 ⓒ e뮤지엄 (국립고궁박물관)
영조가 첫째 아들 효장세자 사당인 효장묘(孝章廟)에 가서 감회를 새긴 현판이다.

어야만 했다. 팔순을 넘긴 영조가 재위 51년을 넘겼을 때 세손 대리청정 의견을 구했다.

이때 홍인한이 불쑥 나서,

동궁께서는 노론과 소론을 알 필요 없으며, 이조판서와 병조판서를 알 필요가 없습니다. 조정 일에 이르러서는 더욱이 알 필요가 없습니다.

– 《영조실록》 51년 11월 20일 –

라는 발언을 했듯이, 세손을 대놓고 무시하려 들었다. 이런 분위기 속에서도 무사하게 버틸 수 있었던 것은 홍국영이 곁에 있었기 때문이다.

무수리 최씨를 어머니로 둔 영조는 《자치통감강목》의 '이모비야爾母婢也, 네 어미는 종년이다'라는 구절을 너무나 싫어했다. 어느 날 세손 정조에게 어떤 책을 읽느냐고 묻자, 아무 생각 없이 강목을 읽고 있다는 대답에 발끈한 영조가 안색을 바꾸니, 이 부분은 읽지 않았다고 발뺌했다. 영조는 곧장 세손이 읽던 책을 찾아오라고 내시를 보냈는데, 마침 동궁전에 머물던 홍국영이 얼른 문제된 부분을 오려낸 후 건네주었다.

이를 계기로 정조는 홍국영을 두고 '세 번 죽을죄를 범해도 용서하리라'는 신임을 보내게 되었다.

홍국영은 정명공주선조 딸와 결혼한 홍주원의 6대손이니, 혜경궁 홍씨와도 10촌 안팎이었고, 영조 또한 홍국영을 내 손자라 할 정도로 아꼈다. 사도의 죽음을 계기

홍계희 평생도 (김홍도 작) ⓒ e뮤지엄 (국립중앙박물관)
홍계희의 평생도는 삼일유가(三日遊街), 수찬행렬(修撰行列), 평안감사부임(平安監司赴任), 좌의정행차(左議政行次),
치사(致仕), 회혼례(回婚禮) 등 여섯 폭만 남아 있다.

로 부홍파 **풍산 홍씨**를 끌어내리려 한 공홍파 **경주 김씨** 사이에 사사건건 대립했고, 그
런 가운데 즉위한 정조는 3일 만에 홍국영을 동부승지로 발탁했
을 뿐 아니라 몇 달 후에는 도승지로 승진시켰다.

정조가 즉위하고 해가 바뀐 더운 여름밤, 세 명
의 사내가 경희궁 흥화문 앞 보신탕집을 나섰다.
홍계희 손자 홍상범에게 포섭된 호위군관 강용휘
손에 쇠몽둥이 철편이 들려 있었고, 또 다른 사내
전흥문은 칼을 숨긴 채 궁궐에 잠입할 기회를 노
렸다. 20여 명의 대기조를 거느린 홍상범은 한 발
짝 물러나 몸을 숨겼다.

속명의록 ⓒ e뮤지엄 (국립고궁박물관)
정조의 명으로 대리청정을 반대했던
홍인한 정후겸 홍상범 등의 역모 사
건을 기록한 책이다.

두 명의 자객이 경희궁 존현각 기와를 뜯어내는 순간, 밤늦게까지 글을 읽고 있던 정조에게 들켜 도망쳤다. 정조는 단순한 도둑이 든 것으로 생각했지만, 매의 눈으로 사건 현장을 확인한 홍국영 생각은 달랐다. 수색과 기찰을 통해 사건 전모가 조금씩 드러나고 있을 무렵, 도망 친 강용휘와 전흥문이 다시 잠입했다. 하지만 한층 강화된 궁궐 수비에 겁먹고 대궐 뜰로 숨었고, 이내 발각되고 말았다.

홍계희 아들 홍술해와 손자 홍상범이 그의 일족 홍계능과 모의하여 은전군 이찬**사도세자와 경빈 박씨의 아들**을 옹립하려는 거사와 연결되어 있었다. 사랑하는 이복동생이었지만 사사할 수밖에 없었다. 벽파를 이끌던 정순왕후 오라비 김귀주도 흑산도에 위리안치 시켰다.

정순왕후 편지 ⓒ e뮤지엄 (국립한글박물관)
유배 간 오라버니 김귀주(金龜柱, 1740~1786)에게 보내는 정순왕후 편지(1786년).
문효세자 죽음으로 정조가 비통해하는 상황을 알리는 내용이며, 세자 책봉 때 감등되었다가 나주에서 죽었다.

불안한 정국이 이어지던 정조 재위 3년에 도승지 홍국영이 사직소를 올렸다. 그러자 정조는 고생했다는 말로 위로하더니, 이제는 흑발 봉조하도 있게 되었다는 농까지 잊지 않았다. 봉조하**奉朝賀**란 연로한 공신이나 원로들이 현직에서 물러날 때 주는 명예직이었다. 32살에 불과한 그에게 봉조하를 제수했다는 것은 일종의 정치적 사형선고였고, '흑발 봉조하'는 홍국영의 별명이 되었다.

"나비야 나비야 청산 가자"라는 홍국영의 시조가 도성 밖까지 널리 퍼졌듯이, 준

수한 외모에다 눈치가 빨라 민첩한 것은 물론 언변까지 좋아, 시정잡배들과 술잔 기울이고 내기 바둑을 즐기는 한량 기질을 타고 난 자였다. 이런 홍국영이 권력을 쥐고 흔드니, 혜경궁 집안에서도 버러지 보듯 했다.

《한중록》에서 홍국영을 두고,

> 요 작은 놈(홍국영)이 간사한 꾀를 내어 동궁(정조)께 곧게 충고하는 체하나, 실은 다 듣기 좋은 말이라. 한 번 국영이 들어오자 외부 사정에 대해 여쭙지 않는 일이 없고, 전하지 않는 말이 없으니, 동궁께서 신기하고 귀하게 여기시어…

라는 표현이 이를 잘 대변하고 있다.

원빈 홍씨 묘에서 출토된 화장 도구들

용을 잘 길들이면 그 등에 탈 수 있지만, 역린逆鱗을 건드리면 죽임을 당한다. 춘추 시대 한비자가 했던 말처럼, 홍국영은 정조의 역린을 건드렸다. 왕위 계승에 관여한 역린이었다.

정조는 홍국영 누이를 간택 후궁으로 맞이하여 원빈元嬪에 봉했다. 하지만 1년도 되지 않아 세상을 떠나버리자 중전 때문이라며 중궁전 처소 궁녀를 잡아다 고문했다거나, 중전을 독살하려 했다는 이야기까지 돌았다. 홍국영이 과도하게 정조 후계 구도에

원빈 홍씨 묘 출토 은제 화장합：壽福康寧 壽福寶盡이 새겨져 있다.

까지 욕심 부린 것이다. 홍국영은 사도세자 서자 은언군 아들 이담을 원빈 양자로 들인 후 완풍군**完豊君**이라 불렀다. 완은 조선왕실이 일어난 완산**전주**을, 풍은 그의 본관지 풍산을 의미하니, 허욕이 지나쳤다.

저사(儲嗣, 왕의 후계자)를 따로 구할 필요가 없다.

라고까지 떠들고 다녔으니, 욕심이 아닌 역린 중에서도 역대급 역린이었다.

홍국영을 버릴 카드로 생각한 정조는 조용히 은퇴시키는 방법을 택했다. 그의 사직 소는 정조의 뜻이었고, 소를 올리고도 한양에 머물다 정적들의 비난이 거세어 강원도로 쫓겨 갔다. 그곳에서 술과 원망으로 지새다 생을 마감했으니, 33살의 나이었다. 권력의 손잡이를 임시로 맡았으면 스스로 조심하고 두려워해야 하거늘, 총애만 믿고 권력을 남용하다가 끝내 망해버린 교훈을 남겼다.

아버지의 죽음을 목도한 정조는 특정 당파의 독주를 원치 않았다. 홍국영 손을 빌어 노론 반대파인 김구주나 외조부**홍봉한**까지 쳐냈는데, 홍국영이라는 새로운 노론 권력을 맞닥뜨렸으니, 이는 분명 정조가 넘어야 할 산이었다. 하지만, 정조가 쉽게 넘을 수 있도록 그 허점을 너무 빨리 노출해 버렸다.

심낙수의 《은파산고》에 따르면,

바둑을 좋아하던 홍국영은 스스로 국수라 여길 만큼 실력이 출중했다. 이 소문을 들은 평안도 개천 출신 최선기가 밭 한 떼기 판 돈 아홉 냥으로 바꾼 수정 갓끈 하나를 손에 넣고, 외상 밥 먹으며 홍국영 집에 드나들게 되었다. 하

지만, 세도가 집이라 날마다 빈객들로 득실대니, 윗목에 앉았다가 돌아오기를 반복하던 중에 하루는 폭우가 쏟아진 틈을 노려 홍참판댁 사랑으로 갔다. 혼자 무료하게 앉아 반갑다는 듯이 인사를 붙여준 홍국영에게 코가 땅에 닿도록 절하고 황공한 듯 앉았더니, 자네 바둑 좀 놓을 줄 아는가 하고 물었다. 기다리던 판이라 두어 점 놓을 줄 안다고 하면서, 이왕이면 내기바둑을 두자고 제안했다. 우습게 여긴 홍국영이 무엇을 걸겠냐고 묻자 소매 자락에서 수정 갓끈을 내놓으며, 소인이 이기면 청하는 대로 줄 수 있느냐고 흥정을 붙였다. 자기가 이길 것이라 여긴 홍국영이 좋다 하여 바둑알을 잡고 보니, 최선기 바둑이 다른 사람과는 딴판이었다. 홍국영이 겨우 이긴 바둑에 최선기는 두 말 없이 갓끈을 두고 물러났다.

며칠 후 또 비가 오자 또 내기 바

화조산수도첩 속의 바둑 두기 그림 ⓒe뮤지엄(국립중앙박물관)

목조 바둑판 ⓒe뮤지엄(국립중앙박물관)

둑을 두었는데, 이번에는 홍국영이 당해내지 못했다. 최선기가 소매 속에서 갖가 마른 장을 내 놓으며, 평안도 41주 수령들에게 내가 신임하는 사람이란 편지 한 장씩 써 주면 그 덕택으로 조용히 살아보겠노라고 아뢰었다. 재물을 달라 는 것도 아니고 벼슬자리 내 놓으란 것도 아닌지라, 홍국영이 특별히 신임하는 사람이란 뜻을 담은 신임장 마른 개를 써 주었다. 곧장 평안도에 내려간 최선 기가 찾아다닌 고을 수령들은 그 신임장을 보고 홀대할 수 없어 적게는 3~4 백 냥씩, 많게는 수천 냥을 내놓는 이들이 많았다.

라는 에피소드를 소개한 바 있다.

정조에게 허점을 쉽게 노출해 버렸듯이, 최선기에게도 이렇듯 허점을 드러내고 살았으니, 외모가 준수하고 눈치가 빠르며 민첩했다는 홍국영 세평에 먹칠한 꼴이 되었다.

반성문 한 장으로 총애 받은 신하

정조 가 즉위하자마자 신설했던 규장각이고 보면, 그 준비는 이미 세손 시절부터 했던 것으로 보인다. 절의와 청론을 상징하는 신선한 선비들을 뽑아 들인 친위 세력 양성이 목적이었다. 능력 있는 서자 출신을 과감하게 선발했으니, 이덕무·류득공·박제가·서이수 등이 공무 중에는 불 체포 특권도 보장받았다.

또한 초계문신으로 뽑힌 자들을 규장각에서 재교육했으니, 때 묻지 않은 젊은 엘

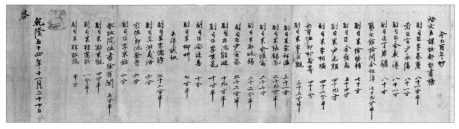

초계문신 과시방 ⓒ e뮤지엄 (국립중앙박물관)
37세 이하의 젊은 관리를 선발하여 규장각에 위탁 교육을 시키는 초계문신 제도는 정조 5년에 시작되어 10차에 걸쳐 138인이 배출되었다. 앞에서 4번째에 정약용 이름이 보인다.

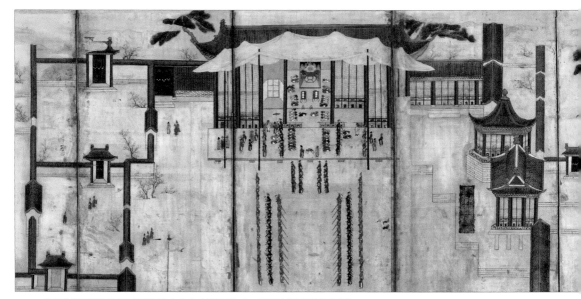

중희당 친림대정시갱운시병(親臨大政時 賡韻詩屛) ⓒ e뮤지엄 (국립한글박물관)
정조 9년 중희당 친림 도정(인사행정) 기념으로 만든 병풍이다. 세자로 책봉된 문효세자 위상을 고려하여 동궁전 중희당에서 도목정을 열었다.

리트를 개혁 주체로 양성하기 위함이었다. 정조 때 선발된 이가 모두 138명인데, 그 중에는 정약용도 있었다.

정조의 독서량은 상상을 초월할 정도였으니, 우물쭈물하는 승지들에게 어느 책 몇 째 줄에 그 내용이 있다는 지적을 두고, 실제로 확인해 보고는 혀를 내둘렀다 전한다. 이런 자신감으로 군주도통론을 주장하기도 했다. 당파별 세력 균형의 추를 조정하여 승기를 잡은 정조가 기어이,

내 임금이 바로 내 스승이며, 오늘날 사림의 영수는 주상이십니다.

라는 노론 강경파 김종수의 답변까지 얻어낼 정도였다.

하지만, 문체반정이니 서체반정이니 하여, 오늘날 기준으로 볼 때 터무니없는 일에 집착하여 시간과 정력을 낭비한 면이 있기는 하다. 한문으로 표현하는 문장을 순정고문醇正古文으로 해야 한다는 것이니, 주자의 시문이나 당송 8대가의 문장을 모범으로 치고, 소설체 문장을 완강히 배격했다.

기존의 순정고문 틀에 벗어난 대표적인 책이 박지원의 《열하일기》인데, 소설식 문체와 해학적인 표현을 패관문학이라 하여 금지한 것이다. 정조는 이를 문화의 타락이라 보았다. 정조 11년1787에 김조순과 이상황이 예문관에서 숙직하다, 당·송 시대 각종 소설과 《평산냉연》 같은 책을 읽는다 하여, 즉각 불태워버리도록 명했다. 《평산냉연》이란 당대 유행하던 청나라 소설인데, 평·산·냉·연이란 네 명의 꽃미남과 꽃미녀들이 등장하는 소설이었다.

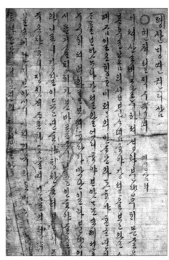
평산냉연 한글 필사본 ⓒ e뮤지엄 (국립한글박물관)

김낙순은 노론 4대신의 한 사람이었던 김창집의 4대손이었다. 그가 급제하자 정조는 낙순의 이름을 조순이라 바꿔주었다. 김조순이 패관문학을 가까이 하다 들킬 때는 고작 23살의 젊은 관료였고, 정조는 재위 11년차 36살의 위풍당당한 임금이었다.

정조 16년1792년에 초계문신 남공철이 지은 대책문에 패관 문자를 인용했고, 유생이던 이옥이 지은 표문에도 패관 문장체가 흐른다 하여, 정조가 단단히 뿔이 났다. 동지사 서장관으로 가던 김조순에게 파발을 띄웠다. 옛적 패관 소설 읽은 자들 모두 반성의 글을 내라는 어명이었다.

김조순과 함께 패설을 읽었던 이상황의 반성문이나 남공철과 심상규가 제출한 것이 임시 모면용이란 이유로 야단맞았다. 그런 반면 김조순 반성문에 대해서는 칭찬을 아끼지 않았다. 그런 일이 있은 후 남공철은 다소 고문 쪽으로 기울었으나, 심상규와 이상황은 정승을 지내면서도 패설에 젖어 살았다.

종부시 선원보첩시역일 현판 (김조순 글씨) ⓒ e뮤지엄 (국립중앙박물관)
김조순(1765~1831)이 쓴 시구(詩句)를 종부시 벽면에 걸었던 현판이다. 왕실 족보 선원보첩 만드는 일을 하면서 느낀 감회를 적은 것이다.

정조가 남인 천주교 신자들을 보호하기 위해 문체반정 운동을 벌였다고도 하는데, 정작 정조에게 혼이 난 인물들은 노론의 김조순이고 박지원이었다. 조정에서 이런 소동이 일어났던 정조 16년은 박지원이 안의 현감으로 있을 때였다. 정조는 연암 박지원에게도 가혹한 조치를 내렸다. 편질이 비슷한 수준의 책을 다시 써 내라는 것이었다.

《열하일기》를 완성한 박지원은 그 이전에 쓴 글들을 모두 태워 버렸다. 나머지 글들은 후세에 전할 것 없다는 것이 이유였다. 하지만, 시골 고을살이를 하는 터에 글 상자에는 단 한 장의 예전 원고가 없을 텐데, 임금이 갑자기 장중한 글을 쓰라고 명한들, 무슨 수로 스무 권이나 되는 양을 채우겠는가.

연암이 한양에 있을 적에 어울린 이들의 계모임이 백탑파였다. 백탑이란 지금의 탑골공원에 세워진 원각사탑을 두고 한 말인데, 세조가 이곳에 원각사란 절을 지어 흰 대리석으로 높디높은 탑을 세웠으니, 이를 백탑이라 하여 일종의 랜드마크 구실을 해왔다. 박지원 주도 아래 서자 출신 문필가들이 모여 연암파라는 별칭까지 생겨났다.

규장각 ⓒe뮤지엄 (국립중앙박물관)
정조가 즉위한 1776년에 창건한 창덕궁 후원의 규장각 전경을 그린 그림이다

실학자로 이름난 이덕무·이서구·류득공 같은 규장각 검서관들에다 홍대용이나 백동수와 박제가도 후일 합류했다. 박지원과 홍대용은 당대를 호령하던 노론 명망가 출신이었으나, 서얼 출신 이덕무·박제가·류득공·서상수 등과 허물없는 벗이자 스승이었다.

어필 규장각 현판(숙종 글씨) ⓒe뮤지엄 (국립중앙박물관)

이들이 꿈꾼 것은 새로운 세상이었지만, 쉽게 오지는 않았다.

담바구 타령과 독한 소주 정치

정조의 삶 속에서 떼어놓을 수 없는 것이 활쏘기였다.

문장과 활을 모르는 것은 문무文武를 갖춘 재목이 아니란 말로 신하들을 채근했다. 규장각 관원들도 예외 없는 활쏘기 사역에 시달렸고, 과녁이 빗나가는 날엔 나머지 활쏘기를 도맡아 한 이가 정약용이었다. 그럼에도 활 솜씨가 늘지 않는 정약용에게 극약 처방까지 내렸으니, 그를 유배 보내는 일이었다. 유배지는 다름 아닌 창덕궁 후원 부용지 안에 있던 조그만 섬이었다. 노를 젓는 정약용을 두고 정조가 배꼽 빠져라 웃는 모습이 짐작 가고도 남는다.

손꼽히는 명궁 태조 이성계 못지않게 활을 잘 다룬 임금이 정조였다. 기록에 의하면 50발 중 49발을 맞히고 1발은 안 맞혔다고 한다. 50발을 다 맞추면 오만해질 수 있기 때문이다. 어진을 그릴 때에도 군복 입은 모습 하나를 화령전에 봉안하였다. 임금의 군복 차림 어색함을 간한 김익이 남긴 시에,

창덕궁 부용지 ⓒ 문화재청

마상의 군왕은 소매통 좁은 옷을 입었네. [馬上君王狹袖衣]

라고 읊은 것이 있는데, 임금이 행차할 때마다 으레 군복을 착용했다고 전한다.

술과 담배는 정조와 뗄 수 없는 관계다.

신하들에게 술과 담배 강요를 일삼는 예찬론자였으니, 담배 한 대 물려 놓고 다 타기 전에 시 한 수가 나와야 했다. 천부적 재질로 세 곱의 점수를 받은 이가 다산 정약용이었다. 정조는 단순히 즐기고 예찬만 한 게 아니라, 초계문신들에게 책문策

問：정치에 관한 계책을 물어 답하게 하던 시험 과목의 하나으로 담배에 대한 향후 정책안까지 제출토록 했다.

《홍재전서》에 실린 그 내용을 간추려 보면,

담배 썰기《단원 풍속도첩》ⓒ e뮤지엄 (국립중앙박물관)

여러 가지 식물 중에 사용함에 이롭고 사람에게 유익한 것으로는 남령초만 한 것이 없다. … 어릴 적부터 책 읽는 것을 좋아하였으니, 연구하고 탐닉하느라 마음과 몸에 피로가 쌓인 지 수십 년에 책 속에서 생긴 병이 마침내 가슴속에 항시 막혀 있어서 혹 뜬눈으로 밤을 지새우기도 하였다. 그리고 즉위 한 이래 책 읽던 버릇이 정무로까지 옮겨져서 그 증세가 더욱 심해졌으므로, 복용한 빈랑나무 열매와 쥐눈

철제 은입사 담배합
ⓒ e뮤지엄 (국립중앙박물관)

이콩만도 근이나 포대로 계산하여야 할 정도였고, 백방으로 약을 구하여 보았지만 오직 이 남령초에서만 힘을 얻게 되었다. 화기로 한담을 공격하니 가슴에 막혔던 것이 자연히 없어졌고, 연기의 진액이 폐장을 윤택하게 하여 밤잠을 안온하게 잘 수 있었다. 정치의 득과 실을 깊이 생각할 때에 뒤엉켜서 요란한 마음을 맑은 거울로 비추어 요령을 잡게 하는 것도 그 힘이며, 갑이냐 을이냐를 고정하여 퇴고할 때에 생각을 짜내느라 고심하는 번뇌를 공평하게 저울질하게 하는 것도 그 힘이다. …

그런데 그 후에 그 효능을 알아낸 자들은 대부분 말하기를, 간장을 억제하고 비위를 도우며 마비 증세를 없애고 습담을 제거하니, 사람에게 유익함은 있어도 실제로 독은 없다고 하였다. 점차 세상에 성행하게 되고 심지어는 말 한 필과 남초 한 근을 바꾸기도 하며, 지금 와서는 곳곳에 재배하고 사람마다 효험을 보고 있는데, 금지하자는 것이 무슨 말인가. 쓰임에 유용하고 사람에게 유익한 것으로 말하자면 차나 술보다 낫다고 할 수 있다. … 들은 것을 다하여 여러 방면으로 인용하고 곡진하게 증명한 글을 지어 올려라. 내 친히 열람하리라.

라고 했듯이, 책을 읽고 글을 쓸 때는 물론 섬세한 교정을 볼 때도 끼고 앉았던 것이 담배였으니, 오늘날 창작을 일삼는 사람들 옆에 수북이 쌓인 꽁초를 보는 듯 그려진다.

　정조가 직접 낸 문제를 현판에 걸어놓고 다음날 문 닫는 시각까지 써내라고 하였는데, 당시 현제판에 걸렸던 〈남령초 책문〉 원본이 《전책제초》란 문서철 7개 문건 중에 하나로 규장각에 보존되어 있다.

　담배에 대한 논란은 예나 지금이나 분분하기 마련이라, 채제공을 비롯한 부정론자들은 그 백해무익함을 앞세우기도 했지만 별 소용이 없었다. 정조가 미복 차림 민정 시찰에서 담배 농사로 곡식이 줄어든다는 것을 알고는 끊었다.

　구야 구야 담바구야 동래 울산에 담바구야 / 금을 주러 나왔느냐 옥을 주려고 나왔느냐 / 금도 없고 옥도 없어 담바구 씨를 가지고 왔네 ~~

당대 유행하던 〈담바구 타령〉이 왜 유행했는지 알만도 하다.

정조는 장난기 곁들인 폭음 강요 스타일이었는데, 다산 정약용이 그의 아들 학유에게 쓴 편지에 따르면,

> 주상께서 삼중소주(三重燒酒)를 옥월통에 가득히 부어 하사하신 일이 있었는데, 오늘을 죽었구나 생각하며 마시지 않을 수가 없었으나, 취하지는 않았다. 또 한 번은 큰 사발로 술을 받았는데, 이를 마신 다른 각신(閣臣)들은 모두 인사불성이 되었다. 어떤 이는 남쪽으로 향해 절을 올리고, 어떤 이는 그 자리에 벌렁 누워 버렸다. 그러나 나는 시권(試券)을 다 읽고 착오 없이 등수도 정했으니, 약간 취했을 뿐이다.　　　　－《다산시문집》 21, 유아 －

라고 했으니, 옥필통 술잔으로 삼중소주를 마신 것은 중희당에서 벌어진 일이었다.

옹기소주고리
ⓒ e뮤지엄 (국립중앙박물관)

조선시대에는 각 관청마다 독특한 음주문화를 갖고 있었으니, 간諫을 맡은 사간원에서 마시던 술잔은 아란배였다. 거위 알을 뜻하는 이 술잔은 구슬이 한 됫박이 들어갈 정도의 큰 잔이었다. 이에 비해 승정원에서 마시는 술잔은 작은 갈호배蝎虎盃였다. 술만 보면 죽어 버린다는 사막의 도마뱀 같은 것이 갈호였으니, 술을 극도로 삼가야 하는 승정원에 딱 맞는 술잔이었다.

정조 임금이 성균관 제술 시험에 합격한 유생들을 희정당으로 불러, 취하지 않

으면 돌아갈 수 없다고 경고했다. 술잔은 내각의 팔환은배八環銀盃로 하되, 잔 돌리기 임무는 우부승지 신기에게 맡겼으니, 그 방면으로 이력이 난 인물이었다. 여덟 굽이 모양을 낸 은잔은 규장각에 비치된 술잔이었다.

흥이 무르익을 무렵 오태증이 다섯 잔을 마시고도 취하지 않자 정조가 이르기를,

이 희정당이야말로 그의 할아버지 오도일이 취해 넘어졌던 곳이니, 어찌 감히 사양하겠는가. 다시 큰 잔으로 다섯 순배를 부어주어라.

라고 흥을 돋우었으니, 영화당 앞 춘당대에서 열린 과시 채점을 앞두고 내린 하사 주로 흥건히 취한 잔치가 참으로 흥미롭다.

옛날 세조가 신정승 구치관 축하 술자리를 만들어, 구정승 신숙주를 불러다 함께 마시면서 대답을 잘못하면 벌주를 내린다고 경고했다. 세조가 구정승 하고 불러 구치관이 대답하자, 오래된 구정승新叔舟을 불렀노라 하여 벌주를 내렸다. 그 후 다시 구정승 하고 불렀을 때 신숙자가 잘못 대답했다 하여 벌주를 내렸고, 그 담에는 둘 다 대답하지 않았다고 벌주, 또 담에는 둘 다 같이 대답했다 하여 내린 벌주로 밤새껏 놀다 새벽이 되어서야 헤어졌다고 한다.

세조가 술을 그렇게 즐겼듯이, 정조도 해학과 웃음으로 승화시키려는 뜻을 담은 것이다. 하지만, 정조가 즐긴 술은 술이 아니라, 피 말리는 당쟁 정국 속에 피어난 낭만이었다. 정조의 술은 술에 그친 것이 아니라, 과거 시험 시제로도 올라가는 정치술이었고, 당쟁과 정쟁을 누그러뜨리는 마술이기도 했다.

정조의 비밀편지

정조 12년**1788** 채제공을 비롯한 남인들을 본격적으로 등용하여, 노론과 남인의 균형을 도모했다. 영남 남인들이 기다렸다는 듯이 만인소를 올렸다. 사도세자에게 죄를 씌운 무리들을 처벌하라 요구한 것이다. 이렇듯 임오의리 **壬午義理** 문제가 제기되자 노론들은 시파와 벽파로 갈라졌고, 이때부터 노론 소론 같은 사색은 보이질 않았다.

채제공 초상 ⓒ e뮤지엄 (국립중앙박물관)

정조 외할아버지 홍봉한을 지지하면 시파, 공격하면 벽파로 단순하게 구분한 적도 있지만, 그리 단순한 것은 아니었다. 남인과 소론들의 당론서에는 정조의 뜻에 따랐는지 아닌지로 구분하기도 했는데,

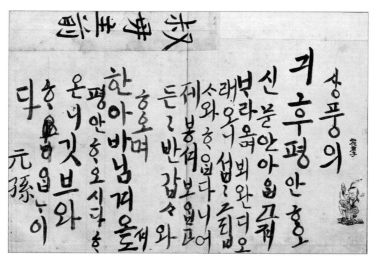

정조어필 한글 편지첩 (18세기) ⓒ e뮤지엄 (국립한글박물관)
정조가 원손 시절 외숙모 여흥 민씨(홍낙인 부인)에게 보낸 안부 편지

노론 주류들을 벽파로 간주했기 때문이다.

정조는 소외당했던 남인과 소론 강경파를 등용했고, 영조가 펼친 완론 탕평보다 진전된 것으로 평가받기도 한다. 정쟁 조정 역할을 잘 해 내던 노론의 김종수 같은 인물이 있었기 때문이다. 남인을 이끌던 채제공까지 죽은 이후엔 정쟁을 조정하고 관리할 인물이 없었다.

사도세자 죽음을 놓고 대립각을 세우던 벽파 노론 정객은 심환지였다. 정조가 심환지와 물밑으로 주고받은 편지가 공개되어 이목을 집중시킨 것도 그 때문이다. 정조 자신을 그토록 지켜주려 애썼던 서영보를 두고,

호종자(胡種子)

라는 표현도 서슴지 않았다. '오랑캐 자식'이거나 '호로자식'으로 이해하면 될 것이다. 세손 시절부터 소론 대신 서영보가 보좌해 왔으니, 정조를 위해 일생을 살았던 사람이었다. 현융원 행차 때마다 저 멀리 아버지 묘를 바라보며 천천히 가라고 외친 지지대 고개에 세웠던 비문도 서용보가 쓴 것이었다.

측근 신하만 욕한 것이 아니다. 맘에 들지 않은 젊은 문신 김매순과 김이영을 가리켜,

젖비린내 나고 사람 꼴도 갖추지 못한 놈과 경박하고 어지러워 동서도 구분 못하는 놈이 감히 주둥아리를 놀리려고 한다.

라고 비난했다. 황인기와 김이수에 대해서도, 과연 어떤 놈들이기에 감히 주둥아리를 놀리나 라고 했다. 은밀하게 주고받은 군신간의 편지 속에는 난데없는 한글도 툭 튀어 나온다.

요사이 벽파 탈락 소문이 성행한다고 하는데 … 그 이해득실은 어떠하오? 지금처럼 벽파 무리들이 '뒤죽박죽' 되었을 때에는 종종 이처럼 근거 없는 소문이 있다 해도 무방하오. 이해할 수가 있겠오?

라고 하였듯이, 마땅한 한문을 조합하지 못한 "'뒤죽박죽'"에서 정조의 급한 성격이 여지없이 드러난다.

편지를 읽을 심환지에게도 생각 없는 늙은이라 했고, "경은 갈수록 입을 조심하지 않는다."라는 경고도 내렸다. 때로는 심환지 부인의 병을 걱정하며 약재를 보내거나,

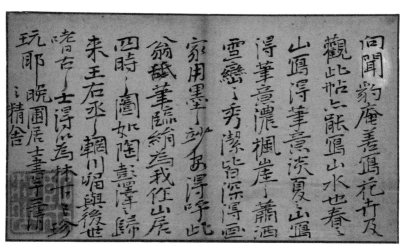

강세황이 그린 산수화 아래에 덧붙인 심환지의 글 ⓒ e뮤지엄 (국립중앙박물관)

벼슬을 그만두고 금강산 유람을 떠나는 심환지 걱정에 약재까지 챙겨주기도 했다.

무려 299통에 달하는 편지 공개로 "당쟁의 재구성"이 필요하게 되었다.

강경한 원칙론으로 보수를 지키려는 벽파 영수 심환지와 사도세자를 추숭하고 개혁을 과제로 삼은 정조대왕 속살들이 여지없이 드러났다. 읽은 후 불태우라는 당부를 외면했던 심환지, 그는 어떤 생각으로 편지를 고스란히 남겼을까?

순조 2년에 영의정으로 있다 사망했고, 벽파가 몰락하면서 역적 괴수로 단죄된 인물이니, 심환지가 남긴 대부분의 글들이 불태워졌을 것이다. 실록 기록에 따르면, 검소한 성품에다 사람을 거짓으로 대하지 않았다는 평가가 보이며, 정조 또한 그의 훌륭한 문장에 매료되었다거나 원칙에 투철한 정치인이라 보았다. 그럼에도 정조 독살에 관여되었을지도 모른다는 의심까지 받던 인물이 심환지였다.

정조 편지 중간 중간에 '呵呵가가'란 부분은 껄껄 웃는 모습의 표현이니, 요즘 통용되는 ㅎㅎ, ㅋㅋ, ㅠㅠ 일 것이다.

"비밀을 누설하지 말라고 신신당부했겠지요? 어용겸이 내 의중을 파악이나 할런지 … 呵呵"

"감역 자리를 소론에게 돌리지 않으면 또 무슨 욕을 먹으려나 … 呵呵"

"그대의 녹봉이 넉넉한데도 이걸 보내니, 그야말로 삿갓을 쓰고도 받고, 전립을 쓰고도 받는 셈이 아니겠소. 呵呵 이만 줄이겠소."

아버지뻘 심환지를 놀려대는 천진난만함도 그지없어,

경의 아들을 합격시키지 못해 미안하이. 아쉽구려! 300등 안에만 들었어도 ….

라는 편지글은 분명 위로가 아닌 놀리는 어투였다. 하지만, 정조가 속으로 담고 있던 진심이란,

이번엔 합격하지 못했으나, 어느 때인들 합격 못하리오. 내 굳이 이번에 합격을 바란 것은 경이 더 늙기 전에 경사를 보도록 하고 싶었기 때문이오.

라는 의미를 담았던 것이니, 찰 지게 욕하는 본능을 숨김없이 드러내는 인간미 가득한 친근한 모습이다.

정조가 재위 22년1798 7월 14일에 심환지를 예조판서로 임명하고, 8월 28일에 우의정으로 승진시켜 어리둥절하게 만들었다. 이때 정조는 비밀리에 보낸 편지로

준비하고 있으란 지침까지 내렸다. 이 뿐이 아니다. 내일 어전 회의에서 무엇을 제시할 터이니, 당신이 이런 의견을 내면 내가 승인하겠다는 내용까지 확인된다.

정조 병세가 위중함에 한달음으로 달려온 심환지가 인삼차와 청심환을 입에 넣어주려 했지만, 삼키지도 못한 채 숨을 거두고 말았다. 승하하기 십여 일 전에 심환지에게 보낸 편지에는,

심환지 초상 ⓒ 경기도박물관

배 속의 화기가 올라만 가고 내려가질 않는다. … 항상 얼음물을 마시거나 차가운 장판에 등을 붙인 채 잠을 이루지 못하고 뒤척이니 심히 고통스럽다.

라고 하소연 한 것이 보인다.

욱하는 성정의 화증火症 증세를 자주 보인 정조였는데, 인조부터 내려오던 선천적인 DNA라 보는 시각이 많다. 까칠했던 숙종 시대를 지나 영조와 사도세자에 이르러 폭발했지만, 정조는 학문으로 승화시켜 그 증세를 다소 완화 시켰을 가능성이 크다.

VI

쇠망의 길

홍경래의 난과 김 삿갓

효의왕후에게 자식을 보지 못한 정조는 의빈 성씨가 낳은 아들을 세자로 책봉했으니, 문효세자이다. 하지만, 그가 요절하자 수빈을 맞아들여 대를 이을 수 있었으니, 23대째 임금 자리에 오른 순조였다. 노론 정권의 문란한 사회가 이어졌고, 백성들은 허덕일 틈조차 없는 궁핍한 생활을 이어갔다.

의빈 성씨 인장 (국립고궁박물관 전시품) ⓒ 주암역사연구실

평안도 용강의 몰락한 양반가에서 태어 난 홍경래가 외숙에게 글을 배웠는데, 재주는 비범하나 뜻이 순정치 않아 세심한 지도가 필요하다는 당부가 있던 아이였다.

병서를 즐겨 읽고 술법과 풍수지리까지 섭렵한 데다, 타고 난 용력으로 축지법

(어제) 동궁초강효경 지희 東宮初講孝經 識喜 ⓒ e뮤지엄 (국립고궁박물관)

1785년(정조 9년) 9월 9일 동궁(문효세자)이 처음으로 『효경(孝經)』을 강(講)한 날, 정조의 소감을 적은 시를 새긴 현판이다. 정조가 글을 짓고, 심정진(沈定鎭)이 명을 받아 글씨를 썼다.

을 쓴다고 알려진 홍경래가 명문가 서얼 출신 우군칙을 만났다. 서북인들을 등용하지 않는 조정 처사에 함께 불만을 토로했다. 10년이란 때를 기다린 이들이 임신년 **1812** 정월에 칼을 잡자고 약속 했다. 사람들이 모여드는 것을 수상히 여긴 관에서 낌새를 차리자, 섣달 보름으로 거사를 앞당기지 않을 수 없었다.

홍경래 스스로 관서대원수라 칭하여 격문을 선포했으니, 서쪽 땅에서 났다는 이유로 차별이 심했기 때문이다. 기세를 올린 반군들이 가산 군수 정시를 죽이고, 병사를 남북으로 나누어 진격했다. 북으로 향하던 군사는 곽산을 거쳐 정주, 선천, 태천, 철산, 용천 등을 점령했고, 남쪽을 진격하던 군사는 박천을 손에 넣었지만, 지도부 의견이 달라 틈이 생겼다. 평안 병사 이해우가 안주로 들이치고, 조정에서 급파한 양서순무사 이요헌 부대가 합세하여, 전세가 역전되기에 이르렀다.

정주 성으로 후퇴한 홍경래는 한성의 동지들 승전보가 날아들 것을 기대하며, 희망의 끈을 버리지 않았다. 혹독한 폐정에 시달리던 백성들이 우군이 되어 줄 것

함경도지방 과거시험 ⓒ e뮤지엄 (국립중앙박물관)
서북지역의 차별을 의식하여 특별히 함경도에서 치른 과거시험이다.

으로 믿었기 때문이다. 삼정 문란 속에 허덕이던 농민과 하층민들에게 홍경래는 영웅이었다. 하지만, 해를 넘겨 굴을 파고 화약을 터뜨린 관군들에게 홍경래는 쓰러졌다.

 적을 꾸짖으며 굽히지 않다가 부모 형제와 함께 피살된 가산 군수 정시가 주목받는 인물이 되었다. 그가 아끼던 기생 연홍이 울면서 적도들에게 시체를 내어줄 것을 청했고, 관이 고향으로 돌아갈 때엔 패강까지 따라가며 통곡했다. 순조 임금은 정시의 절개를 표창했고. 병조 판서로 추증했다. 그는 학덕으로 이름 높은 한강 정구의 후손이었다.

선천 부사 김익순은 싸워보지도 않고 투항하여 반란군 군관으로 배반한 인물이었다. 괴적 김창시 수급을 벤 조문형에게 천금을 약속하고 넘겨받아 관에 바쳤는데, 난이 진압된 후 조사과정에서 그 사실이 밝혀져 처형되었다. 그는 안동 김씨 집안의 김조순과 같은 항렬이었다. 수치심으로 살던 아들 김안근은 39살에 세상을 등졌다. 김안근 처 함평 이씨는 소백산 산골로 숨어들어 아들을 키워야만 했다.

회연서원도 (겸재 정선 작) 세로 26×가로 22.9 ⓒ e뮤지엄 (국립중앙박물관)
한강 정구 선생을 배향한 성주 회연서원과 봉비암(鳳飛巖)을 그린 겸재의 작품이다.

김안근의 아들 나이 열여섯에 치른 지방 향시 시제가 때 마침,

김익순의 죄가 하늘까지 미쳤음을 꾸짖고 가산 군수 정시의 충절 어린 죽음을 논하다(嘆金益淳罪通于天 論鄭嘉山忠節死)

라는 것이었다. 빼어난 글을 제출하고 자랑할 요량으로 어머니께 전했더니, 울면서 할아버지를 욕되게 했다고 탄식했다. 자기가 쓴 글을 새삼 돌이켜 새겨보니,

임금을 잃은 이 날 어버이를 또 잃었으니, 한 번의 죽음은 너무 가벼워 만 번 죽어 마땅하리. 춘추필법을 네 아는가 모르는가?

라고 쓴 구절에 충격을 받지 않을 수 없었다.

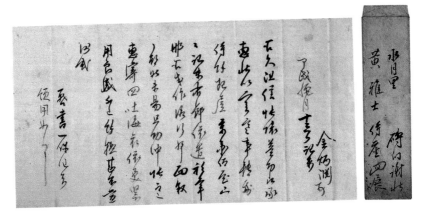

김병연이 황아사에게 쓴 편지 ⓒ e뮤지엄 (국립전주박물관)

폐인처럼 지내다가 20살이 되던 해에 삿갓으로 가린 채 방랑길에 올라 8도를 누비며 풍찬노숙으로 살다시피 했다. 양반 도적들을 풍자하는 재기 넘치는 시를 남긴 그의 본명은 김병연이다.

평안도 땅에서 이름난 노진은 김 삿갓과 거의 라이벌에 가까운 실력을 가진 자였다. 역적 후예 주제에 근신하지 않음을 못마땅하게 여기던 김 삿갓이 그곳으로 오자, 망신 주어 쫓아낼 생각으로 그의 조부 허물을 끄집어내 시 한 수 지었으니, 하늘까지 죄가 미친 김익순과 충절의 상징 가산 군수 정시를 대비시킨 내용이었다. 크게 취한 김 삿갓이 이 시를 또박또박 읽고는 피를 토하며 평안도를 떠나, 일생토록 관서 땅은 밟지 않았다.

전라도 동복현의 안 초시 사랑방에서 숨을 거둘 적에 김 삿갓의 나이 57세였다. 긴 방랑의 종지부를 찍었던 그 순간까지도 처자식은 찾지 않은 채,

안 초시. 내 어머니가 보고 싶소. 저 등잔을 좀 꺼 주시오.

라는 말을 남겼다고 전한다.

천하를 주유하며 남긴 김 삿갓의 시를 읽다보면 시간가는 줄 모른다.

어느 고을 부잣집 회갑잔치에 김 삿갓도 말석에 앉았지만, 눈치 없는 푸대접에 화가 난 그가 축시 한 수 짓겠다고 나섰다. 칠언절구 첫 소절부터,

피좌노인비인간(披坐老人非人間) / 저기 앉은 늙은이는 사람이 아니다

라고 했으니, 몰매 맞기 십상이었다. 급히 모면하고자,

의시천상강신선(疑是天上降神仙) / 마치 하늘에서 내려 온 신선 같구나.

라고 했으니, 좌중은 조용해졌다. 그러다가 다시 이은 시구에,

슬하칠자개도적(膝下七子皆盜賊) / 슬하 일곱 아들 모두 도둑놈이너

라는 민망한 가락이 이어지자, 험악한 분위기가 또 다시 연출되었다. 모른 채 외면하며 술 한 잔을 청한 김 삿갓이 마지막 시구를 읊었으니,

투득천도헌수연(偸得天桃獻壽宴) / 하늘이 내린 복숭아를 훔쳐다 잔치를 빛내는구나.

라는 마무리로 좌중을 들었다 놨다 하여, 주안상 배불리 먹고 조용히 사라졌다.

　방랑하던 김 삿갓에겐 한 끼 밥이 급했지만, 심술 고약한 시골 훈장이 잘 쓰이지도 않던 '찾을 멱覓'자 네 개의 운으로 시를 짓게 했지만,

　허다운자하호멱(許多韻字何呼覓) / 많고 많은 운자에 하필 멱자를 부르는고?
　피멱유난황차멱(彼覓有難況此覓) / 첫 번 멱자도 어려웠는데 이번 멱자는 어이 할꼬?
　일야숙침현어멱(一夜宿寢懸於覓) / 하룻밤 자고 못 자는 운수가 멱자에 걸렸는데
　산촌훈장단지멱(山村訓長但知覓) / 산촌 훈장 놈은 멱자 밖에 모르는구나

라고 태연하게 응수했다. 지금껏 '사멱四覓 난운難韻'을 통과한 사람이 없었는데, 이 절묘한 시를 본 시골 훈장도 하룻밤을 정성껏 모셨으니, 그의 재주는 타의 추종을 불허했다.

김삿갓 묘와 유적지 (영월) ⓒ 장득진

어느 고을 서당에서 밥 한술 얻으려고 근처 놀던 아이에게 심부름 보냈더니, 얼굴도 내밀지 않고 문전 박대하는 훈장이 있는지라,

서당내조지(書堂乃早知) / 내 일찍이 서당인 줄은 알았지만
방중개존물(房中皆尊物) / 방안에는 모두 귀한 분들일세
생도제미십(生徒諸未十) / 생도는 모두 10명도 못 되고
선생내불알(先生來不謁) / 선생은 와서 인사도 않는구나

라는, 교묘한 우리 말 육두문자 시 구절로 훈계했다 전한다.

때로는 글을 가르쳐야만 잠자리와 먹거리가 해결되기도 했으니, 그는 광고판을 더욱 재미나게 꾸미려고,

자지(自知)면 만지(晩知)고, 보지(補知)면 조지(早知)다.

라고 했다. 혼자서 알려 하면 늦게 알게 되고, 도움 받아 알려 하면 빨리 알게 된다는 뜻이니, 그의 재치와 해학에 넋이 나갈 정도다.

안동 김씨 김조순

김조순 초상

정조의 갑작스런 죽음으로 11살에 불과한 어린 임금 순조가 즉위했다.

어린 아들을 두고 끝내 미덥지 못했던 정조가 은밀히 부탁한 이는 김조순이었다. 세자 나이 10살이 되어 간택을 진행하고 있을 때에 정조가 흡족한 표정을 지은 것은 김조순의 딸 때문이었다.

임금이 직접 개입한 간택이라, 수월하고도 순조롭게 진행되어 2차 간택까지 잘 진행되고 있었다. 승지로 발탁된 김조순과 정조는 단순한 군신관계를 뛰어넘는 관계였다. 그런 정조가 갑자기 숨을 거두자 최종 간택도 멀어져 갔다.

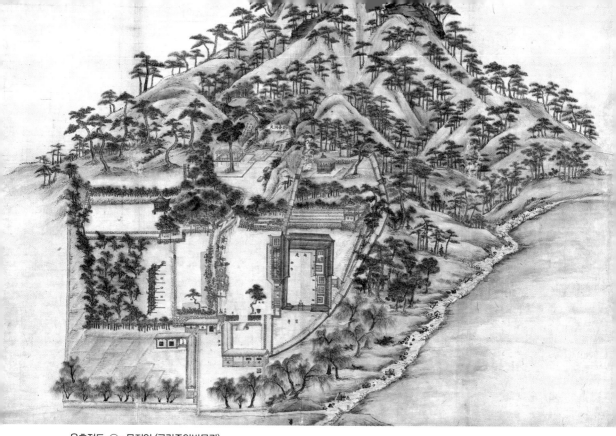

옥호정도 ⓒ e뮤지엄 (국립중앙박물관)
세도정치 서막을 연 김조순의 별서 옥호정(玉壺亭) 일대를 그린 그림인데, 종로구 삼청동 9길(삼청동 133번지) 일원에 해당된다.

정순왕후 수렴청정이 시작되었고, 정조 치하에서 수세에 몰렸던 벽파들이 무섭게 치고 올라왔다. 속이 타들어가는 사람은 김조순이었다. 벽파들은 정조가 심혈을 기울여 군사적 기반을 삼았던 장용영부터 혁파했다. 그런 후 남인 시파들이 빠져있던 천주학을 사학邪學으로 몰아붙였다.

순조 1년 신유년1801의 천주교 박해는 이렇게 일어났다. 순교자만 300명에 이르렀는데, 이승훈과 정약종 등이 서소문 밖에서 참수 당했고, 정약용과 정약전 형제도 귀양길에 올랐다. 정조 때 구선복 역모 사건으로 강화도로 유배 갔던 은언군철종

조부은 이미 죽고 없었지만, 그곳에서 어렵게 살던 처 송씨와 며느리 신씨도 천주를 신봉했다 하여 사사되었고, 혜경궁 홍씨 동생 홍낙임도 처형되었다. 참으로 신유년의 피바람이 크게 몰아쳤다.

유배지 19년 동안 아무런 내색도 않던 정약용이 서울로 떠날 좌천객 한 사람을 보내면서, 부채에다 시 한 수를 써주었다. 서울로 간 그 사람이 어느 재상을 만나 무심코 그 부채를 보였더니 깜짝 놀라, "정 다산이 아직도 인간세계에 살아 있습니까?"라고 한 바가 있었는데, 그 후 석방되었다

부채를 건네받은 이는 잠시 좌천되었던 안동 김씨 김이교였고, 이를 보고 임금께 아뢰어 다산을 석방시킨 이는 김조순이었다. 당색을 달리해도 규장각에서 한때 자별한 정을 나눈 사이였기 때문이다.

김조순은 은인자중 할 줄 아는 사람이었다. 온화한 성품은 타고난 것이어서, 다른 정파에게 폐부를 찌르는 소리나 행동을 해 본 적이 없었다. 까다롭기 이를 데 없는 정

김조순 글씨 난대비실 편액 ⓒ e뮤지엄 (국립중앙박물관)

조가 그의 문장을 보고 탄복했듯이, 당대의 문장가로 손색이 없는데다 정파를 가리지 않은 성격이라, 비문을 받아가려는 사람들 또한 줄을 이었다.

이렇듯 원만한 김조순 성격 때문에 정순왕후 수렴청정 기간에도 장용영 대장과 병조 판서 같은 요직을 맡을 수 있었다. 정조 살아생전 2차 간택까지 통과했던 김조순 딸이 왕비로 책봉되는 것이 자연스런 일이었건만, 노론 벽파들의 반대가 심했

다. 하지만, 선왕의 뜻을 뒤집을 만한 명분을 찾지 못했다.

순조 2년1802에 김조순 여식이 왕비로 책봉되었다. 순원왕후 탄생이 곧 안동 김씨 60년 세도정치의 신호탄이었다. 정순왕후 수렴청정을 거두자, 정국 주도권이 김조순에게로 넘어가는 것을 못마땅하게 여긴 벽파 쪽의 견제가 들어왔다. 김조순은 사직소를 올렸다. 하지만, 순조는 흔들리지 않았다.

규장각 제학이 된 김조순은 내각을 안동 김씨 주변 인물들로 하나 둘 채워나갔다. 순조 5년1805에 정순왕후가 죽자 노론 벽파들은 초조해졌다. 우의정 김달순이 순조를 알현했다. 〈영남만인소〉의 소두를 처벌하고, 사도세자 스스로 죄를 인정하게 만들었던 박치원과 윤재겸에게 시호와 벼슬을 추증해 달라고 요구했다.

이미 마무리된 사건을 새로 접하는 순간 당황했으나, 이내 평정심을 되찾은 순조가 선왕의 결정이란 이유로 거절 의사를 밝혔다. 시파들은 그냥 넘길 사안이 아니었다. 김달순을 향한 공격의 고삐를 조여 갔으니, 선두에는 김명순이 있었다. 김명순은 노론 4대신 중에 한 사람인 김창집 현손이니, 김조순과는 6촌간이다. 김달순 또한 김창집의 동생 김창흡 현손인지라, 모두가 김수항 5대손이었다. 하지만 벽파와 시파로 갈린 죽음의 도박 끝에 김달순은 유배지에서 사사되었다.

시파 안동 김씨들이 정국 주도권을 쥐자, 김조순은 벽파 공격에 소극적이던 반남 박씨와 풍양 조씨에게 손을 내밀었다. 안동 김씨 세도가 다져지는 분위기였지만, 삼정 문란에다 지방관들의 부정부패가 극에 달해 대규모 농민반란이 시작된 것도 이때부터였다.

효명세자와 풍양 조씨

온 나라가 어수선한 조선을 두고 순조는 통치에 자신감을 잃은 듯 했다. 효명세자에게 대리청정이란 처방이 내려졌다. 이런 명이 떨어지면

익종조 종묘섭행성생기일자 翼宗朝 宗廟攝行省牲器日字 ⓒ e뮤지엄 (국립고궁박물관)
효명세자가 순조를 대신하여 종묘에서 행했던 제사 희생(犧牲)과 제기(祭器)를 살폈던 날짜를 새겨 만든 현판이다.

뭇 신하들이 아니 되옵니다 외쳐야 했지만, 중신들 모두가 환영의 뜻을 표했으니, 예전과는 사뭇 다른 분위기에서 시작된 대리청정이었다.

숙종 이후 단 한 차례의 정비 소생 세자가 없었다. 그러함에도 순조는 정비 소생 왕자를 두어 효명세자로 책봉례를 마쳤다. 10살이 된 효명세자는 풍양 조씨 조만영 딸을 빈으로 맞았고, 이어 세손**헌종**까지 두었으니 왕실 경사로는 이만한 겹경사가 없었다.

정조효손은인인록 ⓒe뮤지엄(국립고궁박물관)
순조가 孝明世子를 책봉하면서 내린 옥인의 인주와 주통(朱筒)을 넣었던 주록(朱盝)이다. 뚜껑 중앙에 황동 도금을 한 소귀뉴(小龜鈕)가 달려 있고, 감잡이가 뚜껑에 28개, 몸체에 24개 부착되어 있다.

아무튼 대리청정으로 날개를 달은 쪽은 풍양 조씨였다. 하지만 효명세자는 당파를 따지지 않는 인사정책으로 조정 기강을 잡아 나갔다. 정승 임명까지 홀로 처리한 뚝심을 보노라면, 이전의 힘없던 국왕들과는 비교되질 않았다. 안동 김씨 세도에 눌려 지내던 부왕에게 보답이라도 하듯 매사의 일 처리가 깔끔했다. 창덕궁과 창경궁을 담은 동궐도를 그리게 했던 것도 왕권을 강화하려는 안목에서 나온 것이었다.

어릴 적부터 영특한 것으로 알려진 세자는 이렇듯 자신감에 차 있었다. 자신의 신하이자 외숙인 김유근에게 보낸, 여섯 살 고사리 손으로 쓴 편지가 최근에 공개된 적이 있다.

內舅承旨開坼 卽承審夜間氣候萬重不勝喜幸　二封唐果食之甚美
後日又爲覓送望望 不備　(승지 외숙, 열어보십시오. 제 편지를 받고 승지

께서 밤사이 평안히 보내셨다니, 기쁨과 다행스러움을 이기지 못하겠습니다. 두 봉지 당나라 과자를 먹어보니, 너무나 맛있습니다. 나중에 또 보내주세요. 바라고 또 바랍니다. 이만 줄입니다.)

또박또박 정성어린 글씨에서 총명했던 효명세자를 옆에서 지켜보는 듯 선하다. 그런 그가 뜻을 제대로 펴지 못하고 왜 세상을 등졌는지, 한탄 아닌 한탄이 절로 난다.

국왕 권위를 드높이고 효심을 표현할 목적으로 순조 탄신 진연을 성대하게 개최했을 뿐 아니라, 연회에서 핵심 되는 궁중 무용 '정재'를 직접 수정하고 다듬어, 천재적 예술 감각을 보였던 효명세자였기에, 지금도 이를 연구하는 학자들이 줄을 잇고 있다.

순조가 진전眞殿:왕의 어진을 모시고 배향하던 곳에 참배할 때 익종효명세자이 세자로 배종했고, 헌종은 원손으로 그 뒤를 따랐다. 이렇듯 제왕가 3대가 나란히 묘정을 배알한 것은 예로부터 드문 일이라, 신하들이 서로 경하해마지 않았다.

춘방春坊 ⓒ e뮤지엄 (국립고궁박물관)
효명세자의 글씨 현판으로, '계옥(啓沃)'이란 『서경』의 '네 마음을 열어 내 마음을 대도록 하다[啓乃心沃朕心]'는 말에서 따온 것이다. 즉 '바른 방향으로 인도하고 흉금을 털어 일러 달라'는 뜻이다.

조신들의 기대를 한 몸에 받으며 대리청정을 이어가던 효명세자가 갑작스런 병고로 22살의 젊은 나이에 세상을 등졌다. 순조 30년1830의 일이었다. 혹

자는 안동 김씨 독살설을 제기하지만, 그런 근거를 찾기는 힘들다. 담당 의관들을 처벌하고 사망 원인을 정확히 조사하라는 상소가 빗발친 것으로 안타까움을 대신할 수밖에 없었다.

박규수는 연암 박지원 손자다.

효명세자가 미행을 좋아하여 어느 날 밤 자하동에 도착하고 보니, 무너진 담장 사이로 옥 구르는 듯 낭랑하게 글 읽는 소리가 흘러나왔다. 세자가 홀린 듯이 사이 길로 들어서고 보니, 박규수 집이었다. 정신없이 부복했던 박규수에게 반드시 등용하리라 약속했건만, 이를 지키지 못한 채 세상을 등지고 말았다. 이를 기억하고 있던 신정왕후가 오라비 조병구가 권력을 쥐었을 때 부탁하여 급제시켰다.

효명세자가 죽고 4년이 흘러 부왕 순조까지 승하하자, 여덟 살밖에 되지 않던 어린 왕세손 헌종이 한 나라를 어깨에 짊어져야 했다. 국왕의 모친이건만 풍양 조씨는 세자빈에 불과했다. 수렴청정은 시어머니 순원왕후에게 돌아갔다.

후일 효명세자가 익종으로 추존되자 조씨는 왕대비가 되었고, 남편과는 달리 팔순을 넘기도록 살았던 신정왕후는 조대비로 더 잘 알려져 있다. 역사의 큰 고비마다 주인공이 되었기 때문이다.

신정왕후 국장도감 의궤 ⓒ e뮤지엄
(국립고궁박물관)

내 사랑 경빈 김씨

네 살에 아버지를 여읜 헌종이 늘 마음 아프게 여겨, 아버지 얼굴을 묻곤 했다. 효명세자를 빼 닮은 외모에다 재능도 있다는 평가를 받는가 하면, 정사에 관심을 두지 않고 호색에만 빠졌다는 평을 받기도 한다. 외모만이 아니라 정치의 참 맛을 알 무렵인 20대 초반에 요절한 것도 아버지를 닮았다. 그리고 세손으로 왕위를 계승했다는 점에서 정조와 닮은꼴이다.

정사가 한가하여 편히 쉴 때면 입었던 모시옷을 손수 세탁하는 일이 많았고, 문방구도 보통 물건을 갖추어 쓰되 기교한 물건을 쓰는 일이 없었다. 이불과 깔개도 비단이나 털 담요는 쓴 적이 없었고, 유장帷帳도 얇고 고운 비단을 멀리했다. 서예에 능하여 예서에 뛰어났다. 어린 나이에 외척 세도 가문을 제어하는 노력을 다했고, 민생을 바로 잡으려 한 바가 있지만, 이미 기울어가는 나라인지라 바로잡을 수가 없었다.

풍양 조씨 세도가를 이끌던 조병구가 헌종 앞에서 애체**안경**를 썼다가 큰 질책을 받았다. 노여움을 가라앉히지 못한 임금 호통에 못 이겨 음독자살 했노라 알려져 있다. 당시 임금 앞에서 안경을 착용한다는 것은 무시하는 처사나 다름없어, 패륜을 넘어 역모죄로 다스려도 할 말이 없는 시절이었다.

헌종 재위 14년**1848**에 대사간 서상교가 안동 김씨의 실세인 김흥근을 탄핵하여 귀양 보냈다. 그 후 풀려나 양화도 별장에서 기거하고 있다가 이조판서에 제수되어, 임금으로부터 일곱 번이나 부름을 받았지만 끝까지 나가지 않았다.

외척의 그늘에서 벗어나 뜻을 펼쳐보려던 헌종은 재위 15년되던 23살의 젊은 나이로 승하했다. 하지만 6촌 이내 왕족을 찾을 수 없었다. 수많은 역모 사건에 얽혀 죽어 나간 왕손들 중에 그나마 남은 친족 또한 신유박해**辛酉迫害**로 죽어갔기 때문이다.

헌종 태봉도 ⓒ 한국학중앙연구원 장서각

경릉 전경 (구리 동구릉 경내) ⓒ 문화재청

    헌종이 죽자 할머니 순원왕후 김씨는 옥새부터 손에 넣었다. 안동 김씨들이 또한 차례 세도를 이어가게 한 순간이었다.

    헌종이 죽어 묻힌 경릉은 조선의 수많은 왕릉 중 유일한 삼연릉이다. 정면에서 바라볼 때 왼쪽이 헌종, 중앙이 효현왕후, 오른쪽이 효정왕후의 능이다. 병풍석도 없애고 난간석으로 나란히 3개 봉분을 연결했으니, 죽어서 복을 가장 많이 누린 이가 헌종이 아닐까 싶다.

    원비 효현왕후는 안동 김씨 김조근의 딸인데, 10살이 되었을 적에 왕비로 책봉되었다. 어린 헌종 즉위로 수렴청정 하던 순원왕후 김씨 입김으로 국혼을 성사시킨 것이다. 조용하고 온화했던 효현왕후는 불과 여섯 해 만에 후사 없이 죽었다. 남양 홍씨 홍재룡의 딸이던 효정왕후는 14세에 계비가 되었지만, 그녀 역시 후사를 보지 못했다.

외척 조병현이 자칫 홍씨 가문과 권력이 나눠질까 걱정하여, 궁녀들에게 효정왕후 달거리 날짜를 알아낸 후 임금을 왕비 처소에 들게끔 했다. 이렇게 몇 차례 반복하자 그 이후론 왕비 처소로 들지 않았다고 한다.

두 왕비가 있었건만 헌종이 정작 사랑한 여인은 경빈 김씨였다.

계비 효정왕후를 간택할 때 삼간택에 들었던 김씨를 마음에 두고 있던 헌종이 나중에 불러들여 경빈이라 봉하고 총애가 지나쳤다고 전한다. 하지만, 당시 삼간택에 올라간 처녀 단자를 확인해 보면, 이는 그저 가공된 이야기일 뿐이다.

어떻게 궁으로 들어 왔건, 경빈 김씨가 헌종 사랑을 듬뿍 받았던 것은 사실이다. 경빈을 맞아들인 헌종이 그녀를 위해 새로 집을 지었으

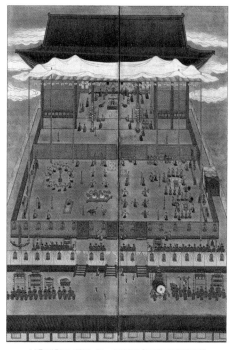

신축진찬도 병풍 ⓒ e뮤지엄 (국립고궁박물관)
헌종 계비 효정왕후가 71세가 된 것을 기념하기 위해 열린 진찬을 그린 10폭 병풍 중의 한 부분이다.

낙선재 후원 ⓒ 문화재청

니, 창경궁 한적한 곳의 낙선재와 석복헌이었다. 오늘날은 창덕궁 경내로 진입하여 찾는 이들을 반기고 있지만, 이 건물들을 완공하여 올린 기문記文에도 애틋한 사랑을 담았다.

> 첫 눈에 반한다는 말 따위는 믿지 않았소. 당신을 만나기 전에는, 오래 기다리게 함을 서운해 마시고 이젠 나의 곁에 머물러주기를, 당신의 온기와 당신의 그림자를 놓치지 않기 위해 복을 드리니, 멈추어라! 아름다운 모습이여!
>
> [석복헌기]

선(善), 당신은 나에겐 그런 존재였습니다. 만월문 사이로 비치는 뒷모습만으로도 60년의 기다림을 즐거움으로 바꾸는 그림과 글 속에 갇힌 버거움과 외로움은 이젠 화계(花階)에 내려놓으시고 아련한 600일의 기억만을 간직하소서.

[낙선재기]

경빈 김씨가 궁에 발을 들여 놓던 헌종 13년**1848**에, '선**善**을 즐거워한다.'는 뜻을 담은 낙선재**樂善齋**를 건립하여 순 임금을 좇아 이름을 붙였으니, 화려함보다는 소박함을 내세운 게 특징이다. 단청 없이 아름다운 문양의 창살과 벽으로 마무리한 것이 돋보인다.

이듬해엔 낙선재 동쪽에 석복헌**錫福軒**을 지었으니, '복**福**을 내리는 집'이란 뜻을 담았다. 효현왕후에 이어 효정왕후를 계비로 맞았으나 후사가 없었으니, 새로 들인 후궁 경빈 김씨에게 아들 낳기를 바라는 마음에서 복을 빌었던 것이다. 석복헌과 나란히 있는 수강재**壽康齋**는 육순이 된 대왕대비 순원왕후 거처 공간이었다.

경빈 김씨 위상을 더 높이고, 왕실 권위와 정통성을 높이려 했던 헌종의 숨은 의중이라 여겨진다. 하지만 끝내 후사를 두질 못해 강화도령을 맞아야만 했다.

인왕산 호랑이 세도가들

평안도를 찾은 김 삿갓을 울려 보냈다는 전설의 은거 시인 노진이 지은 것이라 알려진,

가문의 성세는 자하동의 갑족 김씨요, 이름 석자는 서울에서도 유명한 '순' 자 항렬이라네.

라는 가락이 한 때 장안의 호사가들 입에 오르내렸다.

인왕산 아래 계곡에서 피어 오른 안개 쌓인 풍경을 담은 겸재 인왕제색도의 물 흐르고 숲 우거진 아늑한 골짜기가 바로 자하동이니, 경복궁 북쪽 창의문 바로 아래 자락 북악산과 인왕산을 가르는 깊은 골이었다.

자하동을 부를 때에 '하'자를 생략하여 '자동'이라 부르면서 급하게 발음하면 그

인왕제색도 ⓒ e뮤지엄 (국립중앙박물관)

냥 장동이라 들렸으니, 이곳에 터를 잡고 살던 김씨들을 세상에서는 장동 김씨라 하였고, 이를 줄여 그냥 '장김'이라 부르기를 즐겼다.

《동국여지비고》에,

김수항의 집은 백악산 아래에 있어, 육상궁과 더불어 담장이 연결되어 있고, 집 안에 무숙헌이 있다.

라고 하였으니, 중종 때 학조 대사가 조카 김번을 위해 집터로 정해준 곳이기도 하

다. 오늘날 궁정동 2번지 속칭 궁정
동 안가가 있던 자리에 김상헌이 살
았고, 김상용 또한 청운동에 집을 마
련했으니, 인왕산 아래 자락과 북악
아래 자락이 만나는 골짜기 일대가
안동 김씨들의 터전이었음을 잘 나타
내 준다.

황현의 《매천야록》을 보면,

장동팔경첩 ⓒ e뮤지엄 (국립중앙박물관)

장동 김씨의 조상 김상용·김상
헌·김수항·김창집 등은 덕망과 공훈으로 온 나라의 선망을 받았고, 김조순도
문장과 국사에 숙련된 솜씨를 발휘하여 덕망 높은 분으로 칭송을 받았다. 그
러나 그의 자손들은 탐욕과 사치만 부려 외척이 국가를 망치는 화근이 되었다.
그들이 오랫동안 국권을 장악하여 세상에서는 장동 김씨만 알고 국가가 있는
줄을 모르고 있다. 어떤 사람들은 장동 김씨가 국가의 기둥이라 말하지만 어찌
그렇다고 할 수 있겠는가.

라는 비판을 아끼지 않았듯이, 안동 김씨 세도는 장장 60년을 이어갔다. 순조 이후
효명세자를 제외하고 헌종과 철종에 이르기까지 국혼을 놓치지 않았기 때문이다.

김조순의 딸이 궁궐 안주인이 된 후에 조정 권한을 움켜쥐고 장동에서 교동校洞
으로 이사했다. 김조순이 죽고 아들 김유근과 김좌근, 손자 김병기가 교동에 살았
고, 김문근이 철종 장인이 되어 조카 김병학과 김병국이 전동으로 모여 살면서, 교

동 권력과 비등하게 되었다. 이리하여 당시 권력을 가리켜 전동 교동이라 하였고, '전교동 시절'이란 유행어까지 퍼졌다.

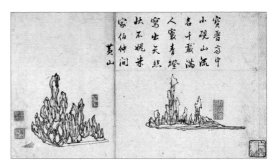

황산 김유근이 그린 괴석 그림 ⓒ e뮤지엄 (국립중앙박물관)
집안끼리는 앙숙이었지만, 추사 김정희가 어려울 때마다 도움을 주는 진정한 지기가 김유근이었고, 그가 그린 문인화 또한 경지에 오른 예술가다운 면모를 보였다.

장동 김씨가 이름나기 전의 장안에는 회동 정씨가 유명했었다. 회동에서 대대로 벼슬이 끊이지 않았던 동래 정씨를 가리킨 것인데, 조선조에서 정승을 가장 많이 낸 집안으로 알려져 있다. 이들이 살았다는 회동이 오늘날 회현동이니, 남산터널을 지나 도성으로 들어가는 초입의 신세계 백화점 언저리였다.

이들 동래 정씨는 중중 때 영의정을 지낸 정광필 손자 임당 정유길이 좌정승을 지낸 이후, 그 후손들 중에 정태화·정만화·정치화 같은 기라성 같은 정승들이 배출되었으니, 송시열조차 하늘 높은 큰 기러기라 추켜세우지 않을 수 없었고, 회동 정씨에 비하면 자신의 집안은 지렁이에 불과하다 토로할 정도였다.

회동 정씨를 일군 정유길의 외손들도 무수한 정승 판서를 배출했으니, 김상용**정승 3명**과 김상헌**정승 12인**이 바로 그에게 직접 가르침 받은 외손자였다. 안동 김문이 더 부상한 것은 청음 김상헌의 손자 수흥과 수항, 수항의 아들 창집·창협·창흡 등이 배출되었다는 점이고, 그 이후에도 노론 시파 거두이자 순조 장인이 된 김조순과 그 자손들이 60년 세도를 또 부렸으니, 세월 따라 흥망을 거듭하는 보편적 역사 흐름을 거슬러, 이렇듯 오랜 기간의 위세를 이어가기란 참으로 쉬운 일이 아니다.

헌종이 죽고 후사를 세울 만한 인물이 없어 고심하던 안동 김문에서 부득이 강화도에서 이원범을 데려 오고자 했을 때, 그 일을 부탁 받은 이가 회동 정씨 정원용이었다. 정원용이 정유길의 후손인지라, 멀리 따져보면 그의 외가가 안동 김씨였다. 급제했던 정원용을 일찍이 발탁하여 영의정까지 지내도록 뒷배를 봐 준 이가 바로 김조순이었다. 조야에 명망이 있었던 정원용이지만, 안동 김씨에 아부하며 살았다는 세평도 받고 있다.

정원용의 아내 김씨 묘지명 ⓒ e뮤지엄 (국립중앙박물관)

떠밀려 임금이 된 철종도 간택 절차를 거쳤지만, 안동 김문을 벗어나지 못했다. 김문근의 딸이 왕비가 되었다. 영은부원군으로 봉해진 김문근은 사람됨이 너그럽고 신임이 두터워 은혜와 의리로 사람을 대했다. 몸집이 비대한 그를 두고 뱃속에 값난 물건을 많이 싸 두고 있다는 뜻으로 포물包物부원군이라 놀림 받았으니, 당시 세태가 반영된 것이다.

김문근의 아들 병필은 심약하고 병이 잦아 요직으로 발탁되지 못했다. 김문근이 욕심을 거두었기 때문이다. 도량이 넓다고 판단한 조카 병국과 병학에게 출세 길을 열어 훈련대장과 대제학으로 올렸다. 그리고 호방한 김병기는 좌찬성이 되었다.

김병기 내외종인 남병철은 학식과 글로 널리 알려진 인물이다. 남병철의 어머니가 김조순 딸인데다, 그 역시 김문근의 딸을 아내로 맞았으니, 타고난 성실함과 높은 학문으로 임금 사랑을 받았지만, 안동 김씨 척족이란 것이 출세의 발판이 된 것도 사실이다.

그럼에도 안동 김씨 세도가 궁궐 안팎을 압도하자 싫은 기색을 내보였고, 이를 눈치 챈 김병기가 전라 감사로 쫓아버렸다. 전라도로 내려 간 암행어사 행패를 참지 못한 남병철이 군졸을 풀어 공격한 일로 파직되어, 김병기와는 원수가 되었다.

김좌근 고택 (경기 이천)
김좌근의 아들 김병기가 부친 묘역 관리를 위해 지은 별장인데, 인근의 토지와 고택을 서울대학교에 기증하였다.

남병철은 글씨와 그림 및 성색聲色으로 소일하고 지냈는데, 그는 수학과 천문학에 뛰어나 여러 저술을 남긴 것으로 이름 높다. 그가 죽은 후 신도비 비문을 정작 김병기가 썼으니, 세상 인심 돌아가는 형편이 다 그런 것이다.

권력의 상징 나합과 석파정

안동 김문에서 세도를 크게 부린 이가 김좌근이었다. 영의정을 세 번이나 지내면서 세도정치를 뿌리내리게 한 인물이다. 안동 김씨 세력을 두려워한 철종이 신하를 임용할 때마다 혼자서는 아무것도 처리하지 못하고,

교동 아저씨(김좌근)가 아는 일인가?

라고 묻곤 했는데, 예외로 딱 한 사람의 임명을 마음대로 할 수 있었다. 강화도령으로 있을 적에 이웃에 살았던 이시원이었다. 이시원이 정종 아들 덕천군 후손이라 혈연 상 무관한 것이 아니지만, 당대 강화학파를 이끌던 인물이자 손자 이건창이 문명을 떨치어 한 시대를 풍미한 명문가였다.

황현의 《매천야록》에 따르면,

당대 세도가를 가리킬 때 반드시 그들이 거주한 동네 이름을 따와 불렀기에, 김씨들도 전동(典洞)과 교동(校洞)으로 부르고, 조씨들은 전동(磚洞), 대원군은 운현궁에서 살아 운현(雲峴)이라고들 했다. 그런데 비란 세도가만이 아니라 대신들도 그렇게 하여, 반드시 합(閣) 자를 동명에 붙여 모합(某閣)이라고 불렸으니, 회동에 거주하면 회합, 승동에 거주하면 승합이라 했다.

철종 어진 ⓒ e뮤지엄 (국립중앙박물관)

라고 했다는 것이다.

이런 유행의 극치를 보여 준 사례가 김좌근의 애첩 나주 기생이었는데, 세상 사람들이 그 여자를 가리켜 나합羅閣이라 불렀다. 정승 반열에 오른 사람에게 합하라 불렀으니, 나주 합하를 줄여 그렇게 부른 것이다. 김좌근이 그 애첩에 빠져들어 방백 수령은 물론이고, 조정의 웬만한 벼슬자리가 모두 나합의 손에서 나왔다는 말이 떠돌았다.

그러하니 부끄러움을 모르는 자들이 문턱이 닳도록 나합 처소에 들락거려, 8도 재물이 모조리 그 집 창고에 쌓이고, 내탕고가 텅텅 비게 될 정도였다. 그리하여 세상 사람들은 나합을 두고, "나주 조개"라는 다른 뜻을 가진 은어로 빈정대기 일쑤였다.

김좌근의 첩실 나합은 사람 홀리는 데 이력이 난 사람이라 김좌근 몰래 빈객들과 간통까지 했으며, 한때 그의 세력이 커져 부끄러움을 모르는 자는 아첨하기를 일삼았다.

어느 날 참판 조연창이 나합 초대를 받아 단 둘이 대좌하고 있을 때에, 일찍 들어 온 김좌근이 그를 보고 꾸짖으려 하자, 옆에 앉은 나합이 나긋하게 웃으며 관상을 보려고 한다고 둘러댔다. 풍양 조씨 가문의 조연창이 관상 잘 보기로 이름났기 때문이다.

영의정김좌근영세불망비 (나주)
ⓒ 주암역사연구실
철종 11년(1860) 나주성 동문 안에 세워졌다가 백성들에 의해 두 동강 난 채로 버려져 있었으나 1987년 금성관 안으로 옮겨졌다.

조대비 신정왕후가 나합의 죄를 물어 한양을 떠나라 명했을 적에, 대원군이 중재하여 추방령이 무마되었는데, 이로 인해 고종 혼례 비용이나 경복궁 중건 비용이 나합 창고에서 나왔다고 한다.

나주에 영의정 김좌근 영세불망비가 세워졌는데, 8도 어디를 돌아봐도 영의정 불망비라는 것이 흔한 것이 아니다. 대기근으로 흉년이 들었을 때 나합이 김좌근을 졸라 구휼미를 풀도록 하여 이 비를 세웠다. 하지만, 안동 김씨 세도가 무너진 틈에 두 동강이 났으니, 다시 붙인 흔적이 역력한 이 비는 지금도 나주 금성관을 지키고 있다.

갑자년1864 초에 대원군이 점차 용틀임을 시작하자, 안동 김씨 세도가 김흥근이 옛날부터 사친은 정치 일에 나설 수 없다고 견제구를 날렸다. 대권이 대원군에게로

석파정 (종로구) 삼계동 각자 ⓒ 장득진

돌아가자, 김흥근은 장토와 전답 수십 마
지기를 빼앗겼다. 김흥근 별장이 북문 밖
삼계동三溪洞에 있었는데 한양에서 가장
이름난 별장이었다. 대원군이 팔기를 간
청했으나 되지 않자, 하루만 놀게 해 달라
고 청했다.

이하응 초상 ⓒ e뮤지엄 (국립중앙박물관)

승낙을 받은 대원군이 고종에게 행차
하도록 권고하여 자신도 따라갔다. 국왕
이 행차한 곳에 신하 된 도리로 감히 그
곳에서 놀 수 없다고 생각한 김흥근은 삼
교동으로 갈 수가 없었다. 그 별장은 결국

대원군 수중으로 넘어갔다.

해묵은 노송들이 차일처럼 그늘을 드리우고, 서쪽 바위산에서 흘러내린 계류溪流 가운데 쌓은 평대平臺에 선 유수성중관풍루는 색다른 풍경을 연출한다. 서양식 건축기법이 더해졌기 때문이다.

사랑채인 대원군별장은 홍지동으로 옮겨졌지만, 원래 터 뒤쪽 바위의 삼계동三溪洞이란 새김 글이 있어 영의정 김흥근이 살적엔 삼계동정사라 불렀다. 대원군이 석파정이라 바꾸고, 그의 호까지 석파로 했다고 하니, 권력의 무상함이 서려 있는 곳이 아닐 수 없다.

임금 외숙을 사칭한 염종수

헌종이 승하하자 왕실 주위에는 왕위를 이을만한 사람이 없었다. 덕흥대원군 봉사손 도정 이하전과 전계군 셋째 아들이 물망에 올랐는데, 순원왕후 김씨가 전계군 아들로 낙점했다. 후보에서 밀려난 이하전이 후일 철종에게,

이 나라 조선이 전주 이씨의 나라인가, 안동 김씨 나라인가.

라고 항의한 적이 있는데, 그는 김순 성과 이극선의 추대를 받았다는 무옥 으로 끝내 사사되고 말았다. 이렇듯 왕실 언저리에서 태어난 사내들의 씨 가 말라가고 있었다.

전계군 이광의 셋째 아들 이원범

전계대원군 신도비각 (경기 포천) ⓒ 장득진

은 순조 때 한성부 경행방 사저에서 출생했다. 그의 조부 은언군은 사도세자가 낳은 아들이니, 정조에게는 배다른 아우였다. 정조 재위 시절 역모에 연루된 은언군이 강화도 교동으로 유배 갔다가 순조 때 사사 당했지만, 그 아들 전계군도 교동에서 무려 40년을 귀양 살다 풀려나 한양에 살 적에 원범을 낳았다.

영조 후궁 영빈 이씨 아들이었던 사도세자, 사도세자 승은을 입은 후궁 임씨 아들 은언군, 은언군 소실이 낳은 전계군, 그리고 전계군의 서자로 태어난 이원범이었으니, 방계에서 방계로 흐르는 전형적인 방계 혈통이었다. 전계군은 최씨 부인과 첩실 이씨 및 염씨로부터 각각 아들 한 명씩 낳았는데, 염씨 부인이 낳은 아들이 이원범이라, 군호조차 받지 못한 한미한 왕족이어서 즉위 전날에야 덕완군이라는 군호를 받았다.

이원범이 14살 되던 해에 민진용이 큰형 이명을 추대하려는 역모를 일으켜, 이명은 처형되고 원범은 작은형 경응과 함께 교동으로 유배 갔다. 그러다가 다시 유배지를 강화도로 옮겼으니, 그는 나이 19살이 될 때까지 강화도에서 나무 짐이나 지던 평범한 백성에 불과하여, 강화도령이란 말이 생겼다. 하지만 강화도에서 생활한 것이 고작 5년에 불과할 정도로 짧은 기간이었다.

강화 용흥궁 대문 ⓒ장득진

이원범을 왕으로 추대하려던 어가 행렬이 왔을 적에, 군졸들이 자기를 잡으러 온 줄 알고 산속으로 도망쳤다. 그가 살던 초라한 집이 졸지에

강화도 철종 외가 ⓒ 장득진

잠저가 되어, 용흥궁龍興宮으로 불려지게 되었다.

경기도 파주에 염종수란 자가 살았는데, 성격이 교활한 데다 과시욕이 남달랐다. 그가 파주 장터에 나갔다가 철종 외가가 용담 염씨라는 말을 전해 듣고, 자신의 본관 파주 염씨에서 갈라져 나왔다는 생각으로 강화도로 달려갔다. 자손이 끊긴 철종 외가의 무덤엔 돌보는 이가 없어 잡풀만 무성할 뿐이었다. 자손이 끊어진 것을 확인한 염종수는 그의 아들을 철종 외조인 염성화 손자로 위조하여, 자신의 가계에서 갈라져 나간 족보를 만들었다.

이를 둘러메고 한달음에 궁궐로 달려간 염종수가 위조한 내용을 들이대며, 잦은 역모로 외가 식구들 또한 화를 피해 숨어 살았다고 아뢰니, 두렵고도 외롭게 살아왔던 처지의 철종이 염종수 손을 덥석 잡았다. 그리하여 염종수를 전라도 수군절도사로 삼았던 것이 철종 9년**1859** 무렵이었다.

갑작스레 임금 외삼촌이 된 염종수는 강화도에 묻힌 용담 염씨 묘역을 단장하러 신발이 닳도록 드나들면서, 급기야 철종 외조의 묘비까지 세우기에 이르렀는데, 본관을 용담이라 하지 않고 파주로 새겨 넣어 세상 사람들에까지 드러내고자 하였다.

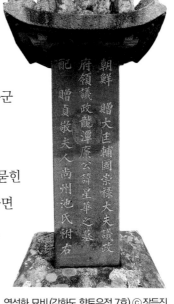

염성화 묘비(강화도 향토유적 7호) ⓒ장득진
용담이란 글자를 수정한 모습을 확인할 수 있다.

이렇게 하기를 3년이란 세월이 흐르는 동안 염종수 행각도 끝나게 되었으니, 철종의 진짜 외숙 염보길의 등장이었다. 염종수의 가짜 행각이 신묘하기 짝이 없으나, 하늘을 속여도 염보길까지 속일 수는 없는지라, 관아로 달려가 바로 고발했다. 염종수를 한양으로 압송하여 국청을 설치하니, 사안이 매우 중대하여 친국한 후 참수형으로 다스렸다.

몰락한 왕가의 피붙이를 용상에 앉히다 보니, 참으로 어처구니가 없는 해프닝들이 다반사로 일어났던 것이다. 당시 강화 유수가 사람을 보내, 철종 외조 염성화 비문에 파주라는 글자를 깎아 내고 그 자리에 용담이라 새겨 넣었으니, 그 흔적들이 지금까지 오롯이 남아 있다.

강화도령과 강화학파

황현의 《매천야록》에 따르면,

철종은 천성이 나약하고 온유한 데다가 김씨들에게 견제 받아, 관리 한 사람을 임명할 때도 결정을 내리지 못하였다. 그러나 잠저에 있을 때 이시원과는 한 고을 사람이므로, 이승지가 좋은 관리라는 말을 자주 듣고 기억하고 있다가, 등극한 후 언제나 인사발령을 할 때 이시원 이름이 후보 명단에 있으면, 아무리 차석이나 말석에 있더라도 반드시 서열을 초월하여 임명했다. 한때 개성 유수 자리가 공석 중에 있자, 주상이 어필로 이시원 이름을 첨서하여 낙점하였다. 그는 개성에서 3년 동안 있으면서 자신이 머물던 관아에서 손자 건창을 낳아 아명을 송열(松悅)이라고 하였다. 개성을 속칭 송도라고 했기 때문이다.

라는 설명에 이어서 또 이르기를,

> 이시원은 어려서부터 왕골 돗자리
> 를 짜서 팔아 부모의 반찬을 마련하
> 였다. 그는 조정에서 벼슬을 하면서도
> 퇴근하여 집에 돌아오면 돗자리를 짰
> 으므로, 사람들은 그의 솜씨를 알아보
> 고, 이것은 이승지가 짠 돗자리라 하
> 였다.

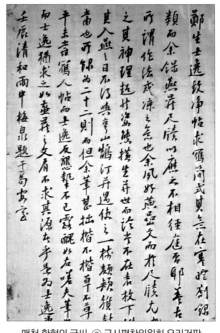

매천 황현의 글씨 ⓒ 국사편찬위원회 유리건판

라고 전한다.

이건창 조부 이시원은 병인양요**丙寅洋擾** 당시 프랑스 군대가 강화도를 침범하자, 향대부마저 도망가면 후세 사가들이 어떻게 보겠냐며 꾸짖고는, 조상 산소를 돌아본 후에 아우와 함께 담소하며 조용히 유서만 남긴 채 자결한 올곧고도 서릿발 같은 선비였다.

이시원의 조상을 거슬러 올라가면 효민공 이경직이었고, 더 거슬러 올라가면 정종 임금 아들인 덕천군으로 연결된다. 이시원의 5대조가 이조참판 이대성인데, 그의 아들 진유와 진검 형제가 김창집을 비롯한 노론 4대신 처벌에 앞장섰고, 이어 임인옥사**壬寅獄事**를 주도한 강성 소론이었다.

이들 덕천군 후예들의 진**眞** 자 항렬을 들여다보면, 호조판서 경직의 증손이자 판돈령부사 정영의 손자들이니, 대성의 아들 5형제 중에 장남 진유는 큰집 만성의 대를 잇기 위해 양자로 갔고, 막내 진위가 이시원의 고조가 된다.

영조가 즉위한 후 소론이 주도했던 옥사를 뒤집은 경신처분으로, 이조참의를 역임한 진유는 중국 사행 도중에 체포되어 추자도로 귀양 갔다가, 죄가 중하다 하여 의금부로 압송되어 사사되었다. 이때 아우 예조판서 진검 또한 강진으로 유배되었다가 사사되었으니, 그야말로 집안이 풍비박산 나고 말았다.

영조에게 한 마디 원망 없이 귀양길에 오른 이진유가 님을 그리는 간절함을 구구절절 읊었던 것이 《속사미인곡》인데, 나주를 거쳐 추자도에 이르는 긴 여정의 경험들을 기행문 형식으로 노래했기에, 송강 정철이 젊은 여인네 심정으로 우회하여 표현한 것과는 맛이 색다르다.

서인 중에서도 양명학에 관심을 가진 소론들이 생겨났고, 여기에 심취한 정제두가 숙종 35년**1709**에 안산에서 강화도 하곡으로 이주하여 강화학파가 형성되기에 이르렀다. 그 내막을 좀 더 살펴보면, 아들 정후일과 사위 신대우에게 양명학이 전해진 것은 물론, 20여 년간 정제두에게 사사한 손녀사위 이광명과 광명의 종형제 광신·광사는 물론 6촌 광려 등에게까지 전승되었으니, 이들이 소위 강화학파 1세대들이었다.

이경직·경석 형제의 증손에 해당하는 진眞 자 항렬과 그 아랫대 광匡 자 항렬에서 두드러진 인물들이 배출되어, 세간에는 육진팔광六眞八匡이란 말까지 돌았으니, 육진 중에서 진유·진검·진급·진순·진수·진경은 경직의 현손이고, 진망은 경석의 현손이다. 아울러 팔광 중에서도 광세·광보·광찬·광사·광려는 경직의 후손이고, 광덕·광의·광도는 경석의 후손들이다.

일찍이 정제두 손녀사위가 되어 사사 받은 이광명은 가학으로 양아들 충익에게 학문을 전승했고, 종형 이광사 역시 그의 아들 영익과 긍익에게, 신대우는 아들 작에게, 이광려는 제자 정동유 등에게 학문을 이어주었다.

이광사 초상 ⓒ e뮤지엄 (국립중앙박물관)

한편 충익은 아버지에게 익힌 학문을 그의 아들 면백과 손자 시원과 지원으로 이어지게 하였고, 이시원 학문이 다시 아들 상학과 손자 건승·건창에게 전해졌다. 이지원 또한 손자 건방에게 전승 된 학문이 다시 위당 정인보에게까지 계승되었으니, 이들 이씨 가문이 강화학파의 주류였다.

이씨 가문이 강화에 정착하게 된 경위를 보면, 이시원의 고조 이진위가 죽었을 때 아들 광명이 어머니 송

이건창 생가 (강화도) ⓒ 장득진

씨 뜻에 따라 강화도 사기리에 장사 지낸 후 그곳에 정착하게 되었으니, 여기에서 강화학파 육대계승六代繼承이란 말이 나오게 되었다. 강화도 입향조가 되는 이광명 아래 충익－면백－시원－상학－건창·건승·건방 형제에 이르기까지의 인물을 가리킨다.

한편 이진검의 아들이자 광명의 사촌인 광사는 동국진체를 완성한 서예의 대가

로 우뚝 섰고, 광사의 장자 긍익은 방대한 야사 《연려실기술》을 저술하여 그들의
진가를 드높였다.

이렇듯 6대 약 250여 년에 걸친 강화학파 계승자들을 보면, 1대 이광명·광현·
광사, 2대 충익·긍익, 3대 면백, 4대 시원, 5대 상학, 6대 건창·건승·건방 등이었
으니, 출사에 뜻을 두지 않은 채 산림에 묻혀 살던 영향 때문인지, 이시원이 징소
받아 관복을 입었으나 끝내 강화도로 돌아와 열강 침략에 항거하는 자결의 길을
택했다.

이시원의 유소遺疏가 조정에 올라가자, 그를 애도하여 충정忠貞이란 시호를 내리
고, 정경 대신을 보내 제사 지내게 하였다. 하지만, 간혹 사람들이 그를 두고 용기
를 상한 것이라 비꼬기도 했으니, 이는 아마 당색을 달리한 사람들의 평이었을 것
이다.

손자 이건창이 사신으로 강화성에 들어가 시랑 황옥과 놀면서, 옥이 건창의 송서
送序를 지을 적에 그의 선고 덕을 일컬어,

죽어야 할 이유가 없는 곳에 살면서, 배웠던 마음을 저버리지 않았다.

라고 기술하였으니, 세상 사람들이 제대로 표현한 참다운 말이라 칭송했다. 노론의
득세로 양세兩世가 폐고 되자, 이시원의 조부 충익은 강화도 초봉 밑에서 호를 초원
椒園이라 칭하면서 벼슬을 단념한 채 곁가지로 익힌 의술과 지리에 능통하여, 세상
사람들이 삼절三絶이라 하였다.

풍수에 일가견 있던 이충익은 동둔포에다 선조의 묘를 쓴 후에, 유명한 인물이 나오기를 기다렸다. 백로가 물로 내려오는 형국이므로, 백로가 모여들기만 하면 바람이 일 것이란 기대를 걸고 있었다. 그때 아들 면백이 진사시에 합격하여 어떤 사람이 축하하자, 아직 바람이 일지 않았다고 했다.

이시원이 급제하기 2년 전부터 백로가 모여들기 시작하자, 손가락을 꼽아 보며 갸우뚱하더니, 마침내 급제하여 왕을 알현했다는 기별을 듣고 죽었다. 이시원이 명성과 기절로 이름값을 했고, 건창은 문장으로 한 시대를 풍미한 명신으로 추앙받는다.

성품이 강직한 이시원은 사람들과 온화하게 지내지 못한 일이 많았지만, 관리로서의 재능은 뛰어났다. 춘천으로 부임하였을 때는 국구 조병구가 관내에서 장례를 치른 일이 있었는데, 도내 수재守宰들이 뒤질세라 몰려갔으나, 이시원은 끝내 문상하지 않아 얼마 후 파면되었다.

강화도령 철종이 강화학파를 계승한 이시원을 발탁한 것은 참으로 혜안이며 신의 한 수라 할만하다.